CHIAVENATO

Iniciação à

Teoria das Organizações

O GEN | Grupo Editorial Nacional – maior plataforma editorial brasileira no segmento científico, técnico e profissional – publica conteúdos nas áreas de ciências sociais aplicadas, exatas, humanas, jurídicas e da saúde, além de prover serviços direcionados à educação continuada e à preparação para concursos.

As editoras que integram o GEN, das mais respeitadas no mercado editorial, construíram catálogos inigualáveis, com obras decisivas para a formação acadêmica e o aperfeiçoamento de várias gerações de profissionais e estudantes, tendo se tornado sinônimo de qualidade e seriedade.

A missão do GEN e dos núcleos de conteúdo que o compõem é prover a melhor informação científica e distribuí-la de maneira flexível e conveniente, a preços justos, gerando benefícios e servindo a autores, docentes, livreiros, funcionários, colaboradores e acionistas.

Nosso comportamento ético incondicional e nossa responsabilidade social e ambiental são reforçados pela natureza educacional de nossa atividade e dão sustentabilidade ao crescimento contínuo e à rentabilidade do grupo.

Idalberto
Chiavenato

Iniciação à

Teoria das Organizações

2ª EDIÇÃO

- O autor deste livro e a editora empenharam seus melhores esforços para assegurar que as informações e os procedimentos apresentados no texto estejam em acordo com os padrões aceitos à época da publicação, *e todos os dados foram atualizados pelo autor até a data da entrega dos originais à editora.* Entretanto, tendo em conta a evolução das ciências, as atualizações legislativas, as mudanças regulamentares governamentais e o constante fluxo de novas informações sobre os temas que constam do livro, recomendamos enfaticamente que os leitores consultem sempre outras fontes fidedignas, de modo a se certificarem de que as informações contidas no texto estão corretas e de que não houve alterações nas recomendações ou na legislação regulamentadora.
- Data do fechamento do livro: 10/10/2022
- O autor e a editora se empenharam para citar adequadamente e dar o devido crédito a todos os detentores de direitos autorais de qualquer material utilizado neste livro, dispondo-se a possíveis acertos posteriores caso, inadvertida e involuntariamente, a identificação de algum deles tenha sido omitida.
- **Atendimento ao cliente: (11) 5080-0751 | faleconosco@grupogen.com.br**
- Direitos exclusivos para a língua portuguesa
  Copyright © 2023 *by*
  Editora Atlas Ltda.
  Uma editora integrante do GEN | Grupo Editorial Nacional
  Travessa do Ouvidor, 11
  Rio de Janeiro – RJ – 20040-040
  www.grupogen.com.br
- Reservados todos os direitos. É proibida a duplicação ou reprodução deste volume, no todo ou em parte, em quaisquer formas ou por quaisquer meios (eletrônico, mecânico, gravação, fotocópia, distribuição pela Internet ou outros), sem permissão, por escrito, da Editora Atlas Ltda.
- Capa: Bruno Sales
- Editoração eletrônica: 2 estúdio gráfico
- Ficha catalográfica

CIP-BRASIL. CATALOGAÇÃO NA PUBLICAÇÃO
SINDICATO NACIONAL DOS EDITORES DE LIVROS, RJ

C458i
2. ed.
Chiavenato, Idalberto, 1936-
Iniciação à teoria das organizações / Idalberto Chiavenato. - 2. ed. - Barueri [SP]
: Atlas, 2023. (Iniciação ; 4)
Inclui bibliografia e índice
ISBN 978-65-5977-352-7

1. Administração de empresas. 2. Eficiência organizacional. 3. Cultura organizacional. I. Título. II. Série.

| 22-80119 | CDD: 658.4 |  |
| | CDU: 005.7 | |

Gabriela Faray Ferreira Lopes - Bibliotecária - CRB-7/6643

À Rita.

*Em cada livro,
em cada página,
em cada frase,
em cada palavra
vai um pedaço de mim para você.
Com todo o meu carinho.*

Parabéns!

Além da edição mais completa e atualizada do livro *Iniciação à Teoria das Organizações*, agora você tem acesso à Sala de Aula Virtual do Prof. Idalberto Chiavenato.

Chiavenato Digital é a solução que você precisa para complementar seus estudos.

São diversos objetos educacionais, como vídeos do autor, mapas mentais, estudos de caso e muito mais!

Para acessar, basta seguir o passo a passo descrito na orelha deste livro.

Bons estudos!

Confira o vídeo de apresentação da plataforma pelo autor.

uqr.to/hs6d

Sempre que o ícone 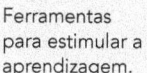 aparece, há um conteúdo disponível na Sala de Aula Virtual.

CHIAVENÁRIO
Glossário interativo com as principais terminologias utilizadas pelo autor.

EXERCÍCIOS
Ferramentas para estimular a aprendizagem.

SAIBA MAIS
Conteúdos complementares colaboram para aprofundar o conhecimento.

TENDÊNCIAS EM ITO
Atualidades e novos paradigmas da Administração são apresentados.

SOBRE O AUTOR

Idalberto Chiavenato é doutor e mestre em Administração pela City University Los Angeles (Califórnia, EUA), especialista em Administração de Empresas pela Escola de Administração de Empresas de São Paulo da Fundação Getulio Vargas (FGV EAESP), graduado em Filosofia e Pedagogia, com especialização em Psicologia Educacional, pela Universidade de São Paulo (USP), e em Direito pela Universidade Presbiteriana Mackenzie.

Professor honorário de várias universidades do exterior e renomado palestrante ao redor do mundo, foi professor da FGV EAESP. Fundador e presidente do Instituto Chiavenato e membro vitalício da Academia Brasileira de Ciências da Administração. Conselheiro e vice-presidente de Assuntos Acadêmicos do Conselho Regional de Administração de São Paulo (CRA-SP).

Autor de 48 livros nas áreas de Administração, Recursos Humanos, Estratégia Organizacional e Comportamento Organizacional publicados no Brasil e no exterior. Recebeu três títulos de Doutor Honoris Causa por universidades latino-americanas e a Comenda de Recursos Humanos pela ABRH-Nacional.

PREFÁCIO

Entender as organizações é o passo inicial para poder administrá-las e conduzi-las adequadamente rumo à excelência, à competitividade e à sustentabilidade. Esses são os principais indicadores do sucesso organizacional. Tudo isso é extremamente importante porque as organizações permeiam o mundo dos negócios, constituem o motor do desenvolvimento social e econômico, financeiro e tecnológico da moderna sociedade, geram inovação e melhoria da qualidade de vida das pessoas e criam valor e riqueza para as nações.

Entender as organizações também constitui uma das primeiras preocupações para quem vai lidar com elas, como o administrador, o consultor, o investidor, o estudioso, o cliente, o fornecedor, o concorrente ou mesmo um participante delas. Afinal, vivemos dentro delas para tudo o que fazemos em nossas vidas. Trabalhamos nas organizações, compramos ou vendemos nelas, pagamos e recebemos nelas, ensinamos, estudamos e nos divertimos nelas, cuidamos de nossa saúde por meio delas: nossos relacionamentos e interações com as organizações são incontáveis. Precisamos conhecê-las melhor para podermos aproveitá-las melhor.

A Teoria das Organizações é uma área multidisciplinar e envolvente que estuda as organizações sob o ponto de vista de sua natureza e suas características e da sua intensa dinâmica e desempenho. Não existem duas organizações iguais ou semelhantes. Porém, apesar de únicas e singulares, elas guardam entre si alguns aspectos comuns e que são sumamente fundamentais para a sua compreensão. Este livro constitui uma iniciação ao estudo das várias teorias a respeito das organizações.

Idalberto Chiavenato
www.chiavenato.com

SUMÁRIO

PARTE I – O MUNDO ORGANIZACIONAL, 1

Capítulo 1
AS ORGANIZAÇÕES NO MUNDO MODERNO, 3

1.1 DA ERA DA AGRICULTURA À ERA DIGITAL, 4
    1.1.1 Era Industrial, 4
    1.1.2 Era da Informação, 6
    1.1.3 Era Digital, 9

1.2 MUDANÇAS E TRANSFORMAÇÕES, 9
1.3 CULTURA ORGANIZACIONAL, 11
1.4 IDENTIDADE ORGANIZACIONAL, 12
    1.4.1 Missão organizacional, 12
    1.4.2 Visão de futuro, 12

QUESTÕES PARA REVISÃO, 14
REFERÊNCIAS, 14

PARTE II – TEORIAS DAS ORGANIZAÇÕES, 17

Capítulo 2
A ORGANIZAÇÃO NA PERSPECTIVA DAS TAREFAS, 19

2.1 A OBRA DE TAYLOR, 19
2.2 AS OBRAS DOS ENGENHEIROS DA ADMINISTRAÇÃO CIENTÍFICA, 21
    2.2.1 Gantt, 21
    2.2.2 Gilbreth, 21
    2.2.3 Emerson, 22
    2.2.4 Ford, 22

2.3 IMPLICAÇÕES DA PERSPECTIVA DE TAREFAS, 23
QUESTÕES PARA REVISÃO, 24
REFERÊNCIAS, 24

Capítulo 3
A ORGANIZAÇÃO NA PERSPECTIVA CLÁSSICA, 25
3.1 A OBRA DE FAYOL, 25
    3.1.1 As funções básicas da empresa, 25
    3.1.2 Conceito de administração, 26
    3.1.3 Diferença entre administrar e organizar, 26
    3.1.4 Proporcionalidade da função administrativa, 28
    3.1.5 Princípios gerais de administração, 29
3.2 AS OBRAS DOS AUTORES CLÁSSICOS, 30
3.3 IMPLICAÇÕES DA PERSPECTIVA CLÁSSICA, 32
QUESTÕES PARA REVISÃO, 33
REFERÊNCIAS, 33

Capítulo 4
A ORGANIZAÇÃO NA PERSPECTIVA HUMANÍSTICA, 35
4.1 CONCLUSÕES DA EXPERIÊNCIA DE HAWTHORNE, 35
4.2 ORGANIZAÇÃO INFORMAL, 37
    4.2.1 Características da organização informal, 38
4.3 A CIVILIZAÇÃO INDUSTRIALIZADA E O SER HUMANO, 40
    4.3.1 Funções básicas da organização industrial, 41
4.4 IMPLICAÇÕES DA PERSPECTIVA HUMANÍSTICA, 42
QUESTÕES PARA REVISÃO, 44
REFERÊNCIAS, 44

Capítulo 5
A ORGANIZAÇÃO NA PERSPECTIVA NEOCLÁSSICA, 47
5.1 CARACTERÍSTICAS DA PERSPECTIVA NEOCLÁSSICA, 47
5.2 ASPECTOS ADMINISTRATIVOS COMUNS ÀS ORGANIZAÇÕES, 49
    5.2.1 Eficiência e eficácia, 50
5.3 PRINCÍPIOS BÁSICOS DE ORGANIZAR ORGANIZAÇÕES, 51
    5.3.1 Divisão do trabalho e especialização, 51
    5.3.2 Hierarquia, 52
    5.3.3 Autoridade, 53
    5.3.4 Responsabilidade, 54
    5.3.5 Amplitude administrativa, 55

5.4 CENTRALIZAÇÃO × DESCENTRALIZAÇÃO, 55

5.5 FUNÇÕES DO ADMINISTRADOR, 58

    5.5.1 Planejamento, 60

    5.5.2 Organização, 63

    5.5.3 Direção, 66

    5.5.4 Controle, 67

5.6 IMPLICAÇÕES DA PERSPECTIVA NEOCLÁSSICA, 71

QUESTÕES PARA REVISÃO, 72

REFERÊNCIAS, 72

Capítulo 6
A ORGANIZAÇÃO NA PERSPECTIVA ESTRUTURALISTA, 75

6.1 CARACTERÍSTICAS DO MODELO BUROCRÁTICO SEGUNDO WEBER, 78

    6.1.1 Características da burocracia, 78

    6.1.2 Previsibilidade do funcionamento da burocracia, 80

    6.1.3 Vantagens da burocracia, 80

    6.1.4 Racionalidade burocrática, 81

6.2 DISFUNÇÕES DA BUROCRACIA, 81

6.3 DIMENSÕES DA BUROCRACIA, 85

6.4 IMPLICAÇÕES DO MODELO BUROCRÁTICO, 86

6.5 O ESTRUTURALISMO NA TEORIA DAS ORGANIZAÇÕES, 86

    6.5.1 Características do estruturalismo, 87

        6.5.1.1 As organizações, 87

        6.5.1.2 A sociedade de organizações, 89

        6.5.1.3 Análise das organizações, 89

6.6 TIPOLOGIA DAS ORGANIZAÇÕES, 91

    6.6.1 Tipologia de Etzioni, 91

    6.6.2 Tipologia de Blau e Scott, 92

6.7 OBJETIVOS ORGANIZACIONAIS, 93

6.8 AMBIENTE ORGANIZACIONAL, 94

    6.8.1 Interdependência das organizações com a sociedade, 94

    6.8.2 Conjunto organizacional, 94

6.9 IMPLICAÇÕES DA PERSPECTIVA ESTRUTURALISTA, 95

QUESTÕES PARA REVISÃO, 97

REFERÊNCIAS, 97

Capítulo 7
A ORGANIZAÇÃO NA PERSPECTIVA COMPORTAMENTAL, 101
7.1 ESTILOS DE GESTÃO, 102
    7.1.1 Teoria X e Teoria Y, 102

7.2 SISTEMAS DE ADMINISTRAÇÃO, 104

7.3 ORGANIZAÇÃO COMO UM SISTEMA SOCIAL COOPERATIVO, 107

7.4 PROPOSIÇÕES SOBRE A MOTIVAÇÃO HUMANA, 108
    7.4.1 Hierarquia das necessidades, 108
    7.4.2 Teoria dos dois fatores de Herzberg, 111

7.5 PROCESSO DECISÓRIO, 114
    7.5.1 Teoria das Decisões, 114
    7.5.2 Etapas do processo decisório, 115

7.6 COMPORTAMENTO ORGANIZACIONAL, 115
    7.6.1 Teoria do equilíbrio organizacional, 116
    7.6.2 Tipos de participantes, 117

7.7 CONFLITO ENTRE OBJETIVOS ORGANIZACIONAIS E INDIVIDUAIS, 118

7.8 PROPOSIÇÕES SOBRE LIDERANÇA, 118

7.9 IMPLICAÇÕES DA PERSPECTIVA COMPORTAMENTAL, 120

QUESTÕES PARA REVISÃO, 121

REFERÊNCIAS, 122

Capítulo 8
A ORGANIZAÇÃO NA PERSPECTIVA SISTÊMICA, 125
8.1 CONCEITO DE SISTEMAS, 127
    8.1.1 Características dos sistemas, 128
    8.1.2 Tipos de sistemas, 129
    8.1.3 Parâmetros dos sistemas, 131

8.2 O SISTEMA ABERTO, 132

8.3 A ORGANIZAÇÃO COMO UM SISTEMA ABERTO, 132

8.4 CARACTERÍSTICAS DAS ORGANIZAÇÕES COMO SISTEMAS ABERTOS, 133
    8.4.1 Comportamento probabilístico e não determinístico, 133
    8.4.2 Organizações fazem parte de uma sociedade maior, 133
    8.4.3 Interdependência das partes, 133
    8.4.4 Homeostase ou estado firme, 134
    8.4.5 Fronteiras ou limites, 134

8.4.6 Morfogênese, 135
8.4.7 Resiliência, 136

8.5 MODELOS DE ORGANIZAÇÃO, 136
8.5.1 Modelo de Katz e Kahn, 136
    8.5.1.1 A organização como um sistema aberto, 136
    8.5.1.2 Cultura e clima organizacionais, 138
    8.5.1.3 Conceito de eficácia organizacional, 139
    8.5.1.4 Organização como um sistema de papéis, 140
8.5.2 Modelo sociotécnico, 140

8.6 IMPLICAÇÕES DA PERSPECTIVA SISTÊMICA, 142
8.6.1 Confronto entre teorias de sistema aberto e de sistema fechado, 142
8.6.2 Características básicas da análise sistêmica, 143
8.6.3 Caráter integrativo e abstrato da Teoria de Sistemas, 144
8.6.4 O efeito sinérgico das organizações, 145
8.6.5 Uma nova abordagem organizacional, 145
8.6.6 Ordem e desordem, 146

QUESTÕES PARA REVISÃO, 146
REFERÊNCIAS, 147

Capítulo 9
A ORGANIZAÇÃO NA PERSPECTIVA CONTINGENCIAL, 151

9.1 ORGANIZAÇÕES MECANÍSTICAS E ORGANIZAÇÕES ORGÂNICAS, 152
9.1.1 Adhocracia, 154
9.1.2 Mecanismos de diferenciação e de integração, 156

9.2 AMBIENTE, 157
9.2.1 Ambiente geral, 157
9.2.2 Ambiente de tarefa, 158
9.2.3 Tipologia de ambientes, 159
9.2.4 Tipologia de Thompson, 164
9.2.5 Impacto da tecnologia nas organizações, 167

9.3 AS ORGANIZAÇÕES E SEUS NÍVEIS, 169

9.4 DESENHO ORGANIZACIONAL, 171
9.4.1 Novas abordagens ao desenho organizacional, 171
9.4.2 Estrutura matricial, 171
9.4.3 Organização por equipes, 173
9.4.4 Abordagens em redes, 175

9.5 IMPLICAÇÕES DA PERSPECTIVA CONTINGENCIAL, 176
    9.5.1 Relatividade na Teoria das Organizações, 177
    9.5.2 Bipolaridade e relatividade nos conceitos, 177
    9.5.3 Ênfase no ambiente, 178
    9.5.4 Ênfase na tecnologia, 179
    9.5.5 Compatibilidade entre abordagens de sistema fechado e sistema aberto, 179
    9.5.6 Caráter eclético e integrativo, 180

QUESTÕES PARA REVISÃO, 181

REFERÊNCIAS, 181

Capítulo 10
A ORGANIZAÇÃO NA PERSPECTIVA ATUAL, 185

10.1 A INFLUÊNCIA DAS CIÊNCIAS MODERNAS NA TEORIA DAS ORGANIZAÇÕES, 185

10.2 A QUINTA ONDA, 187

10.3 A INFLUÊNCIA DA GLOBALIZAÇÃO, 188

10.4 INFLUÊNCIA DA ERA DA INFORMAÇÃO: MUDANÇA E INCERTEZA, 190
    10.4.1 A influência da Tecnologia da Informação, 191
    10.4.2 Os desafios da Era da Informação, 191

10.5 A NOVA LÓGICA DAS ORGANIZAÇÕES, 193

10.6 O NOVO MUNDO DA TEORIA DAS ORGANIZAÇÕES, 194
    10.6.1 Gestão do conhecimento e do capital intelectual, 195
    10.6.2 A educação corporativa, 196
    10.6.3 As organizações de aprendizagem, 198
    10.6.4 As cinco disciplinas da aprendizagem, 199
    10.6.5 Equipes de alto desempenho, 201

10.7 ÉTICA E RESPONSABILIDADE SOCIAL DA ORGANIZAÇÃO, 202
    10.7.1 O modelo ESG, 203

10.8 IMPLICAÇÕES DA PERSPECTIVA ATUAL, 204
    10.8.1 A Era Digital, 208

QUESTÕES PARA REVISÃO, 209

REFERÊNCIAS, 210

ÍNDICE ALFABÉTICO, 213

PARTE I — O MUNDO ORGANIZACIONAL

Capítulo 1 – As organizações no mundo moderno

Vivemos em uma sociedade de organizações e passamos a maior parte de nossas vidas dentro de organizações ou em íntimo contato com elas. Tudo o que necessitamos em nossas vidas é criado, desenvolvido, produzido e comercializado por organizações. Dependemos delas para nascer, aprender, educar, trabalhar, comprar, financiar, comer, divertir-se e até para morrer. Elas oferecem produtos, serviços, informação, conhecimento, entretenimento e tudo aquilo que é necessário para nossas vidas e nosso bem-estar. Existem organizações de todos os tipos possíveis: empresas, indústrias, bancos, financeiras, hospitais, escolas e universidades, lojas, supermercados, shopping centers, postos de combustível, restaurantes, teatros, cinemas, farmácias, fazendas, transportadoras, entre muitos outros. Existem organizações de todas as naturezas possíveis: extrativas, transformadoras, comerciais, prestadoras de serviços, físicas e concretas, virtuais e abstratas, concentradas ou dispersas em redes de negócios. Existem organizações de todos os tamanhos possíveis: desde formidáveis multinacionais até negócios locais, das grandes empresas até microempresas ou empresas individuais. Todas as organizações constituem um arranjo deliberado de pessoas que cuidam de recursos para alcançar objetivos e propósitos específicos.

É neste mundo de organizações em que vivemos. Esta é a realidade que temos à nossa frente. A cada dia, surgem novas organizações e muitas outras morrem ou desaparecem. O desafio maior está em torná-las competitivas e sustentáveis.

Precisamos conhecer as organizações, pois são parte integrante de nossas vidas, assim como também fazemos parte integrante da vida delas. Contudo, isso requer a compreensão de um leque de abordagens teóricas em função da diversidade existente.

Quadro I.1 O mundo organizacional

I. O MUNDO ORGANIZACIONAL	1. As Organizações no Mundo Moderno

1 AS ORGANIZAÇÕES NO MUNDO MODERNO

> **O QUE VEREMOS ADIANTE**
> - Da Era da Agricultura à Era Digital.
> - Mudanças e transformações.
> - Cultura organizacional.
> - Identidade organizacional.
> - Questões para revisão.

O mundo moderno em que vivemos é uma sociedade de organizações. Mas não foi sempre assim. As organizações – como são conhecidas hoje – são relativamente recentes na história do ser humano. Somente com o regime feudal, no decorrer da Idade Média, é que surgiram os primeiros e antigos artesanatos, que rapidamente foram substituídos pelas fábricas – as precursoras das modernas organizações. Tudo agora depende das organizações. Elas constituem a maneira pela qual a sociedade moderna cria e agrega valor, produz e distribui riqueza, melhora a qualidade de vida das pessoas e gera progresso e desenvolvimento econômico e social. As nações mais avançadas são ricas por que possuem organizações bem-sucedidas que criam, inovam e produzem produtos e serviços, desenvolvem tecnologias e oferecem à sociedade a satisfação de suas necessidades. Organizações bem-sucedidas conduzem a nações bem-sucedidas, pessoas bem-sucedidas e mercados florescentes.

>  **SAIBA MAIS** — **As pessoas e as organizações**
>
> As organizações são formadas por pessoas – dentro e fora delas. Por essa razão, existem dois pressupostos quando se fala de organizações.
> O primeiro deles é: o cliente é a razão da existência de uma organização. Nenhuma organização existe somente para si mesma. É o cliente que determina o sucesso ou fracasso de uma organização. O segundo pressuposto é que toda organização precisa de pessoas que dela participam para poder operar adequadamente. São os participantes que determinam o sucesso ou fracasso de uma organização. As pessoas estão dentro e fora das organizações, e necessitam delas para viver. Assim, as pessoas vêm antes, durante e depois das organizações. Antes, porque as organizações são criadas por pessoas que decidem partir para um empreendimento próprio. Durante, porque não existem organizações sem pessoas. Elas são o elemento fundamental para que uma organização possa funcionar.
> E depois, porque tudo o que se faz em uma organização é destinado a pessoas. São pessoas que adquirem ou recebem o resultado das operações de uma organização.

1.1 DA ERA DA AGRICULTURA À ERA DIGITAL

O mundo em que vivemos passou por várias e longas etapas. A primeira etapa foi a Era da Agricultura, que prevaleceu durante milênios até o final do século 18, quando James Watt inventou a máquina a vapor.

1.1.1 Era Industrial

Foi quando ocorreu a 1ª Revolução Industrial, quando foi engolfada por uma etapa mais pujante denominada Era Industrial. As fábricas transformaram os camponeses e artesãos em operários e a produção agrícola foi rapidamente suplantada pela produção industrial. Os lavradores saíram dos campos para as cidades industriais, provocando um crescente fenômeno de urbanização e se transformando em mão de obra para as fábricas. Assim, teve início a Era Industrial. Com o crescimento das organizações, exigia-se o esforço conjunto de muitas pessoas em uma variedade de tarefas repetitivas e monótonas. Tudo isso provocou a necessidade de princípios mais eficientes de administração e de organização do trabalho. Nessa ocasião, surgiram os primeiros sindicatos, o marxismo e a reação da doutrina social da igreja como meios para colocar certa ordem frente a tamanha transformação e confusão. A Era Industrial teve características marcantes, tais como:

- Crescimento das organizações industriais.
- Aumento dos mercados de consumo.
- Superespecialização dos trabalhadores nas fábricas.
- Relativa estabilidade, conservantismo e permanência no mundo industrial.
- Forte influência das ciências, principalmente da física clássica e do método cartesiano.
- Ênfase na produção, principalmente na busca de eficiência nas operações.

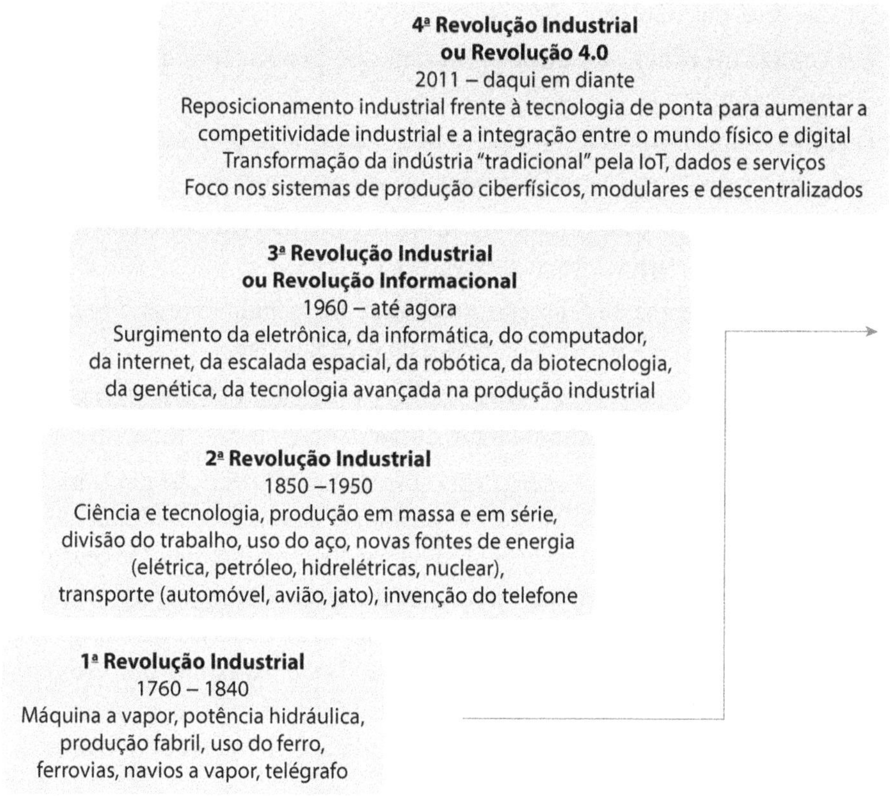

4ª Revolução Industrial ou Revolução 4.0
2011 – daqui em diante
Reposicionamento industrial frente à tecnologia de ponta para aumentar a competitividade industrial e a integração entre o mundo físico e digital
Transformação da indústria "tradicional" pela IoT, dados e serviços
Foco nos sistemas de produção ciberfísicos, modulares e descentralizados

3ª Revolução Industrial ou Revolução Informacional
1960 – até agora
Surgimento da eletrônica, da informática, do computador, da internet, da escalada espacial, da robótica, da biotecnologia, da genética, da tecnologia avançada na produção industrial

2ª Revolução Industrial
1850 –1950
Ciência e tecnologia, produção em massa e em série, divisão do trabalho, uso do aço, novas fontes de energia (elétrica, petróleo, hidrelétricas, nuclear), transporte (automóvel, avião, jato), invenção do telefone

1ª Revolução Industrial
1760 – 1840
Máquina a vapor, potência hidráulica, produção fabril, uso do ferro, ferrovias, navios a vapor, telégrafo

Figura 1.1 As quatro Revoluções Industriais.

1.1.2 Era da Informação

A Era da Informação surgiu a partir do final do século passado devido a um complexo conjunto de circunstâncias, tais como:

- **Poderosa influência da Tecnologia da Informação (TI)**: a TI – convergência entre computador, televisão e telecomunicações – provocou intensa interação entre pessoas e organizações no mundo todo.
- **Globalização**: com a ampliação de mercados, o trânsito rápido de capitais, produtos e informação.
- **Surgimento da internet**: além de rápida expansão das comunicações e das interações.
- **Expansão do processo democrático**: com maior participação dos cidadãos nas decisões das nações.
- **Crescente melhoria da educação**: e maior produção e divulgação do conhecimento.
- **O conhecimento passa a ser o recurso mais valioso**: e importante fazendo com que o capital intelectual sobrepuje o capital financeiro.
- **Aceleração e aprofundamento das mudanças e das transformações**: com forte ênfase na criatividade e na inovação.
- **Profunda influência das ciências modernas**: principalmente da física quântica, da teoria da relatividade, do caos e da complexidade.

No novo contexto da Era da Informação, a TI invade a vida das pessoas e das organizações agregando novas características:[1]

- **Menor espaço**: prédios e escritórios sofrem brutal redução em tamanho. Arquivos eletrônicos acabam com o papelório e com a necessidade de móveis associados a ele, liberando espaço para outras finalidades. Os centros de processamento de dados são drasticamente enxugados e descentralizados por meio de redes de microcomputadores. Surgem as salas, os escritórios não territoriais e empresas virtuais, dispensando prédios e reduzindo despesas fixas. A escalabilidade não significa necessariamente aumento de espaço físico, mas de espaço virtual. Miniaturização, portabilidade e virtualidade constituem a nova dimensão espacial provocada pela TI.
- **Menor tempo**: os processos e as comunicações se tornam móveis, flexíveis, rápidos e diretos permitindo maior tempo de dedicação ao cliente e a aspectos mais importantes. Instantaneidade constitui a nova dimensão temporal provocada pela TI.

- **Maior conectibilidade**: computador portátil, celular e multimídia, juntos, permitem o trabalho em grupo – *workgroup* – e as estações de trabalho – *workstations* –, proporcionando o teletrabalho, por meio do qual as pessoas trabalham juntas apesar de fisicamente distantes. A teleconferência e a telerreunião permitem o ensino a distância e maior relacionamento entre as pessoas sem necessidade de deslocamento físico ou de viagens. É o contato a qualquer hora e em qualquer lugar.

Essas três dimensões da TI – virtualidade, instantaneidade e conectibilidade – constituem uma poderosa ferramenta de trabalho dentro e fora das organizações. A internet e a extranet[2] permitem que a informação se transforme na principal fonte de energia da organização, direcionando os rumos a seguir.

A Era da Informação mudou radicalmente o panorama das organizações pelas seguintes razões:[3]

- **Ela está tornando o trabalho cada vez menos físico e muscular, e cada vez mais cerebral e mental**. A atividade humana está deixando de ser repetitiva e imitativa para ser cada vez mais singular, criativa e inovadora. As pessoas deixaram de ser fornecedoras de mão de obra para serem alçadas à categoria de fornecedoras de conhecimento e de competências, como parceiras da organização, e não como empregados submetidos a um contrato formal de trabalho. Cada pessoa é uma cabeça e uma inteligência a serviço da organização, e não um simples conjunto de músculos e habilidades físicas. O termo "mão de obra" foi para o museu.

- **As pessoas estão deixando de ser meras *commodities* nas organizações e estão assumindo seu caráter pessoal e singular em função das diferenças individuais**. Antes, as práticas tradicionais de lidar com pessoas eram padronizadas e estereotipadas a fim de garantirem homogeneidade de comportamento. Era o velho modelo burocrático. Hoje, pelo contrário, as diferenças individuais estão sendo realçadas e incentivadas, os talentos estão sendo procurados com sofreguidão e as competências pessoais aprimoradas para garantir a competitividade da organização.[4] A diversidade está em alta. As pessoas estão deixando de ser meros recursos produtivos para ser o capital humano da organização.

- **O trabalho está deixando de ser individualizado, solitário e isolado para se transformar em uma atividade social, grupal, solidária e conjunta**. Enquanto os cargos – conceito típico do modelo burocrático vigente na Era Industrial – estão passando por uma total redefinição, as equipes estão cada vez mais em voga. A velha abordagem cartesiana de divisão do trabalho e especialização já deu tudo o que tinha de dar. Hoje, em vez de dividir, separar e isolar, tornou-se importante juntar e integrar para obter efeito sinergístico e multiplicador. As pessoas trabalham melhor e mais satisfeitas quando o fazem juntas. Equipes, células de produção, times, trabalho conjunto, compartilhamento, participação, solidariedade, consenso, decisão em equipe, *empowerment*, autogerenciamento, multifuncionalidade, polivalência: essas estão sendo as palavras de ordem nas organizações.[5]

- **Não se trata apenas de atrair e reter talentos na organização.** Possuir talentos é apenas a parte vestibular da questão. O mais importante é o que fazer para que os talentos sejam aplicados de maneira produtiva e rentável no sentido de obter elevados retornos desse precioso capital humano. Talentos são os meios indispensáveis para que a organização consiga competitividade e sustentabilidade em um mundo dinâmico e mutável.

- **O papel dos dirigentes e gerentes está mudando rapidamente.** Eles estão se transformando em líderes democráticos e incentivadores. O tradicional papel gerencial de pensar e de comandar pessoas foi bom para uma época que já passou: a Era Industrial. O comando autocrático e impositivo, de um lado, e a obediência cega, de outro lado, funcionaram bem em uma época de manutenção do *status quo*, na qual a mudança era lenta e contínua. Hoje, os gerentes funcionam como líderes e *coaches*. Lidar com pessoas tornou-se uma responsabilidade de linha e uma função de *staff*.

- **O desenvolvimento de pessoas transforma-se em uma preocupação holística na organização inteira.** A gestão do conhecimento e das competências, a criação de universidades corporativas, a transformação das empresas em organizações de aprendizagem são decorrências típicas dessa transformação. Um verdadeiro mutirão de esforços conjuntos e integrados para incrementar a aprendizagem organizacional que, no fundo, é uma questão de aprendizagem individual e grupal. Tudo isso para encarar a mudança e a incerteza que cercam o mundo das organizações. Cada executivo passou a ser inserido no esforço conjunto de desenvolver continuamente o talento humano: aumentar e aplicar o capital humano passou a ser uma obsessão das organizações competitivas e sustentáveis. E isso passou a ser totalmente descentralizado por toda a organização. Uma tarefa de todos em todos os níveis organizacionais.[6]

Quadro 1.1 Comparação das Eras da Agricultura, Industrial e da Informação

Características	Era da Agricultura	Era Industrial	Era da Informação
Tipo de Produção	Artesanal	Industrial	Pós-industrial
Organização	Elementar	Divisão do trabalho	Integração
Vinculação	Servil	Salarial	Capital intelectual
Ambiente	Imutável	Estável	Instável e turbulento

1.1.3 Era Digital

A Era Digital teve o seu início de uma forma rápida, intensa e disruptiva graças às modernas tecnologias emergentes.

Acesse conteúdo sobre **O mundo de hoje** na seção *Tendências em ITO 1.1*

1.2 MUDANÇAS E TRANSFORMAÇÕES

Desde os tempos de Heráclito de Éfeso – o filósofo da mudança –, na antiga Grécia, a mudança sempre representou um desafio para as pessoas e para as organizações. O ritmo e a profundidade das mudanças variam de acordo com cada época e cada sociedade. Contudo, nos dias de hoje, ela vem crescendo e se expandindo de maneira cada vez mais veloz, complexa, volátil, ambígua e caótica. Caos, desordem e ruptura constituem os desafios maiores das organizações atuais. Elas precisam se adaptar, ajustar-se, adequar-se continuamente, tentar antecipar-se às mudanças que externamente as impulsionam como oportunidades ou ameaçam como desafios. Ou mesmo criar a mudança antes que outros o façam.

Ainda na Era da Informação, a enorme diversidade das organizações, a caótica complexidade do ambiente em que elas operam e outras forças externas ajudam a complicar o panorama. É que passamos a viver em um mundo mutável e turbulento, em que a mudança é o único aspecto constante e permanente. Drucker[7] já dava o nome de **Era de Descontinuidade** para representar um mundo em que a mudança não se faz simplesmente por etapas sucessivas e lógicas, como em um processo em linha de continuidade, mas por múltiplas inflexões rápidas e bruscas e que nada têm a ver com o presente ou com o passado. Essa descontinuidade provoca uma total ruptura com o passado e torna difícil qualquer previsão a respeito do futuro. Como se estivéssemos em uma "era da irracionalidade".[8] Naisbitt[9] preocupou-se em definir as megatendências – as grandes transformações pelas quais a sociedade moderna está atravessando. Todas essas transformações provocam profundos impactos na vida das organizações, já que as próprias organizações constituem parte integrante e inseparável das sociedades. O sucesso das organizações dependerá da sua capacidade de ler e interpretar a realidade externa, rastrear as mudanças e transformações, identificar oportunidades ao seu redor para responder pronta e adequadamente a elas, de um lado, e identificar ameaças e dificuldades para neutralizá-las ou amortecê-las, de outro lado. À medida que a conjuntura econômica se expande ou se retrai, que se alteram as necessidades dos clientes ou consumidores, que mudam os hábitos e as tendências do público, as organizações precisam modificar sua linha de ação, renovar-se, ajustar-se, transformar-se e adaptar-se rapidamente. Surgirão cada vez mais novos e diferentes problemas, enquanto os antigos permanecerão com antigas ou novas soluções. No fundo, os problemas apenas mudarão de figura, de natureza ou de roupagem, mas a mudança será sempre constante.

As megatendências da Era da Informação estão assinaladas no Quadro 1.2.

Quadro 1.2 As megatendências do Mundo Moderno segundo Naisbitt[10]

De	Para	Alteração
Sociedade industrial	Sociedade da informação	Inovação e mudança
Tecnologia simples	Tecnologia sofisticada	Maior eficiência
Economia nacional	Economia mundial	Globalização e competitividade
Curto prazo	Longo prazo	Visão do negócio e do futuro
Democracia representativa	Democracia participativa	Pluralismo e participação
Hierarquias	Comunicação lateral	Democratização e visibilidade
Opção dual	Opção múltipla	Visão sistêmica e contingencial
Centralização	Descentralização	Incerteza e imprevisibilidade
Ajuda institucional	Autoajuda	Serviços diferenciados e autonomia

Nas condições apresentadas no Quadro 1.2, para alcançar eficiência e eficácia, a tarefa das organizações torna-se cada vez mais difícil e complexa. É que

> a ênfase pragmática nas técnicas e no 'como fazer as coisas' com a utilização de fórmulas e receitas universais já utilizadas com sucesso, sem que se visualize cada situação com uma nova e diferente abordagem, agora não basta. Mais importante do que a terapêutica é o diagnóstico correto da situação. E mais importante do que 'o como fazer' é o 'o que fazer'.[11]

Nisso reside a essência fundamental da visão estratégica nas organizações. Ou, em outras palavras, a necessidade de visualizar cada atividade dentro de um contexto ambiental mais amplo e que se modifica rapidamente a cada momento. Se essa é perspectiva sistêmica ou perspectiva contingencial, pouco importa. O que realmente deve ser considerado é que nas organizações nada é absoluto, definitivo ou estável. Tudo é relativo e tudo depende do momento, da situação e do campo de forças que atuam no ambiente que envolve a organização. Aliás, essa visão expansiva e instável é exatamente consequência da ampliação do conceito de organização.[12]

1.3 CULTURA ORGANIZACIONAL

Cada organização é única. Não existem duas organizações iguais. Cada uma delas tem o seu próprio DNA, sua própria estrutura organizacional e cultura corporativa e sua própria identidade. Cada organização tem o seu próprio perfil e identidade. O seu propósito, missão e visão de futuro. Na verdade, as organizações são abstrações: elas não são propriamente edifícios, fábricas ou instalações. Essas coisas ou recursos em si não explicam a essência de uma organização. Na verdade, elas são conjuntos integrados de pessoas, competências e recursos. As pessoas, habilidades e competências são únicas e exclusivas de cada organização, enquanto os recursos podem ser comprados ou adquiridos no mercado. Pessoas e competências não. É que as organizações não funcionam por si mesmas. Elas dependem de pessoas – que também são únicas– para dirigi-las e controlá-las e para fazê-las operar, produzir bens ou prestar serviços no cotidiano. Não há organização sem pessoas. Toda organização é constituída de pessoas e delas depende para seu sucesso e sua continuidade. Para se conhecer uma organização é necessário conhecer a sua cultura. A cultura é um fenômeno social. Depende das pessoas.

A cultura organizacional envolve um complexo padrão de suposições e valores básicos – inventados, descobertos ou desenvolvidos por determinado grupo, à medida que ele aprende a lidar com seus problemas de adaptação externa e de integração interna – que funcionaram suficientemente bem para serem considerados válidos e, portanto, para serem ensinados aos novos membros como o modo correto de perceber, pensar e sentir em relação a esses problemas.[13]

A cultura organizacional depende do desenvolvimento intelectual das pessoas, dos grupos e das organizações, pois envolve um sistema de ideias, conhecimentos, técnicas aprendidas, artefatos e, sobretudo, padrões de comportamentos e atitudes que caracterizam determinada sociedade.[14] A cultura tem forte conteúdo social, pois existe em função das interações sociais entre as pessoas que trabalham na organização. Por essa razão, ela constitui um conjunto de crenças, paradigmas e valores típicos de cada organização. Tudo isso depende do estágio de desenvolvimento cultural alcançado pela organização e que se manifesta pelo tipo de interações entre as pessoas, suas atitudes e seus comportamentos.

1.4 IDENTIDADE ORGANIZACIONAL

Em geral, identidade significa um conjunto de caracteres próprios de uma pessoa, tais como nome, profissão, sexo, impressões digitais, defeitos físicos etc., e que é considerado exclusivo dela. Essas características são levadas em conta quando uma pessoa precisa ser reconhecida ou localizada. Em termos organizacionais, cada organização também tem a sua própria identidade, a sua impressão digital. A identidade organizacional é um fenômeno essencialmente relacional e emergente. Ela é concretizada por meio de conceitos como missão organizacional, visão de futuro e valores sociais que a organização tem em mente.

A identidade organizacional permite criar as imagens interna e externa da organização. É a impressão que as pessoas que nela trabalham ou a opinião pública têm a respeito da organização e dos seus produtos e serviços. Essa impressão pode ser positiva ou negativa, e a organização deve saber identificar qual é a sua imagem perante a opinião pública interna e externa para melhorá-la continuamente e criar uma predisposição satisfatória em relação à sua identidade. O termo **imagem corporativa da organização** também tem sido utilizado intensamente para definir a identidade organizacional.

1.4.1 Missão organizacional

Significa a razão de ser de uma organização, ou seja, o seu propósito de existir, a sua finalidade e o seu papel na sociedade. Em geral, a missão está colocada fora da organização, isto é, no seu ambiente ou na sociedade no sentido de diferenciar-se das outras organizações e alcançar uma identidade própria e inconfundível.

1.4.2 Visão de futuro

Significa a maneira que uma organização pretende ser no futuro próximo ou remoto. Em geral, envolve um conjunto de metas e objetivos que a organização pretende alcançar para criar o seu próprio futuro. Quase sempre, a visão constitui uma representação mental que existe na cabeça do líder principal a respeito do futuro que ele pretende para a organização. Ela serve como inspiração e ideia-guia daquilo que precisa ser feito para construir o futuro da organização. Na verdade, a visão de futuro costuma ser mais uma imagem mental do que um plano articulado em palavras e números. Quando o líder principal consegue influenciar, articular, envolver e impulsionar a todos os participantes, a organização visionária é aquela capaz de conjugar e convergir os esforços na direção aonde quer chegar e que busca incessantemente para criar seu próprio futuro.

Aumente seus conhecimentos sobre **Missão e visão** na seção *Saiba mais ITO 1.1*

Assim, as organizações são entidades sociais compostas de pessoas que trabalham juntas e deliberadamente estruturadas e organizadas para atingir um objetivo comum. Quando falamos que são entidades sociais deliberadamente estruturadas e organizadas, queremos dizer que as atividades são divididas entre seus membros e a responsabilidade pelo seu desempenho é atribuída a cada um dos membros da organização. A organização é uma sociedade em miniatura na qual coexistem vários tipos de pessoa, entre líderes e subordinados. Quando dizemos que as organizações estão orientadas para objetivos, queremos nos referir a consequências almejadas, tais como:[15]

- **Obter retorno sobre o investimento**: como a maioria das empresas lucrativas.
- **Oferecer produtos**: como a maioria das indústrias e o comércio em geral.
- **Prestar serviços**: como as organizações do setor público, as empresas de prestação de serviços e as consultorias em geral.
- **Oferecer conhecimento**: como universidades, escolas e instituições.
- **Atender a necessidades de saúde e bem-estar**: como hospitais e clínicas de todos os tipos.
- **Atender a necessidades espirituais**: como as organizações religiosas.
- **Proporcionar entretenimento**: como as organizações de TV, rádio, redes de cinema e teatros.
- **Desenvolver arte e cultura**: como teatro, cultura e museus.
- **Oferecer atividade esportiva**: como os clubes de futebol, tênis e malhação.
- **Cuidar de assuntos relevantes para a sociedade e para vida comunitária**: como organizações não governamentais (ONGs) e entidades de preservação da natureza.

Na verdade, esses objetivos não são finais, mas apenas meios para que as organizações cumpram sua missão e visão de futuro. Essa é a mais importante razão de sua existência.

Em função de sua diversidade e complexidade, veremos ainda as várias perspectivas que procuram definir e explicar as características fundamentais das organizações. Esse é o papel da Teoria das Organizações (TO).

QUESTÕES PARA REVISÃO

1. Explique o conceito de organizações.
2. Qual é a importância das pessoas para as organizações?
3. Quais são as principais características da Era Industrial?
4. Quais são as circunstâncias que propiciaram o surgimento da Era da Informação?
5. Quais são as principais características que diferenciam a Era da Agricultura da Era Industrial e da Era Digital?
6. O que caracteriza a 4ª Revolução Industrial?
7. Considerando que a Era da Informação mudou radicalmente o panorama das organizações, qual(is) fator(es) impactou(aram) o mundo do trabalho?
8. As megatendências da Era da Informação trouxeram diversas transformações para a sociedade e para as organizações. Quais formam elas?
9. Explique o significado do mundo VUCA e do mundo BANI.
10. Por que as organizações são consideradas únicas?
11. Explique o conceito de cultura organizacional.
12. Qual é a diferença entre missão e visão?
13. Qual é o conceito do propósito organizacional?

REFERÊNCIAS

1. CHIAVENATO, I. *Administração nos Novos Tempos*. 4. ed. São Paulo: Atlas, 2020. p. 33-34.
2. A extranet utiliza os recursos da internet; é empregada pelas organizações para partilharem parte de seu sistema de informação com maior segurança, possibilitando um acesso externo controlado. Pode ser utilizada para a organização manter um relacionamento específico com seus parceiros (clientes e fornecedores, por exemplo).
3. CHIAVENATO, I. *Introdução à Teoria Geral da Administração*. 10. ed. São Paulo: Atlas, 2020.
4. CHIAVENATO, I. *Introdução à Teoria Geral da Administração, op. cit.*

5. CHIAVENATO, I. *Introdução à Teoria Geral da Administração, op. cit.*
6. CHIAVENATO, I. *Introdução à Teoria Geral da Administração, op. cit.*
7. DRUCKER, P. F. *Uma Era de Descontinuidade.* Rio de Janeiro: Zahar, 1970.
8. HANDY, C. *A Era da Transformação*: a transformação no mundo das organizações. São Paulo: Makron Books, 1997.
9. NAISBITT, J. *Megatrends.* São Paulo: Abril Cultural, 1985.
10. NAISBITT, J. *Megatrends.* São Paulo: Abril Cultural, 1985.
11. CHIAVENATO, I. *Introdução à Teoria Geral da Administração, op. cit.*
12. CHIAVENATO, I. *Introdução à Teoria Geral da Administração, op. cit.*
13. SCHEIN, E. *Organizational Psychology.* Englewood Cliffs: Prentice-Hall, 1970.
14. LACOMBE, F. *Dicionário de Administração.* São Paulo: Saraiva, 2004. p. 87.
15. CHIAVENATO, I. *Administração nos Novos Tempos, op. cit.*, p. 9.

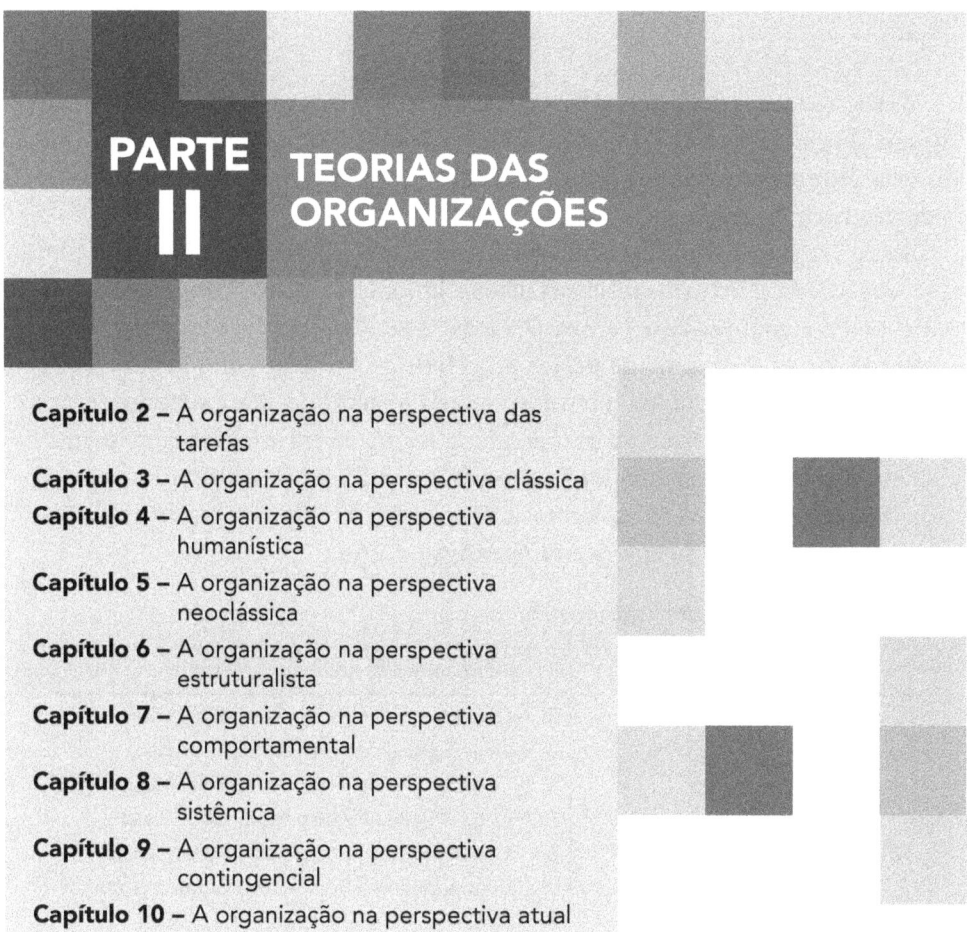

PARTE II — TEORIAS DAS ORGANIZAÇÕES

Capítulo 2 – A organização na perspectiva das tarefas
Capítulo 3 – A organização na perspectiva clássica
Capítulo 4 – A organização na perspectiva humanística
Capítulo 5 – A organização na perspectiva neoclássica
Capítulo 6 – A organização na perspectiva estruturalista
Capítulo 7 – A organização na perspectiva comportamental
Capítulo 8 – A organização na perspectiva sistêmica
Capítulo 9 – A organização na perspectiva contingencial
Capítulo 10 – A organização na perspectiva atual

Desde os primórdios de sua existência, o ser humano sempre buscou o conhecimento de si mesmo e do mundo que o cerca. Como viver e sobreviver, como enfrentar as adversidades da realidade ao redor, como garantir seu alimento e seu sustento. Sem dúvida, hoje em dia, esse conhecimento foi ampliado de maneira espetacular. E qual é o mundo que cerca o ser humano hoje em dia? O mundo de hoje é uma sociedade de organizações. Vivemos nelas como se elas fossem o nosso habitat. O conhecimento das organizações é vital para nossas vidas e para nossas profissões. E a Teoria das Organizações (TO) é a resposta para isso.

A TO tem pouco mais de cem anos e surgiu de maneira simplista no início do século passado tratando da metodologia de tarefas. Hoje, constitui uma ampla área multidisciplinar que, apesar de recente, envolve uma complexidade crescente.

As organizações são sistemas vivos e complexos cuja natureza e características foram, durante décadas, analisadas de maneira simplória, míope e superficial, ampliando e aprofundando cada vez mais suas abordagens até chegarmos à atual perspectiva que veremos adiante.

Essa é a razão pela qual existem várias teorias sobre as organizações, cada qual privilegiando certos aspectos específicos e ignorando outros como se eles não existissem. É como se as organizações fossem sendo investigadas, descobertas e percebidas gradativamente pelas várias teorias a respeito de sua natureza e características. Não é nossa intenção contar a história da TO, e sim apresentar as várias facetas que foram ocorrendo gradativamente em seu desenvolvimento. Todas essas facetas – sem nenhuma exceção – continuam constituindo aspectos atualmente enfrentados pelas organizações modernas e cujas soluções ainda são utilizadas de maneira intensiva e progressiva.

Quadro II.1 As teorias das organizações

I. O MUNDO ORGANIZACIONAL	1. As Organizações no Mundo Moderno
II. TEORIAS DAS ORGANIZAÇÕES	2. A Organização na Perspectiva das Tarefas
	3. A Organização na Perspectiva Clássica
	4. A Organização na Perspectiva Humanística
	5. A Organização na Perspectiva Neoclássica
	6. A Organização na Perspectiva Estruturalista
	7. A Organização na Perspectiva Comportamental
	8. A Organização na Perspectiva Sistêmica
	9. A Organização na Perspectiva Contingencial
	10. A Organização na Perspectiva Atual

2 A ORGANIZAÇÃO NA PERSPECTIVA DAS TAREFAS

O QUE VEREMOS ADIANTE

- A obra de Taylor.
- As obras dos engenheiros da Administração Científica.
- Implicações da perspectiva das tarefas.
- Questões para revisão.

A Teoria das Organizações (TO) começou por baixo, pelas bordas e pelos detalhes. Surgiu a partir do estudo do trabalho de operários no chão da fábrica. As primeiras noções sobre as organizações tiveram seu início com a perspectiva das tarefas executadas pelas pessoas da organização. Ainda não se vislumbrava a organização como algo concreto, mas apenas as operações que ela executava.

2.1 A OBRA DE TAYLOR

A perspectiva das tarefas foi o primeiro passo de uma longa caminhada que começou no início do século 20. Teve seu começo com o movimento denominado Administração Científica. Frederick Winslow Taylor (1856-1915) foi seu principal expoente.

Tateando a fábrica onde trabalhava, Taylor passou por cinco fases em seu trabalho para tentar aumentar a eficiência da produção:[1]

1. **Remuneração**: na época, vigorava o sistema de pagamento por peça ou por tarefa. Os patrões fixavam o preço da tarefa e os operários reduziam o ritmo de produção para compensar o baixo pagamento. Para resolver o conflito que prejudicava ambas as partes, Taylor aperfeiçoou o sistema para tentar uma solução que atendesse a patrões e empregados.

2. **Combate ao desperdício**: para eliminar a vadiagem sistemática na fábrica e as perdas decorrentes, Taylor aplicou o estudo dos tempos e movimentos com

o intuito de acabar com os movimentos inúteis e melhorar os movimentos úteis, a fim de encontrar o melhor método (*the best way*) e o tempo padrão para a execução das tarefas por meio da cronometragem.
3. **Racionalização do trabalho**: o passo seguinte foi selecionar e treinar os operários a fim de utilizarem o método proposto e receberem prêmios de produção como incentivo para quem ultrapassasse o tempo padrão, objetivando o aumento da eficiência e da produtividade.
4. **Padronização de métodos e equipamentos**: para facilitar o alcance da eficiência, incluiu a padronização de máquinas, ferramentas, métodos e condições ambientais de trabalho, como iluminação e ruído.
5. **Princípios de administração**: a partir daí, ampliou o escopo da execução para a supervisão. Esta deve pensar e planejar, enquanto os operários devem apenas executar. Os princípios de administração para padronizar o trabalho dos supervisores são:[2]

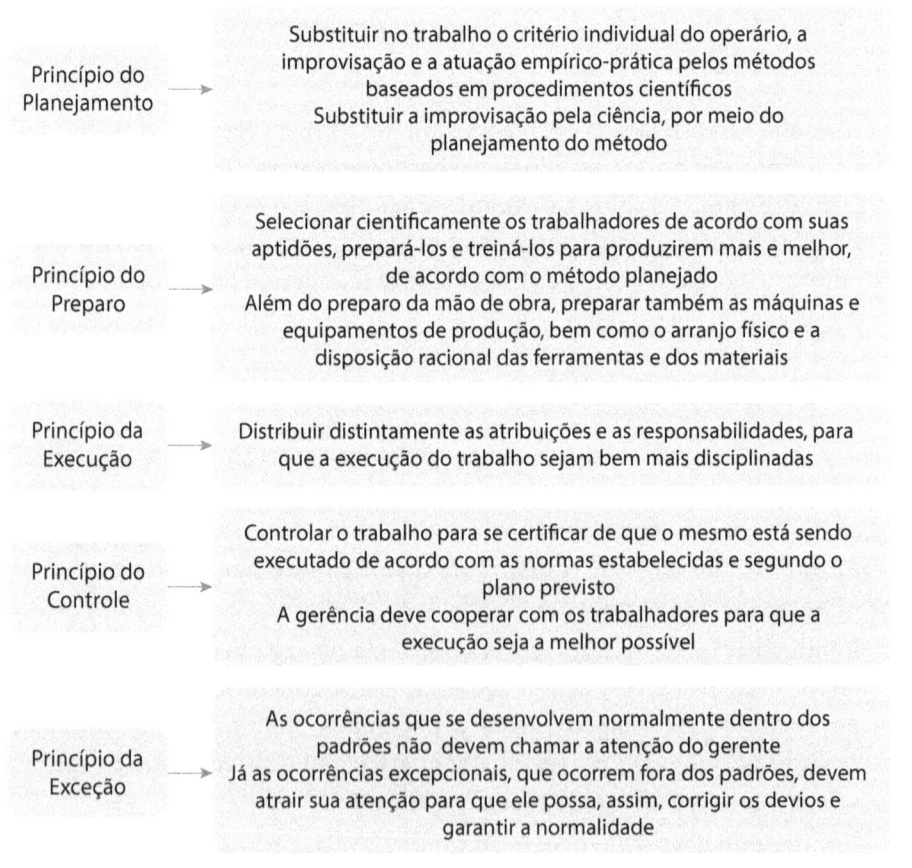

Princípio do Planejamento	Substituir no trabalho o critério individual do operário, a improvisação e a atuação empírico-prática pelos métodos baseados em procedimentos científicos Substituir a improvisação pela ciência, por meio do planejamento do método
Princípio do Preparo	Selecionar cientificamente os trabalhadores de acordo com suas aptidões, prepará-los e treiná-los para produzirem mais e melhor, de acordo com o método planejado Além do preparo da mão de obra, preparar também as máquinas e equipamentos de produção, bem como o arranjo físico e a disposição racional das ferramentas e dos materiais
Princípio da Execução	Distribuir distintamente as atribuições e as responsabilidades, para que a execução do trabalho sejam bem mais disciplinadas
Princípio do Controle	Controlar o trabalho para se certificar de que o mesmo está sendo executado de acordo com as normas estabelecidas e segundo o plano previsto A gerência deve cooperar com os trabalhadores para que a execução seja a melhor possível
Princípio da Exceção	As ocorrências que se desenvolvem normalmente dentro dos padrões não devem chamar a atenção do gerente Já as ocorrências excepcionais, que ocorrem fora dos padrões, devem atrair sua atenção para que ele possa, assim, corrigir os devios e garantir a normalidade

Figura 2.1 Os princípios de administração de Taylor.[3]

Taylor fez da eficiência o *modus operandi* da indústria norte-americana e a virtude central da cultura desse país. Ele provavelmente teve mais influência do que qualquer outro indivíduo sobre a vida pública e privada de homens e mulheres no século 20. A profunda influência de Taylor na administração passou a ser conhecida como Taylorismo. Suas ideias extrapolaram o mundo da empresa e penetraram em todos os aspectos da vida organizacional. Partiram do chão de fábrica, mas logo alçaram voo e acabaram condicionando a cultura do século.

> Acesse conteúdo sobre **O Taylorismo nos dias atuais** na seção *Tendências em ITO 2.1*

Com suas ideias, a produtividade aumentou enormemente e a qualidade de vida do trabalhador melhorou, passando este a participar do resultado do seu trabalho de uma maneira sem comparação aos padrões vigentes no início do século. As organizações de hoje utilizam intensamente as propostas de Taylor. Ele continua obsessivamente atual.[4]

2.2 AS OBRAS DOS ENGENHEIROS DA ADMINISTRAÇÃO CIENTÍFICA

Além de Taylor, outros engenheiros norte-americanos contribuíram com ideias e práticas a respeito do trabalho nas organizações.

2.2.1 Gantt

Henry Lawrence Gantt (1861-1919) fez inovações na programação e no controle do trabalho e na maneira de recompensar o trabalhador. Foi o criador do gráfico de planejamento que leva o seu nome.

2.2.2 Gilbreth

Frank Gilbreth (1868-1924) e sua esposa, Lilian Gilbreth (1878-1972), aplicaram o estudo de tempos e movimentos na racionalização do trabalho. Frank criou o conceito de therblig (o contrário de seu sobrenome – considera-se o "th" uma letra, por isso manteve-se a grafia "th" em vez de "ht") para definir os movimentos básicos de um trabalhador.

2.2.3 Emerson

Harrington Emerson (1853-1931) concentrou-se em princípios gerais de eficiência. Utilizou a expressão "engenharia de eficiência" como uma especialidade na obtenção e na maximização da eficiência. Para ele, "eficiência é a relação entre o que é conseguido e o que poderia ser conseguido".[5] A consequência direta da eficiência é a produtividade. Esta é definida como a produção de uma unidade produtora por unidade de tempo, ou seja, o resultado da produção em determinado tempo. Quanto maior a eficiência, maior a produtividade.

2.2.4 Ford

Henry Ford (1863-1947), embora não pertencesse aos teóricos da Administração Científica, foi quem soube aproveitar as ideias para construir um império industrial que mudou o modo de vida das pessoas em todo o mundo. Transformou o automóvel, um produto privativo de ricaços, em um produto popular graças à contínua redução de custos e ao contínuo aumento da eficiência. Ford introduziu a produção em massa, que se baseia na simplicidade, por meio de três aspectos:[6]

1. O fluxo do produto no processo produtivo é planejado, ordenado e contínuo, a fim de manter um ritmo rápido e constante.
2. Por meio da linha de montagem, o trabalho é entregue ao operário, em vez de este ter de ir buscá-lo.
3. As operações são analisadas em seus elementos constituintes por meio do estudo de tempos e movimentos.

Para acelerar a produção por meio de um trabalho ritmado, coordenado e econômico, Ford adotou três princípios:[7]

Quadro 2.1 Princípios de eficiência de Ford

1. Princípio de intensificação: diminuir o tempo de duração com a utilização imediata dos equipamentos e da matéria-prima e a rápida colocação do produto no mercado
2. Princípio de economicidade: reduzir ao mínimo o volume do estoque da matéria-prima em transformação, para que o automóvel fosse pago à empresa antes de vencido o prazo de pagamento dos salários e da matéria-prima adquirida e a velocidade de produção deve ser rápida: o minério sai da mina no sábado e é entregue, sob a forma de um carro, ao consumidor na terça-feira, à tarde[8]
3. Princípio de produtividade: aumentar a capacidade de produção do ser humano no mesmo período (produtividade) por meio da especialização e da linha de montagem. Assim, o operário ganha mais e o empresário tem maior produção

> **SAIBA MAIS** — **Ford: gênio também no Marketing**
>
> Ford teve uma incrível intuição. Concluiu que o mundo estava preparado para comprar um carro acessível financeiramente. Buscou as técnicas de produção em massa para viabilizar seu objetivo. Definiu o preço de venda – algo como US$ 580,00 – e desafiou sua fábrica a baixar os custos para chegar ao preço desejado. Deu ao mercado o que ele queria: um único modelo de carro, simples e barato. Com isso, encheu o mundo com seu famoso Ford T, conhecido no Brasil como Ford Bigode. Um forte símbolo da alta padronização da época é a conhecida frase de que "todos podem ter um carro, desde que ele seja preto". Esse período foi retratado no início do filme *A Alma de Herói* (Siabiscuit), de 2003. Além de inventar a esteira mecânica e a linha de produção, Ford incentivou seus funcionários com aumento de salário, redução das horas de trabalho e financiamento para a compra de seus automóveis. O problema começou dez anos depois, quando a jovem General Motors, sob o comando de Alfred Sloan Jr., começou a oferecer uma variedade de carros com uma variedade de opções e cores, deixando a Ford para trás.

2.3 IMPLICAÇÕES DA PERSPECTIVA DE TAREFAS

O pioneirismo sempre comete erros de iniciante. E como pioneira e iniciante no estudo da TO, a perspectiva das tarefas é criticada pelos seguintes aspectos:[9]

- **Mecanicismo**: embora a organização seja constituída de pessoas, deu-se pouca atenção ao elemento humano. A organização é entendida pelos engenheiros de então como uma máquina ou arranjo estático de peças componentes.
- **Superespecialização do operário**: por meio da divisão do trabalho para simplificar o trabalho e fragmentar a atividade, facilitar o treinamento e padronizar o desempenho, provocando alienação e insatisfação do trabalhador, apesar do aumento dos salários.
- **Visão microscópica do ser humano**: ao cogitar a vadiagem e a preguiça, e ao desqualificar o trabalho humano, obrigatoriamente fragmentado e metodizado. Além disso, via as pessoas preocupadas exclusivamente com ganhos e recompensas salariais (*homo economicus*).
- **Abordagem incompleta da organização**: os engenheiros estavam preocupados exclusivamente com o chão da fábrica e ignoraram outros níveis e tipos de organizações.

- **Ausência de comprovação científica**: as ideias e as práticas eram empíricas e não passaram por observação e metodologia científica.

O fato de ser a primeira e incipiente incursão na TO faz dessa perspectiva o passo inicial e fundamental na busca da melhoria das organizações. E há que se lembrar do seguinte: ela deu certo. A perspectiva das tarefas proporcionou ao mundo dos negócios uma formidável alavancagem em termos de eficiência e produtividade, o que conduziu a um rápido e intenso progresso e desenvolvimento industrial, social e econômico nos países que logo adotaram seus princípios.

QUESTÕES PARA REVISÃO

1. Explique e exemplifique os cinco princípios do Taylorismo.
2. Explique e exemplifique os princípios do Fordismo.
3. Em que Ford inovou em relação às propostas de Taylor?
4. Por qual(is) motivo(s) Ford decidiu aumentar o salário de seus funcionários e reduzir as horas trabalhadas?
5. Qual é o significado da frase atribuída ao fordismo: "todos podem ter um carro, desde que ele seja preto"?
6. Quais são as contribuições da perspectiva das tarefas para a sociedade e para as organizações?
7. Quais são as críticas que podem ser feitas sobre a perspectiva das tarefas?

REFERÊNCIAS

1. CHIAVENATO, I. *Introdução à Teoria Geral da Administração*. 10. ed. São Paulo: Atlas, 2020. p. 54-62.
2. TAYLOR, F. W. *Princípios de Administração Científica*. São Paulo: Atlas, 1976.
3. CHIAVENATO, I. *Administração*: teoria, processo e prática. 6. ed. São Paulo: Altas, 2022. p. 37.
4. CHIAVENATO, I. *História da Administração*: entendendo a Administração e sua poderosa influência no mundo moderno. São Paulo: Manole, 2009.
5. EMERSON, H. *The Twelve Principles of Efficiency*. Nova York: The Engineering Magazine, 1912.
6. FORD, H. *My Life Work*. Nova York: Doubleday, 1923. p. 77-90.
7. FORD, H. *My Life Work, op. cit.*
8. CHIAVENATO, I. *História da Administração*: entendendo a Administração e sua poderosa influência no mundo moderno. São Paulo: Manole, 2009.
9. CHIAVENATO, I. *Introdução à Teoria Geral da Administração*. São Paulo: Atlas, 2020. p. 66-75.

3 A ORGANIZAÇÃO NA PERSPECTIVA CLÁSSICA

> **O QUE VEREMOS ADIANTE**
> - A obra de Fayol.
> - As obras dos autores clássicos.
> - Implicações da perspectiva clássica.
> - Questões para revisão.

Quase simultaneamente ao movimento taylorista nos Estados Unidos, na França, surgiu uma abordagem no sentido de alcançar a máxima eficiência organizacional. Trata-se de uma abordagem inversa à da Administração Científica, ou seja, de cima para baixo (da direção para a execução) e do todo (organização) para as partes componentes (departamentos). Em vez da ênfase nas tarefas, predominou a ênfase na estrutura organizacional.

3.1 A OBRA DE FAYOL

Henri Fayol (1841-1925), engenheiro francês, é o maior expoente dessa perspectiva da organização, que teve forte cunho europeu. Sua obra pode ser dividida em cinco partes fundamentais:[1]

3.1.1 As funções básicas da empresa

Para Fayol, toda empresa apresenta as seguintes funções:[2]

1. **Funções técnicas**: relacionadas com a produção e a manufatura de bens ou serviços.
2. **Funções comerciais**: relacionadas com a compra, a venda, a negociação e a permuta de matérias-primas, produtos e serviços.

3. **Funções financeiras**: relacionadas com a captação e a gerência de capitais e de ativos financeiros.
4. **Funções de segurança**: relacionadas com a proteção, a manutenção e a preservação dos bens da empresa e das pessoas.
5. **Funções contábeis**: relacionadas com registros contábeis, balanços, custos, estatísticas e inventários.
6. **Funções administrativas**: relacionadas com a integração de cúpula das outras cinco funções. As funções administrativas coordenam e sincronizam as demais funções da empresa, pairando sobre elas. Logo, as demais funções empresariais se subordinam às funções administrativas.

> Aumente seus conhecimentos sobre **As áreas de uma empresa** na seção *Saiba mais ITO 3.1*

3.1.2 Conceito de administração

Para essa perspectiva, administrar significa prever, organizar, comandar, coordenar e controlar. Assim:[3]

Quadro 3.1 O conceito de administração: as funções administrativas

Prever: visualizar o futuro e traçar o programa de ação a médio e longo prazo
Organizar: constituir estruturas material e humana para realizar o objetivo da empresa
Comandar: dirigir e orientar o pessoal para mantê-lo ativo na empresa
Coordenar: ligar e harmonizar todos os atos e todos os esforços coletivos
Controlar: cuidar para que tudo se realize de acordo com os planos da empresa

> Aumente seus conhecimentos sobre **Os pilares da Administração** na seção *Saiba mais ITO 3.2*

3.1.3 Diferença entre administrar e organizar

Administração é um conceito amplo do qual o conceito de organizar faz parte. Aqui, organização significa o ato de organizar, estruturar, integrar os recursos e os órgãos envolvidos em sua administração e definir as relações entre eles.

A estrutura organizacional apresenta uma especialização vertical (hierarquia) e uma especialização horizontal (departamentalização), e envolve uma cadeia escalar, isto é, a cadeia de comunicação precisa passar por todos os níveis hierárquicos intermediários para chegar ao seu destino, como mostra a Figura 3.1.

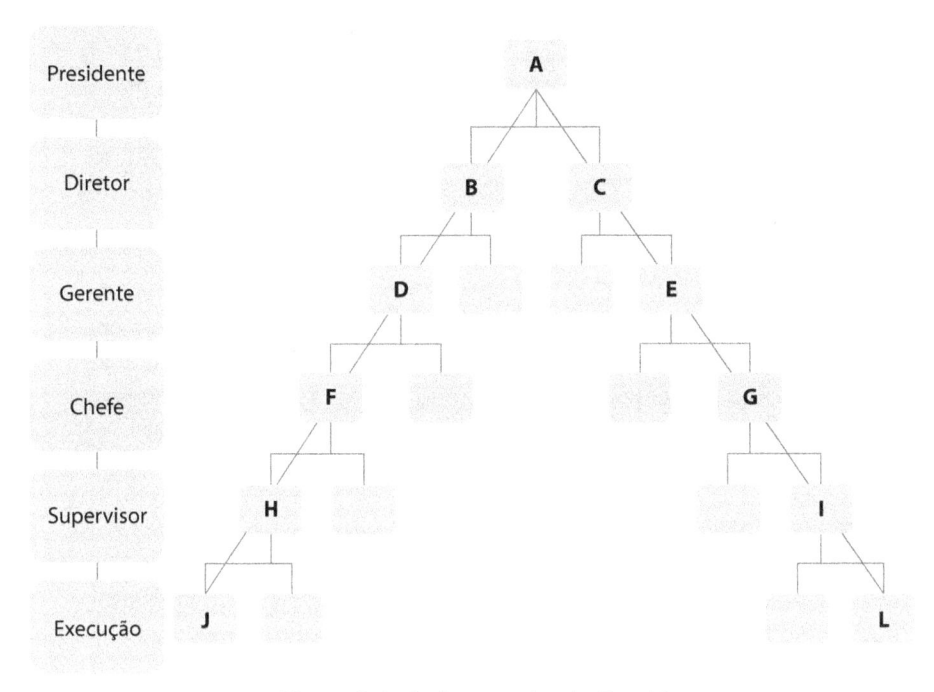

Figura 3.1 Cadeia escalar de Fayol.[4]

Além disso, a estrutura organizacional apresenta **órgãos de linha**, que se caracterizam por se dedicar exclusivamente às suas atividades ligadas diretamente aos objetivos organizacionais (como produção e vendas), e **órgãos de *staff*** (como contabilidade, planejamento, controle), que funcionam como órgãos prestadores de serviços internos para que os órgãos de linha possam se dedicar exclusivamente aos seus objetivos. Os órgãos de *staff* fornecem serviços, conselhos, recomendações, assessoria e consultoria, que são oferecidos (e não impostos) aos órgãos de linha. Os órgãos de *staff* não obedecem ao princípio escalar e nem possuem autoridade de comando em relação aos órgãos de linha. Sua autoridade – autoridade de *staff* – é autoridade de especialista e não autoridade de comando.

> **SAIBA MAIS**
>
> **Autoridade de linha × autoridade de *staff***
>
> Os autores clássicos distinguem dois tipos de autoridade: de linha e de *staff*. Autoridade de linha é a autoridade em que os gerentes têm o poder formal de dirigir e controlar os subordinados imediatos. Autoridade de *staff* é a autoridade atribuída aos especialistas de *staff* em suas áreas de atuação e de prestação de serviços. A autoridade de *staff* é mais estreita e inclui o direito de aconselhar, recomendar e orientar. A autoridade de *staff* é uma relação de comunicação. Os especialistas de *staff* aconselham os gerentes em suas áreas de especialidade.
>
> Atualmente, é possível encontrar empresas nas quais a área de Recursos Humanos (RH) designa analistas de RH para prestar serviços de apoio para aconselhar determinada diretoria e seus gestores nos assuntos ligados às pessoas da equipe desses gestores (autoridade de *staff*). Caberá, porém, ao gestor da área, detentor da autoridade de linha, acatar ou não as orientações do profissional de RH.
>
> Outro exemplo sobre os conceitos de autoridade de linha e de *staff* refere-se aos trabalhos de uma consultoria. Geralmente contratada para analisar e propor alternativas para determinado problema, o consultor atua como uma autoridade de *staff*, ou seja, apura as informações, analisa e propõe ações para os ajustes. Caberá ao detentor da autoridade de linha acatar a proposta e colocar as ações em prática, adaptá-las ou recursar a proposta.

3.1.4 Proporcionalidade da função administrativa

Existe uma proporcionalidade entre as funções administrativas e as demais funções – as chamadas funções não administrativas. À medida que se sobe na escala hierárquica da empresa, aumenta a proporção de funções administrativas e diminui a proporção de funções não administrativas; e à medida que se desce na escala hierárquica da empresa, diminui a proporção de funções administrativas e aumenta a proporção de funções não administrativas.

Capítulo 3 – A Organização na Perspectiva Clássica

Níveis
Hierárquicos:

Direção

Funções administrativas:
- Prever
- Organizar
- Comandar
- Coordenar
- Controlar

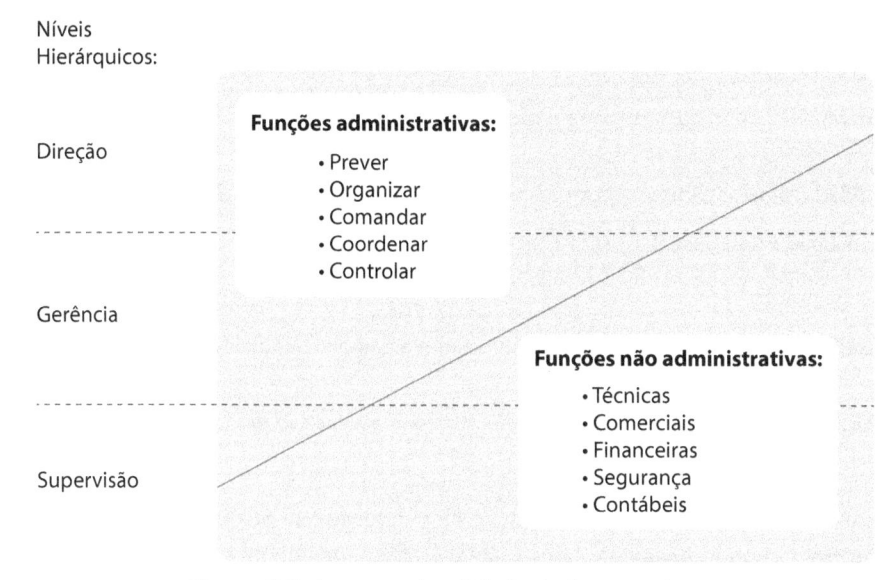

Gerência

Funções não administrativas:
- Técnicas
- Comerciais
- Financeiras
- Segurança
- Contábeis

Supervisão

Figura 3.2 A proporcionalidade da função administrativa.

3.1.5 Princípios gerais de administração

Para Fayol, os princípios gerais que devem governar a Administração são:[5]

Quadro 3.2 Os princípios gerais de administração de Fayol

1. **Divisão do trabalho**: consiste na especialização das tarefas e das pessoas para aumentar a eficiência
2. **Autoridade e responsabilidade**: autoridade é o direito de dar ordens e o poder de esperar obediência e a responsabilidade é uma consequência natural da autoridade e significa o dever de prestar contas, as duas devem estar equilibradas entre si
3. **Disciplina**: depende da obediência, da aplicação, da energia, do comportamento e do respeito aos acordos estabelecidos
4. **Unidade de comando**: cada empregado deve receber ordens de apenas um superior. É o princípio da autoridade única
5. **Unidade de direção**: uma cabeça e um plano para cada conjunto de atividades que tenham o mesmo objetivo
6. **Subordinação dos interesses individuais aos gerais**: os interesses gerais da empresa devem sobrepor-se aos interesses particulares das pessoas
7. **Remuneração do pessoal**: deve haver justa e garantida satisfação para os empregados e para a organização em termos de retribuição
8. **Centralização**: refere-se à concentração da autoridade no topo da hierarquia da organização

(continua)

(continuação)

> 9. **Cadeia escalar**: linha de autoridade que vai do escalão mais alto ao mais baixo em função do princípio do comando
>
> 10. **Ordem**: um lugar para cada coisa e cada coisa em seu lugar, ordem material e ordem humana
>
> 11. **Equidade**: amabilidade e justiça para alcançar a lealdade do pessoal
>
> 12. **Estabilidade do pessoal**: quanto mais tempo uma pessoa permanecer no cargo, melhor para a empresa, pois a rotatividade do pessoal é prejudicial para a eficiência da organização
>
> 13. **Iniciativa**: a capacidade de visualizar um plano e assegurar pessoalmente o seu sucesso
>
> 14. **Espírito de equipe**: a harmonia e a união entre as pessoas são grandes forças para a organização

Com isso, a Teoria Clássica caracteriza-se pelo enfoque prescritivo e normativo: prescreve os elementos da Administração (funções do administrador) e os princípios gerais que o administrador deve adotar em sua atividade. O enfoque prescritivo e normativo constitui a base da Teoria Clássica. Tenta indicar a velha "receita do bolo".

3.2 AS OBRAS DOS AUTORES CLÁSSICOS

A perspectiva clássica teve muitos autores conhecidos. Lyndall Urwick (1891-1983) é conhecido como um compilador e divulgador das ideias de Fayol em uma teoria compreensiva da administração.[6] Defendeu o princípio da departamentalização (especialização horizontal) para alcançar homogeneidade nas atividades da empresa. Para ele, os tipos de departamentalização são: integração por função, processo, clientela e por localização geográfica. Além disso, Urwick ampliou o número dos elementos da administração:[7]

Quadro 3.3 As funções do administrador, segundo Urwick

Investigação
Previsão
Planejamento
Organização
Coordenação
Comando
Controle

No fundo, Urwick apenas desdobrou a previsão (o primeiro dos elementos propostos por Fayol) em três elementos distintos: investigação, previsão e planejamento. Para ele, os elementos da Administração constituem a base da boa organização, uma vez que uma empresa não pode ser desenvolvida em torno de pessoas, mas de sua organização.[8] Por outro lado, Urwick propõe quatro princípios de administração:[9]

Quadro 3.4 Os princípios de administração de Urwick

1. **Princípio da especialização**: cada pessoa deve preencher uma só função, o que determina uma divisão especializada do trabalho, dando origem à organização de linha, à de *staff* e à funcional

2. **Princípio de autoridade**: deve haver uma linha de autoridade claramente definida, conhecida e reconhecida por todos, desde o topo da organização até cada indivíduo de base

3. **Princípio da amplitude administrativa (*span of control*)**: cada superior deve ter um número ótimo de subordinados. O superior tem pessoas para supervisionar, bem como as relações entre as pessoas que supervisiona. O número ótimo de subordinados varia segundo o nível e a natureza dos cargos, a complexidade do trabalho e o preparo dos subordinados

4. **Princípio da definição**: os deveres, a autoridade e a responsabilidade de cada cargo e suas relações com os outros cargos devem ser definidos por escrito e comunicados a todos

Outro autor clássico, Luther Gulick (1892-1993), propõe sete elementos da Administração:[10]

Quadro 3.5 Os princípios de administração de Gulick

1. **Planejamento (*planning*)**: tarefa de traçar as linhas gerais das coisas que devem ser feitas e dos métodos de fazê-las, a fim de atingir os objetivos da empresa

2. **Organização (*organizing*)**: estabelecimento da estrutura formal de autoridade, por meio da qual as subdivisões de trabalho são integradas, definidas e coordenadas para o objetivo em vista

3. **Assessoria (*staffing*)**: função de preparar e treinar o pessoal e manter condições favoráveis de trabalho

4. **Direção (*directing*)**: tarefa contínua de tomar decisões e incorporá-las em ordens e instruções específicas e gerais, e ainda a de funcionar como líder da empresa

5. **Coordenação (*coordinating*)**: estabelecimento de relações entre as várias partes do trabalho

(continua)

(continuação)

6. **Informação (*reporting*)**: esforço de manter as pessoas informadas a respeito dos fatos e dos acontecimentos, que pressupõe a existência de registros, documentação, pesquisa e inspeções

7. **Orçamento (*budgeting*)**: função relacionada à elaboração, execução e fiscalização orçamentárias, ou seja, o plano fiscal, a contabilidade e o controle

---

> **SAIBA MAIS**
>
> **O POSDCORB**
>
> Pode ser que, em suas leituras, pesquisas ou mesmo em alguma reunião, você ouça a palavra POSDCORB. Saiba que essa palavra, na verdade, não existe. Ela é um acróstico, ou seja, uma palavra que se forma da junção da letra inicial de outras palavras. Apesar de as funções gerenciais propostas por Gulick não terem sido unanimidade entre os estudiosos, esse acróstico ficou muito conhecido nos estudos organizacionais e corresponde à junção das primeiras letras das palavras inglesas "**P**lanning", "**O**rganizing", "**S**taffing", "**D**irecting", "**C**oordinating", "**R**eporting" e "**B**udgeting". Gulick utilizou esse recurso para que fosse mais fácil a memorização por estudantes e estudiosos dos elementos básicos da Administração, propostos por ele.

3.3 IMPLICAÇÕES DA PERSPECTIVA CLÁSSICA

A perspectiva clássica imperou absoluta e imbatível nas cinco primeiras décadas do século passado. Embora tenha constituído um enorme avanço na sua época, ela tem recebido as seguintes críticas:[11]

- **Abordagem prescritiva e normativa**: a perspectiva clássica é essencialmente normativa no sentido de ditar regras de conduta para o administrador das organizações.
- **Abordagem simplificada da organização formal**: por meio de esquemas lógicos do tipo prescritivo e normativo, ditando as regras sobre como o administrador deve trabalhar.
- **Ausência de trabalhos experimentais**: a pretensão de criar uma ciência tropeçou na falta de critérios científicos e de pesquisas.
- **Extremo racionalismo no conceito de Administração**: essa perspectiva utiliza muito abstracionismo e formalismo, que levam à superficialidade e à falta de realismo.

- **Teoria da máquina**: tal como na Administração Científica, peca pela maneira mecanicista de visualizar a organização.
- **Abordagem incompleta da organização**: enfatizando apenas a organização formal e desprezando a organização informal e as relações humanas dentro da organização.
- **Abordagem de sistema fechado**: trata a organização por meio de algumas poucas variáveis conhecidas e como se ela existisse no vácuo, sem nada ao seu redor.

Apesar das críticas, a perspectiva clássica ainda constitui a abordagem teórica mais fácil para entender as organizações e para saber como lidar com elas.

QUESTÕES PARA REVISÃO

1. Cite e exemplifique as principais funções da Administração propostas por Fayol.
2. Segundo Fayol, o que significa "administrar"?
3. Conceitue as cinco funções do administrador, segundo a proposta de Fayol.
4. Qual a diferença entre administrar e organizar?
5. Explique e exemplifique os conceitos de especialização vertical e especialização horizontal.
6. Qual a diferença entre autoridade de linha e autoridade de *staff*?
7. Explique o conceito de proporcionalidade da função administrativa.
8. Quais são os 14 princípios de Fayol e qual deles remete à maior especialização das tarefas?
9. Quais são as semelhanças e as diferenças entre as propostas de Fayol, Urwick e Gulick?
10. Quais são as contribuições e as críticas sobre os conceitos da Teoria Clássica?

REFERÊNCIAS

1. CHIAVENATO, I. *Introdução à Teoria Geral da Administração*. 10. ed. São Paulo: Atlas, 2004. p. 80-88.
2. FAYOL, H. *Administração Industrial e Geral*. São Paulo: Atlas, 1978.
3. FAYOL, H. *Administração Industrial e Geral, op. cit.*
4. CHIAVENATO, I. *Introdução à Teoria Geral da Administração, op. cit.*, p. 84.
5. FAYOL, H. *Administração Industrial e Geral, op. cit.*

6. URWICK. L.; GULICK, L. *The Elements of Business Administration*. Nova York: Harper and Brothers, 1943.
7. URWICK, L.; GULICK, L. *The Elements of Business Administration, op. cit.*
8. URWICK. L.; GULICK, L. *The Elements of Business Administration, op. cit.*
9. URWICK, L.; GULICK, L. *The Elements of Business Administration, op. cit.*
10. GULICK, L.; URWICK, L. F. (orgs.) *Papers on the Science of Administration*. Nova Iorque: Columbia University, 1937.
11. CHIAVENATO, I. *Introdução à Teoria Geral da Administração, op. cit.*, p. 88-92.

4 A ORGANIZAÇÃO NA PERSPECTIVA HUMANÍSTICA

O QUE VEREMOS ADIANTE
- Conclusões da experiência de Hawthorne.
- Organização informal.
- A civilização industrializada e o ser humano.
- Implicações da perspectiva humanística.
- Questões para revisão.

Tanto a Administração Científica quanto a Teoria Clássica recebiam sérias críticas pela sua parcialidade, e as ciências humanas demonstravam a necessidade de humanizar as organizações. Uma experiência realizada em uma fábrica em Hawthorne precipitou a necessidade de mudanças na Teoria das Organizações (TO).

4.1 CONCLUSÕES DA EXPERIÊNCIA DE HAWTHORNE

No final da década de 1920, Elton Mayo e seu assistente Fritz J. Roethlisberger foram chamados para estudar o comportamento de trabalhadores em uma fábrica da Western Electric Co. – a Hawthorne Works –, próxima a Chicago. Durante cinco anos, eles monitoraram o desempenho de seis operárias (grupo experimental) que montavam relés em um local separado do enorme salão de montagem (que funcionava como grupo de controle) para avaliar a influência da iluminação na produtividade. A produtividade do pequeno grupo pesquisado disparou, o que levou os pesquisadores a concluírem que as seis operárias se tornaram uma verdadeira equipe. Verificaram que os resultados da experiência eram prejudicados por variáveis de natureza psicológica e não fisiológica, o que confundiu os experimentadores e prolongou a pesquisa até 1932. No final, foi desenvolvido um programa que cobriu 21 mil entrevistas não diretivas, e descobriu-se que a atitude mental, uma adequada supervisão e relações sociais informais eram fundamentais para aumentar a satisfação no trabalho e a produtividade. Ali nascia uma nova disciplina.

A experiência de Hawthorne foi um verdadeiro divisor de águas na TO. Suas principais conclusões foram as seguintes:[1]

- **O nível de produção é resultante da integração social**: e depende das normas sociais do grupo, e não das políticas da organização, nem da capacidade física ou fisiológica do trabalhador. Quanto maior a integração social no grupo, maior a disposição para o trabalho.
- **Comportamento social dos empregados**: o comportamento do indivíduo se apoia fortemente no grupo ao qual pertence. Os trabalhadores não reagem isoladamente como indivíduos, mas como membros de grupos. A qualquer desvio das normas sociais, o trabalhador sofre punições sociais ou morais dos colegas.
- **Recompensas e sanções sociais**: o comportamento dos trabalhadores está condicionado a normas sociais. Os operários que produziam acima ou abaixo da norma socialmente determinada perderam o respeito e a consideração dos colegas. Os operários preferiram produzir menos – e ganhar menos – a pôr em risco suas relações amistosas com os colegas. Além disso, cada grupo social desenvolve crenças e expectativas com relação à administração. Essas crenças e expectativas – sejam reais, sejam imaginárias – influem nas atitudes e nas normas e padrões de comportamento que o grupo define como aceitáveis. As pessoas são avaliadas pelo grupo em relação a essas normas e padrões de comportamento: são bons colegas se seu comportamento se ajusta a suas normas e padrões de comportamento ou são péssimos colegas se o comportamento se afasta delas.
- **Grupos informais**: formam a chamada organização informal. Enquanto os clássicos se preocupavam com aspectos formais da organização (como autoridade, responsabilidade, especialização, estudos de tempos e movimentos, princípios gerais de administração etc.), os humanistas se concentram nos aspectos informais da organização (como grupos informais, comportamento social dos empregados, crenças, atitude e expectativa, motivação etc.). A empresa passou a ser visualizada como uma organização social composta de grupos sociais informais, cuja estrutura e propósito nem sempre coincidem com a organização formal da empresa, ou seja, com os propósitos definidos pela empresa. Os grupos informais definem suas regras de comportamento, formas de recompensas ou sanções sociais, objetivos, valores sociais, crenças

e expectativas que cada participante vai assimilando e integrando em suas atitudes e comportamentos.²
- **Relações humanas**: as pessoas participam de grupos sociais no trabalho e mantêm uma constante interação social. As relações humanas decorrem de ações e atitudes desenvolvidas a partir dos contatos entre pessoas e grupos. Elas procuram ajustar-se ao grupo que pertencem: querem ser aceitas, compreendidas e participar no sentido de atender a seus interesses e aspirações pessoais. Assim, o comportamento humano é influenciado pelas atitudes e normas informais. A compreensão das relações humanas permite condições de encorajar as pessoas a exprimir-se de maneira livre e sadia.
- **Conteúdo do cargo**: tem uma influência sobre o moral do trabalhador. A especialização não cria a organização mais eficiente. As pessoas trocavam de posição para variar e evitar a monotonia, contrariando as normas da empresa. Embora provocassem efeitos negativos na produção, essas trocas elevavam o moral do grupo. Trabalhos simples e repetitivos tornam-se monótonos e maçantes, afetando negativamente a atitude do operário e reduzindo sua satisfação e eficiência.
- **Ênfase nos aspectos emocionais**: a perspectiva humanística põe forte ênfase nos aspectos emocionais e irracionais da conduta humana.

> Aumente seus conhecimentos sobre **As quatro fases da experiência de Hawthorne** na seção *Saiba mais ITO 4.1*

Essas conclusões provocaram profunda influência na TO e mudaram os rumos de suas tendências.

4.2 ORGANIZAÇÃO INFORMAL

Roethlisberger e Dickson³ relatam a experiência de Hawthorne e expõem os principais conceitos da perspectiva humanística. Para eles, o comportamento das pessoas no trabalho não pode ser compreendido sem se considerar a organização informal da fábrica. Os relacionamentos entre pessoas constituem a organização informal em paralelo com a organização formal, que é constituída pela estrutura organizacional de órgãos, cargos, relações funcionais, níveis hierárquicos etc. O comportamento dos grupos sociais está condicionado a dois tipos de organização: a organização formal (ou racional) e a organização informal (ou natural).⁴

1. **Organização formal**: existem processos sociais relacionados com a realização do objetivo da empresa e que culminam na organização formal. A organização formal é conduzida pelas práticas estabelecidas pela empresa, pelas especificações e pelos padrões para atingir objetivos e que podem ser modificados pela empresa. A organização formal tem caráter essencialmente lógico.
2. **Organização informal**: existem processos espontâneos de relações sociais que ocorrem no seio de toda atividade humana organizada, sem qualquer objetivo determinado, consciente ou preciso, e que conduzem à organização informal. A organização informal influencia os usos e os costumes, as tradições, os ideais e as normas sociais. Ela se traduz por meio de atitudes e predisposições baseadas na opinião, no sentimento e na necessidade de associar-se, não se modifica rapidamente e não procede da lógica.

4.2.1 Características da organização informal

A organização informal apresenta as seguintes características:[5]

- **Relação de coesão ou antagonismo**: as pessoas em associação com outras, em diferentes níveis e setores da empresa, criam relações pessoais de simpatia (identificação) ou de antagonismo (antipatia).
- *Status*: os indivíduos interagem em grupos informais, dentro dos quais cada um, independentemente de sua posição na organização formal, adquire uma posição ou *status* social face ao seu papel e sua integração no grupo.
- **Colaboração espontânea**: a organização informal é um reflexo da colaboração espontânea entre as pessoas.
- **Possibilidade de oposição à organização formal**: a organização informal pode se desenvolver em oposição à organização formal e em desarmonia com os objetivos da empresa quando há inabilidade da direção em propiciar um clima adequado de boas relações humanas.
- **Padrões de relações e atitudes**: os grupos informais criam de maneira espontânea padrões de relações e atitudes aceitos e assimilados pelas pessoas, pois traduzem os interesses e as aspirações do grupo como um todo.
- **A organização informal transcende a organização formal**: a organização informal é constituída de interações e relações espontâneas, cuja duração e natureza transcendem as interações e as relações formais. Enquanto a organização formal está circunscrita ao local físico e ao horário de trabalho da empresa, a organização informal escapa dessas limitações.

- **Padrões de desempenho definidos nos grupos informais**: que nem sempre correspondem aos padrões estabelecidos pela administração. Podem estar em harmonia ou em oposição dependendo do grau de motivação do grupo quanto aos objetivos da empresa. De um lado, a Administração avalia o desempenho do pessoal por padrões que ela define, enquanto cada indivíduo é avaliado pelo seu grupo em função dos padrões grupais. Na organização informal, a pessoa se preocupa com o reconhecimento e a aprovação social do grupo ao qual pertence. Seu ajustamento social reflete sua integração ao seu grupo.

> **SAIBA MAIS** **Grupo formal x grupo informal**
>
> Para entender melhor a diferença entre esses dois grupos, vamos supor que você passe em um processo seletivo para atuar em uma nova empresa, na função de analista financeiro. A empresa que lhe convidou é uma organização formal, ou seja, segue determinadas regras legais, tem suas políticas e normas, metas e objetivos. A área financeira em que irá atuar também é uma organização formal, com diretor, gerente, supervisor e diversos profissionais, que devem seguir as regras e normas delineadas para a função e para o atingimento das metas. Você passa a atuar sem escolher com quem irá trabalhar, haja vista que o grupo já está formalmente constituído e as normas estabelecidas pela empresa; as pessoas já estão atuando, seguindo as regras. Com o passar do tempo, você conhece outras pessoas da empresa, de áreas diferentes, cujos valores, sentimentos e atitudes se assemelham aos seus. Começa a se relacionar com essas pessoas, que necessariamente não são as mesmas do grupo formal em que exerce suas atividades, almoçando juntos, participando de *happy hour* e até mesmo em reuniões externas de confraternização. Formou-se, então, o grupo ou organização informal, gerado pela necessidade da criação das relações sociais, inerentes ao ser humano.

A organização informal tem sua origem na necessidade da pessoa de conviver com outras pessoas. Em sua associação com outras pessoas na empresa, os indivíduos criam relações sociais e se integram em grupos informais, nos quais adquirem uma posição ou *status*.

4.3 A CIVILIZAÇÃO INDUSTRIALIZADA E O SER HUMANO

Os humanistas mostram o esmagamento do ser humano pelo impetuoso desenvolvimento da civilização industrializada. As principais consequências da civilização baseada na industrialização e na tecnologia são:[6]

- **Os métodos de trabalho visam apenas à eficiência**: e não à cooperação. A cooperação humana não é o resultado das determinações legais ou da lógica organizacional.
- **O trabalho é uma atividade tipicamente grupal**: o nível de produção é influenciado mais pelas normas do grupo do que pelos incentivos salariais e pelos materiais de produção. A atitude do empregado diante do trabalho e a natureza do grupo social do qual ele participa são os fatores decisivos da produtividade.
- **O operário não reage como indivíduo isolado, mas como membro de um grupo social**: as mudanças tecnológicas tendem a romper os laços informais de camaradagem e amizade dentro do trabalho e a privar o operário do espírito gregário.
- **É necessário formar uma elite capaz de compreender e de comunicar, com chefes democráticos, persuasivos e simpáticos com as pessoas**. Em vez de tentar fazer os empregados compreenderem a lógica da Administração, a nova elite de administradores deve perceber as limitações dessa lógica e entender a lógica dos trabalhadores. Para Mayo, já passamos do estágio de organização humana em que a comunicação e a colaboração eram asseguradas pelas rotinas estabelecidas. A sociedade civilizada alterou seus postulados.[7] Essa elite social precisa ser capaz de recobrar a cooperação.
- **Passamos de uma sociedade estável para uma sociedade adaptável, mas negligenciamos a habilidade social**: nossa capacidade de colaborar com os outros está se deteriorando. Mayo alega que somos tecnicamente competentes como em nenhuma outra idade na história o foi, mas combinamos isso com uma total incompetência social.[8]
- **O ser humano é motivado pela necessidade de reconhecimento, de estar junto e de receber adequada comunicação**: Mayo refuta a afirmação de Taylor de que a motivação básica do empregado era apenas salarial (*homo economicus*), na busca de uma remuneração mais elevada. Para Mayo, a organização eficiente, por si só, não consegue maior produção, pois ela é incapaz de elevar a produtividade se as necessidades psicológicas do trabalhador não forem descobertas, localizadas e satisfeitas.

- **A civilização industrializada traz como consequência a desintegração dos grupos primários da sociedade**: como a família, os grupos informais e a religião, a fábrica do futuro surgirá como uma nova unidade social que proporcionará um novo lar, um local de compreensão e de segurança emocional para os indivíduos. Dentro dessa visão romântica, o operário encontrará na fábrica uma administração compreensiva e paternal capaz de satisfazer suas necessidades psicológicas e sociais.[9]

- **Conflito social**: como os métodos convergem para a eficiência e não para a cooperação humana – e muito menos para objetivos humanos –, há um conflito social na sociedade industrial: a incompatibilidade entre os objetivos organizacionais da empresa e os objetivos individuais dos empregados. Ambos os objetivos nunca se deram bem, enquanto a preocupação exclusiva com eficiência sufocar o trabalhador. O conflito social deve ser evitado por meio de uma administração humanizada que faça um tratamento preventivo e profilático. As relações humanas e a cooperação constituem a chave para evitar o conflito social. Mayo não vê possibilidade de solução construtiva e positiva do conflito social. Para ele, o conflito social é o germe da destruição da própria sociedade. O conflito é uma chaga social, enquanto a cooperação é o bem-estar social.[10]

4.3.1 Funções básicas da organização industrial

Roethlisberger e Dickson,[11] dois relatores da pesquisa de Hawthorne, concebem a fábrica como um sistema social. Para eles, a organização industrial tem duas funções principais: produzir bens ou serviços (função econômica, que busca o equilíbrio externo) e distribuir satisfações entre seus participantes (função social, que busca o equilíbrio interno da organização), antecipando-se às atuais preocupações com a responsabilidade social das organizações. A organização industrial deve buscar simultaneamente essas duas formas de equilíbrio. A organização da época – estritamente calcada na perspectiva clássica – somente se preocupava com o equilíbrio econômico e externo, e não apresentava maturidade suficiente para obter a cooperação do pessoal, aspecto fundamental para o alcance do equilíbrio interno.

Aumente seus conhecimentos sobre **Composição da organização industrial** na seção *Saiba mais ITO 4.2*

A organização técnica e a organização humana – isto é, a organização formal e a organização informal – são subsistemas interligados e interdependentes. Mudanças em um deles provocam mudanças no outro. Ambos permanecem em estado de equilíbrio até que uma modificação em uma parte provoque uma reação da outra para restabelecer a condição anterior de equilíbrio.

4.4 IMPLICAÇÕES DA PERSPECTIVA HUMANÍSTICA

A perspectiva humanística trouxe novas contribuições à TO. Contudo, as críticas que tem recebido são as seguintes:[12]

- **Oposição cerrada à perspectiva clássica**: em muitos aspectos, a perspectiva humanística foi totalmente oposta à perspectiva clássica. Os aspectos considerados decisivos e cruciais por um mal eram focalizados pela outra parte.[13] Na verdade, ambas podem ser complementares entre si.

Quadro 4.1 Comparação entre a perspectiva clássica e a perspectiva humanística[14]

Perspectiva clássica	Perspectiva humanística
Trata a organização como máquina	Trata a organização como grupos de pessoas
Enfatiza as tarefas ou a tecnologia	Enfatiza as pessoas
Inspirada em sistemas de engenharia	Inspirada em sistemas de psicologia
Autoridade centralizada	Delegação de autoridade
Linhas claras de autoridade	Autonomia do empregado
Especialização e competência técnica	Confiança e abertura
Acentuada divisão do trabalho	Ênfase nas relações entre as pessoas
Confiança nas regras e nos regulamentos	Confiança nas pessoas
Clara separação entre linha e *staff*	Dinâmica grupal e interpessoal

- **Inadequada visualização dos problemas das relações industriais**: os humanistas fazem uma interpretação inadequada e distorcida dos problemas de relações industriais, tanto pela compreensão do problema do conflito e dos interesses conflitantes das pessoas e da organização, quanto pela localização das causas e das implicações desse conflito.[15] Enquanto a perspectiva clássica não via o conflito industrial, pois acreditava na compatibilidade entre os interesses da empresa e dos empregados (o que é bom para a organização, como os métodos racionalizados de trabalho, também é bom para os empregados, pois trazem melhor remuneração), os humanistas enfatizam o conflito industrial entre os interesses da organização e os interesses dos empregados como indesejável. Assim, procuram promover a harmonia industrial: a função do administrador é de solucionar conflitos, evitando que eles apareçam e interfiram negativamente na harmonia industrial. Daí o seu caráter pragmático e orientado para a ação para implantar medidas capazes de promover relações humanas harmoniosas. Contudo, essa perspectiva tratou apenas do entorno social e desprezou o trabalho em si. Este continuou sendo um sacrifício a ser compensado pela felicidade a ser gozada fora dele.

- **Concepção ingênua e romântica do operário**: os humanistas imaginavam um operário feliz, produtivo e integrado no ambiente de trabalho e desprezaram a aferição da correlação entre satisfação e produtividade.
- **Limitação do campo experimental**: os humanistas limitaram-se ao mesmo ambiente restrito de pesquisa da Administração Científica: a fábrica. Acreditavam que suas conclusões poderiam ser aplicadas a outros tipos de organizações.
- **Parcialidade das conclusões e foco míope**: a perspectiva humanista também é parcial e limitada ao restringir-se apenas à organização informal, dentro de um foco míope, ao desprezar os aspectos formais.
- **Ênfase nos grupos informais**: os humanistas se concentram nos grupos primários como seu principal campo de atuação e supervalorizam a coesão grupal como condição de elevação da produtividade.
- **Enfoque manipulativo das relações humanas**: essa perspectiva tem sido criticada pelo fato de desenvolver uma sutil estratégia manipulativa de enganar os operários e fazê-los trabalhar mais e exigir menos.[16] Essa estratégia manipulativa parecia visar mudar o comportamento do empregado a favor dos objetivos da organização. A ideia de que apenas o empregado é que precisa mudar parece justificar ideologicamente e proteger a organização formal, desviando a atenção para os problemas relativos à organização informal. Essa abordagem parcial também relega a um plano secundário as recompensas salariais, enfatizando apenas as recompensas sociais na indústria e utilizando-as com a finalidade manipulativa de apaziguar os operários, concedendo-lhes símbolos baratos de prestígio e afeição, em vez de melhores salários.[17] A crítica maior é que o objetivo dos humanistas não era o de eliminar a degradação do trabalho humano, e sim superar os problemas decorrentes da resistência dos trabalhadores a essa degradação.[18]

Apesar de todas as críticas, a perspectiva humanista representa um avanço em relação ao Taylorismo na noção de que o comportamento individual na organização é determinado por normas sociais, o que desviou o foco dos estudos sobre a motivação do individual para o coletivo.

As conclusões dos humanistas entraram rapidamente em descrédito pela superficialidade e somente tiveram impacto decisivo e definitivo na TO a partir da década de 1950 com o aparecimento da perspectiva comportamental, que veremos adiante.

QUESTÕES PARA REVISÃO

1. Qual(is) a(s) crítica(s) que a Teoria das Relações Humanas fazia em relação à Teoria Clássica?
2. Explique as quatro fases da experiência de Hawthorne.
3. Quais foram as principais conclusões da experiência de Hawthorne?
4. Explique e exemplifique a organização formal e a organização informal.
5. Qual é o papel das pessoas na composição de uma organização industrial?
6. Quais são as contribuições que a perspectiva humanista trouxe para a Administração?
7. Quais são as críticas que a perspectiva humanista tem recebido?

REFERÊNCIAS

1. CHIAVENATO, I. *Introdução à Teoria Geral da Administração*. 10. ed. São Paulo: Atlas, 2004. p. 105-107.
2. ROETHLISBERGER, F. J.; DICKSON, W. *A Organização e o Trabalhador*. São Paulo: Atlas, 1971.
3. ROETHLISBERGER, F. J.; DICKSON, W. *A Organização e o Trabalhador, op. cit.*
4. CHIAVENATO, I. *Introdução à Teoria Geral da Administração, op. cit.*, p. 130.
5. CHIAVENATO, I. *Introdução à Teoria Geral da Administração, op. cit.*, p. 131.
6. CHIAVENATO, I. *Introdução à Teoria Geral da Administração, op. cit.*, p. 107-109.
7. MAYO, E. *The Human Problems of an Industrial Civilization*. Nova Iorque: The Macmillan, 1933.
8. MAYO, E. *The Human Problems of an Industrial Civilization, op. cit.*
9. MAYO, E. *The Human Problems of an Industrial Civilization, op. cit.*
10. MAYO, E. *The Human Problems of an Industrial Civilization, op. cit.*
11. ROETHLISBERGER, F. J.; DICKSON, W. *A Organização e o Trabalhador, op. cit.*
12. CHIAVENATO, I. *Introdução à Teoria Geral da Administração, op. cit.*, p. 133-139.

13. CORDEIRO, L. L. O Significado de Relações Humanas. *In*: BALCÃO, Y. F.; CORDEIRO, L. L. *Comportamento humano na empresa*: uma antologia. Rio de Janeiro: Fundação Getulio Vargas. Serviço de Publicações, 1967. p. 173-191.
14. CHIAVENATO, I. *Introdução à Teoria Geral da Administração*, *op. cit.*, p. 110.
15. STROTHER, G. B. Problems in the Development of a Social Science of Organization. *In*: LEAVITT, H. J. (ed.). *The Social Science of Organization*. Englewood Cliffs: Prentice-Hall, 1963. p. 14.
16. STROTHER, G. B. Problems in the Development of a Social Science of Organization, *op. cit.*
17. BROWN, J. A. C. *Psicologia Social da Indústria*. São Paulo: Atlas, 1967.
18. BRAVERMAN, H. *Trabalho e Capital Monopolista*: a degradação do trabalho no século XX. Rio de Janeiro: Guanabara Koogan, 1987. p. 125-126.

5 A ORGANIZAÇÃO NA PERSPECTIVA NEOCLÁSSICA

> **O QUE VEREMOS ADIANTE**
> - Características da perspectiva neoclássica.
> - Aspectos administrativos comuns às organizações.
> - Princípios básicos de organizar organizações.
> - Centralização × descentralização.
> - Funções do administrador.
> - Implicações da perspectiva neoclássica.
> - Questões para revisão.

A perspectiva da Administração Científica e a perspectiva clássica recebiam sérias críticas e restrições devido ao exagerado formalismo e limitação de abordagem. A perspectiva neoclássica foi desenvolvida na tentativa de ampliação e atualização dos conceitos das perspectivas anteriores. Nesse sentido, reúne um misto de ecletismo e de pragmatismo nas suas concepções para substituir a ênfase nos meios pela ênfase nos fins e nos resultados.[1] Foi uma concepção até certo ponto invertida em relação ao passado: os objetivos são mais importantes do que os meios ou métodos utilizados. A eficácia deve estar acima da eficiência.

5.1 CARACTERÍSTICAS DA PERSPECTIVA NEOCLÁSSICA

As principais características da perspectiva neoclássica são as seguintes:[2]
- **Ênfase na prática da administração**: privilegiando os aspectos práticos da Administração e o pragmatismo pela busca de resultados concretos e palpáveis, muito embora não se tenha descurado dos conceitos teóricos. Os neoclássicos desenvolvem conceitos de forma prática e utilizável visando à ação administrativa. A teoria somente tem valor quando operacionalizada na prática.

- **Reafirmação dos postulados clássicos**: a perspectiva neoclássica é uma reação à influência das ciências do comportamento, que deixou de lado os aspectos econômicos e concretos que envolvem o comportamento das organizações. Os neoclássicos pretendem colocar as coisas em seus devidos lugares. E, para isso, retomam parte do material desenvolvido pela perspectiva clássica, redimensionando-o, reestruturando-o e dando-lhe uma configuração mais atualizada, ampla e flexível.
- **Ênfase nos princípios gerais de administração**: os neoclássicos redefinem os princípios clássicos de administração agora tomados como critérios elásticos para a busca de soluções administrativas práticas. O estudo da organização assenta-se na discussão de como planejar, organizar, dirigir, controlar as organizações. Toda organização – indústria, governo, igreja, exército, serviços –, apesar dos diferentes ramos de negócios, apresenta os mesmos problemas de definir planos e executá-los, avaliar resultados de desempenho e coordenar e controlar operações para alcançar objetivos desejados.
- **Ênfase nos objetivos e nos resultados**: toda organização existe não para si mesma, mas para alcançar objetivos e produzir resultados e deve ser dimensionada, estruturada, orientada e avaliada em função disso. Daí a ênfase nos objetivos e nos resultados pretendidos como meio de avaliar o desempenho organizacional. Os objetivos são valores visados ou resultados desejados pela organização. São os objetivos que justificam a existência da organização. A perspectiva neoclássica considera os meios na busca da eficiência, mas enfatiza principalmente os fins e os resultados na busca de eficácia. Há um forte deslocamento dos meios para os fins.
- **Ecletismo da Teoria Neoclássica**: embora fundamentados na perspectiva clássica, os neoclássicos são ecléticos e absorvem o conteúdo de outras perspectivas mais recentes.

Os neoclássicos afirmam que a Administração é uma técnica social, pois toda organização é constituída de pessoas. A "administração consiste em orientar, dirigir e controlar os esforços de um grupo de indivíduos para um objetivo comum. E o administrador é naturalmente aquele que possibilita ao grupo alcançar seus objetivos com o mínimo dispêndio de recursos e de esforços e com menos atritos com outras atividades úteis".[3] A administração é uma atividade essencial a todo esforço humano coletivo, seja na empresa industrial ou de serviços, no exército, nos hospitais, na igreja etc. O ser humano cada vez mais necessita cooperar com outras pessoas para atingir seus objetivos. Nesse sentido, a Administração é basicamente a coordenação de atividades coletivas e grupais.

5.2 ASPECTOS ADMINISTRATIVOS COMUNS ÀS ORGANIZAÇÕES

Todas as instituições são organizações e têm uma dimensão administrativa comum. Peter Drucker (1909-2005), um dos neoclássicos mais influentes, salienta que há três aspectos típicos das organizações:[4]

1. **Objetivos**: as organizações não vivem para si próprias; elas são órgãos sociais que visam à realização de uma tarefa social. O objetivo da organização está fora dela e é sempre uma contribuição específica para a sociedade. Se a organização não define claramente seus objetivos, não pode avaliar seus resultados ou sua eficácia. Não há um processo científico para definir os objetivos organizacionais, pois eles são julgamentos de valor e escalas de prioridades no atendimento de necessidades da sociedade.

2. **Administração**: todas as organizações são diferentes em seus objetivos e propósitos, mas são essencialmente semelhantes na **área administrativa**. Todas elas exigem a reunião de muitas pessoas que devem atuar em conjunto e se integrar em um empreendimento comum. As organizações têm o mesmo problema de equilibrar os objetivos organizacionais com a necessidade de flexibilidade e liberdade das pessoas que as compõem, o que exige uma estrutura determinada tanto pela tarefa e suas demandas quanto por princípios de administração genéricos e adequados à lógica da situação.

3. **Desempenho organizacional**: depende da eficácia do pessoal que trabalha na organização. São as pessoas que planejam, decidem e fazem, enquanto as organizações são ficções legais, pois por si elas nada planejam, nada decidem, nada fazem. As organizações só atuam à medida que seus administradores decidem e agem. É cada vez maior o número de pessoas que precisam ser eficientes para que a organização funcione e para que se autorrealizem e satisfaçam as próprias necessidades. A eficácia é necessária tanto para a organização – para poder funcionar – quanto para cada pessoa – para poder alcançar satisfação. A organização é o seu instrumento ao mesmo tempo em que produz resultados necessários à sociedade.

Para os neoclássicos, o administrador exerce três funções fundamentais:[5]

1. **Tornar economicamente produtivos os recursos organizacionais**: minimizando riscos e maximizando oportunidades.

2. **Tornar produtivos os recursos humanos**: fazendo as pessoas trabalharem juntas reunindo suas habilidades e competências e tornar produtivas suas forças e tornar irrelevantes suas fraquezas.

3. **Desempenhar uma função pública**: o administrador tem visibilidade social e representa a organização na comunidade. Ele constitui o único elemento de liderança na moderna sociedade altamente organizada e institucionalizada. A função executiva do administrador é:
   - Uma função para a qual são necessários objetivos e recursos.
   - Uma função que requer qualidades e competências pessoais.
   - Uma função na qual se tem de tomar decisões.

5.2.1 Eficiência e eficácia

Cada organização deve ser simultaneamente considerada sob o ponto de vista de eficácia e de eficiência. Eficácia é uma medida do alcance de resultados, enquanto eficiência é uma medida da utilização dos recursos nesse processo. Em termos econômicos, a eficácia de uma organização refere-se à sua capacidade de satisfazer uma necessidade da sociedade por meio da oferta de bens ou serviços, enquanto a eficiência é uma relação técnica entre entradas e saídas. Assim, eficiência é uma relação entre custos e benefícios, ou seja, uma relação entre recursos aplicados e o produto final obtido. É a razão entre esforço e resultado, entre despesa e receita, entre custo e benefício resultante.

Todavia, é difícil que eficácia e eficiência andem de mãos dadas. A organização pode ser eficiente nas suas operações e pode não ser eficaz. Ou vice-versa. Pode ser ineficiente nas suas operações e, apesar disso, ser eficaz, embora a eficácia pudesse ser melhor quando acompanhada da eficiência. Infelizmente ela pode não ser nem eficiente e nem eficaz. O ideal seria uma organização igualmente eficiente e eficaz, ao qual se poderia dar o nome de excelência.

Quadro 5.1 Diferenças entre eficiência e eficácia[6]

Eficiência	Eficácia
- Ênfase nos meios	- Ênfase nos resultados
- Fazer corretamente as coisas	- Fazer as coisas certas
- Resolver problemas	- Atingir objetivos
- Salvaguardar os recursos	- Otimizar a utilização dos recursos
- Cumprir tarefas e obrigações	- Obter resultados
- Treinar os subordinados	- Dar eficácia aos subordinados
- Manter as máquinas	- Dispor de máquinas em bom funcionamento
- Estar presente nos templos	- Praticar valores religiosos
- Rezar	- Ganhar o céu
- Jogar futebol com arte	- Ganhar a partida

Capítulo 5 – A Organização na Perspectiva Neoclássica 51

> **SAIBA MAIS** — **Eficiência × Eficácia – um exemplo**
>
> Entender a diferença entre essas duas palavras é muito importante para o gestor. Afinal, ele é o responsável em fazer com que suas pessoas ajam de forma eficaz, ou seja, façam a coisa certa, mas com eficiência, isto é, com o uso correto dos recursos físicos, financeiros e humanos. Para entender melhor o conceito, imagine um jardineiro que tem a missão de regar as plantas todos os dias pela manhã. Para evitar o desperdício de água, no lugar da mangueira ele utiliza um balde próprio para este fim, rega as planas no horário correto e no prazo que lhe foi estipulado. Ele está sendo eficiente, ou seja, otimizando os recursos, reduzindo o custo da água e atendendo ao prazo. Agora, imagine que o dia amanhece chuvoso e esse mesmo jardineiro sai para regar as plantas, como sempre faz. Esse é o caso em que ele não está sendo eficiente, pois não precisaria desperdiçar recursos com essa atividade. Agora, se em vez de regar o jardim em um tempo chuvoso ele resolvesse aproveitar o solo molhado para novas plantações, coletar a água da chuva em uma cisterna para utilizar posteriormente tanto para a rega quanto para outras atividades, aí ele estaria demonstrando eficácia. Enfim, uma organização precisa ser tanto eficiente quanto eficaz. Ambas as atitudes são fundamentais para que se mantenha sustentável.

5.3 PRINCÍPIOS BÁSICOS DE ORGANIZAR ORGANIZAÇÕES

Os neoclássicos dão algumas pinceladas adicionais no conceito de organização formal. A organização das organizações – como função administrativa – consiste em um conjunto de posições funcionais e hierárquicas orientado para o objetivo econômico de produzir bens ou serviços. Os princípios fundamentais da organização formal são: a divisão do trabalho e a especialização, a hierarquia e a autoridade, como veremos a seguir.

5.3.1 Divisão do trabalho e especialização

O objetivo imediato e fundamental de toda e qualquer organização é a produção de bens ou serviços. Para ser eficiente, a produção deve basear-se na divisão do trabalho: a maneira pela qual um processo complexo pode ser decomposto em uma série de pequenas tarefas que o constituem. Desde a Revolução Industrial, o procedimento de dividir o trabalho provocou uma mudança radical no conceito de produção pela fabricação maciça de grandes quantidades por meio do uso da máquina – em substituição ao artesanato – e da aplicação da especialização do trabalhador na linha de montagem. Cada pessoa deve produzir a maior quantidade possível de unidades dentro de um padrão aceitável de qualidade graças à automatização da atividade humana baseada na repetição constante da mesma tarefa. As consequências que a divisão do trabalho trouxe foram:

- Maior produtividade e melhor rendimento do pessoal envolvido.
- Maior eficiência da organização, como resultante do item anterior.
- Redução dos custos de produção, principalmente de mão de obra e de materiais diretos.

Os neoclássicos adotam essas colocações e passam a se preocupar com a especialização dos órgãos que compõem a estrutura organizacional.

> **SAIBA MAIS — Estrutura organizacional**
>
> A elaboração da estrutura organizacional é decorrente de uma metodologia que tem como base os processos estabelecidos na organização. Para tanto, organizam-se as responsabilidades em unidades organizacionais da empresa, formando assim a departamentalização, seu nível de alcance, do processo decisório e de cobrança por resultados. A principal função da estrutura organizacional é o de facilitar os processos de gestão, a fim de que a empresa possa atingir os objetivos delineados em sua estratégia. Resumindo, a estrutura organizacional é a forma com que a empresa se organiza, alocando seu capital humano em divisões, departamentos, setores etc., em determinada hierarquia, a fim de atingir os objetivos de seu plano estratégico. Não existe um único tipo de estrutura organizacional. Ela é definida para atender à necessidade da empresa e pode ser modificada caso a estratégia sofra alteração.

5.3.2 Hierarquia

Outra consequência do princípio da divisão do trabalho é a diversificação funcional dentro da organização. A pluralidade de funções imposta pela especialização exige o desdobramento da função de comando, cuja missão é dirigir todas as atividades para que elas alcancem harmoniosamente seus respectivos objetivos.

Isso significa que, além da estrutura de funções especializadas, a organização precisa de uma estrutura hierárquica para dirigir as operações dos níveis que lhe estão subordinados. Daí o princípio da hierarquia ou princípio escalar tirado de Fayol. Em toda organização formal existe uma hierarquia que divide a organização em camadas ou níveis de autoridade.

Com a divisão do trabalho na base, a organização como um todo passa a desdobrar-se em três níveis administrativos, que compõem o aparato administrativo necessário para dirigir a execução das tarefas e das operações:

1. **Nível institucional**: composto dos dirigentes e dos diretores da organização.
2. **Nível intermediário**: é o nível do meio do campo, composto de gerentes.
3. **Nível operacional**: composto dos supervisores que administram a execução das tarefas e das operações da empresa.

Estratégias	Nível institucional	Presidente e Diretores
Táticas	Nível intermediário	Gerentes
Operações	Nível operacional	Supervisores
	Execução	Funcionários

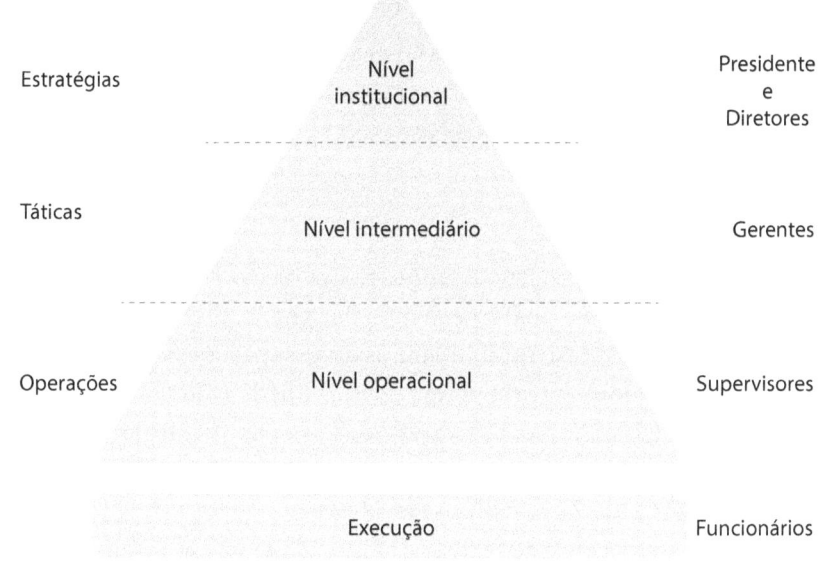

Figura 5.1 Os diferentes níveis da organização.

5.3.3 Autoridade

Os clássicos consideravam a autoridade como um poder formal, ou seja, o direito de dar ordens e comandar pessoas para que executem algo da maneira considerada adequada pelo possuidor dessa autoridade para o alcance dos objetivos da organização. Fayol dizia que a autoridade é o direito de dar ordens e o poder de exigir obediência,[7] ou seja, é um poder formal e legitimado.[8]

A condição básica para a tarefa administrativa é que o administrador seja investido da autoridade com o direito reconhecido de dirigir subordinados para que estes desempenhem atividades focadas no alcance dos objetivos da empresa. A autoridade formal é sempre um poder concedido pela organização ao indivíduo que ocupa determinada posição. Para os neoclássicos, autoridade é o direito formal e legítimo de tomar decisões, transmitir ordens e alocar recursos para alcançar os objetivos da organização.

A autoridade apresenta três características.[9]

1. **Autoridade é alocada em posições da organização e não em pessoas**: o administrador tem autoridade devido à posição que ocupa. Outros administradores nas mesmas posições têm a mesma autoridade.
2. **Autoridade é aceita pelos subordinados**: os subordinados aceitam a autoridade dos superiores porque acreditam que eles têm o direito legítimo, transmitido pela organização, de dar ordens e esperar o seu cumprimento.
3. **A autoridade flui por meio da hierarquia verticalizada**: a autoridade flui desde o topo até a base da organização. As posições do topo têm mais autoridade do que as posições da base.

5.3.4 Responsabilidade

A responsabilidade é o outro lado da moeda. Significa o dever de desempenhar a tarefa ou atividade para a qual a pessoa foi designada. O grau de autoridade é proporcional ao grau de responsabilidade assumida pela pessoa. A responsabilidade provém da relação entre superior e subordinado e do fato de alguém ter autoridade para exigir determinadas tarefas das pessoas. A autoridade emana do superior para o subordinado, enquanto a responsabilidade é a obrigação exigida do subordinado para que este realize seus deveres.

A delegação é o processo de transferir autoridade e responsabilidade para posições inferiores na hierarquia. Muitas organizações encorajam seus gerentes a delegar autoridade aos níveis mais baixos para proporcionar o máximo de flexibilidade para satisfazer necessidades do cliente e se adaptar ao ambiente.

Quanto maior a organização, maior tende a ser o número de níveis hierárquicos de sua estrutura formal. Os níveis hierárquicos representam a especialização da direção, isto é, a distribuição da autoridade e a responsabilidade em cada um dos níveis de organização. A estrutura formal representa uma cadeia de níveis hierárquicos sobrepostos – a cadeia escalar de Fayol. Daí decorre o aspecto piramidal da estrutura hierárquica que vimos na Figura 5.1.

5.3.5 Amplitude administrativa

Os neoclássicos discutem a amplitude administrativa (amplitude de comando ou amplitude de controle), que significa o número de subordinados que o administrador pode supervisionar. Quando o administrador tem muitos subordinados, sua amplitude de comando é grande e ampla. Na prática, a amplitude média adotada por uma organização determina a configuração geral de sua estrutura organizacional. Quando a amplitude média é estreita e com maior número de níveis hierárquicos, produz uma estrutura organizacional alta e alongada. Ao contrário, quando a amplitude média é larga e com poucos níveis hierárquicos, produz uma estrutura organizacional achatada e dispersada horizontalmente.

Organização alongada   Organização achatada

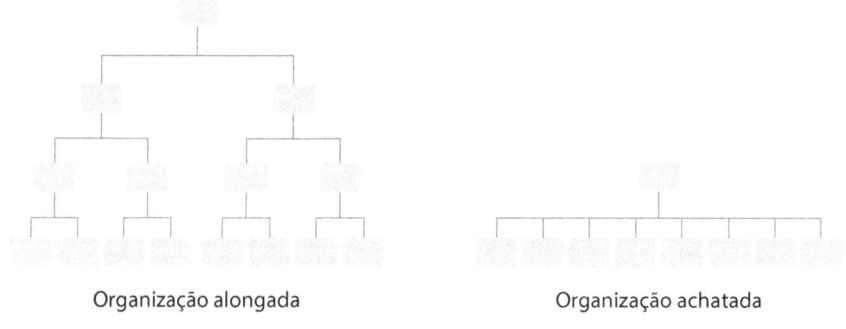

Figura 5.2 Exemplo de organização alongada e de organização achatada.

A tendência atual nas organizações é achatar e comprimir a estrutura formal no sentido de aproximar a base da cúpula e melhorar as comunicações.

5.4 CENTRALIZAÇÃO × DESCENTRALIZAÇÃO

A centralização e a descentralização referem-se ao nível hierárquico no qual as decisões devem ser tomadas. Centralização significa que a autoridade para tomar decisões está alocada no topo da organização. Já na descentralização, essa é deslocada para os níveis mais baixos da organização.[10]

- **Centralização**: enfatiza a cadeia de comando e parte da premissa de que o presidente no topo possui a mais alta autoridade e que a autoridade dos gerentes é escalada de acordo com sua posição relativa no organograma. A cadeia escalar ou cadeia de comando se baseia na unidade de comando, isto é, na autoridade linear.

■ = Maior volume de autoridade
▫ = Menor volume de autoridade

Organização centralizada   Organização descentralizada

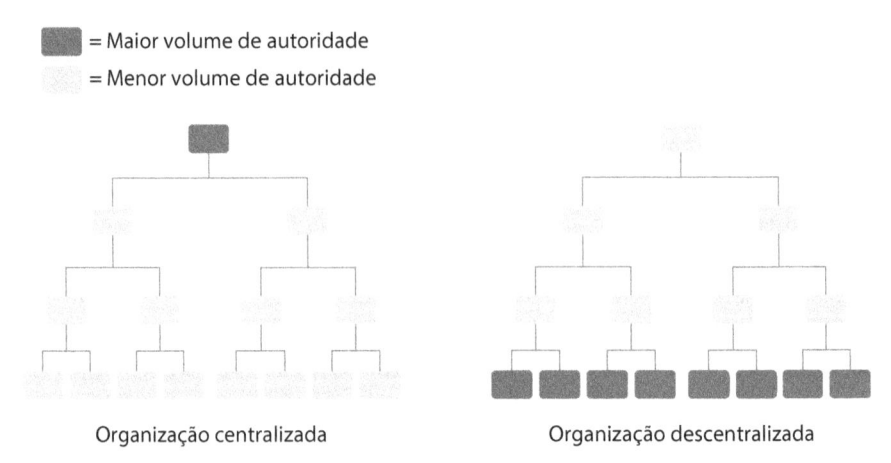

Figura 5.3 Organização centralizada × organização descentralizada.[11]

As vantagens da centralização são:
- Decisões são tomadas por administradores com a visão global do negócio.
- Os tomadores de decisão no topo são mais bem treinados e preparados do que os que estão nos níveis mais baixos.
- As decisões são mais consistentes com os objetivos globais.
- Elimina esforços duplicados de vários tomadores de decisão e reduz custos operacionais.

As desvantagens da centralização são:
- As decisões são tomadas na cúpula que está distanciada dos fatos e das circunstâncias da situação local.
- Os tomadores de decisão no topo têm pouco contato com as pessoas e as situações envolvidas.
- As linhas de comunicação ao longo da cadeia escalar provocam demoras e maior custo operacional.
- As decisões passam pela cadeia escalar, envolvendo intermediários e possibilitando demoras, distorções e erros pessoais no processo de comunicação.

- **Descentralização**: faz com que as decisões sejam pulverizadas nos níveis mais baixos da organização. A tendência moderna é descentralizar para incrementar a iniciativa e a liberdade das pessoas. A autoridade para tomar ou iniciar a ação deve ser delegada tão próxima da cena quanto possível. Ela funciona bem quando aumenta a mudança e a incerteza do mundo dos negócios, a complexidade dos problemas organizacionais e a necessidade de talentos empreendedores.

As vantagens da descentralização são:[12]

- Os gerentes ficam mais próximos do ponto em que as decisões devem ser tomadas: a descentralização corta atrasos nas decisões da matriz ou dos diretores distantes. As pessoas que vivem os problemas são as mais indicadas para resolvê-los no local, economizando tempo e dinheiro.
- Aumenta a eficiência e a motivação, aproveita melhor o tempo e as competências das pessoas evitando fugir à responsabilidade quando é mais fácil recorrer à matriz ou ao superior.
- Melhora a qualidade das decisões à medida que aliviam os superiores do excesso de trabalho decisório. Os dirigentes podem concentrar-se nas decisões de maior importância.
- Reduz a quantidade de papelório dos escritórios centrais e os gastos respectivos, o que traz economia ao tomar na hora uma decisão que levaria vários dias para ser liberada.
- Os gastos de coordenação são reduzidos devido à autonomia para tomar decisões.
- Permite a formação de executivos locais ou regionais mais motivados e mais conscientes dos seus resultados operacionais.

As desvantagens da descentralização são:[13]

- Variedade nas decisões, isto é, perda de uniformidade e aumento da subjetividade nas decisões.
- Pouco aproveitamento dos especialistas de *staff*: a descentralização produz a tendência de não se necessitar da assessoria da matriz.
- Necessidade de treinamento prévio, o que requer designar aos poucos as novas funções e ir comprovando os resultados antes de acrescentar outras novas funções.

Quadro 5.2 Vantagens e desvantagens da descentralização[14]

Vantagens da descentralização	Desvantagens da descentralização
1. As decisões são tomadas mais rapidamente pelos próprios executores da ação	1. Pode ocorrer falta de informação e coordenação entre os departamentos envolvidos

(continua)

(continuação)

Vantagens da descentralização	Desvantagens da descentralização
2. Tomadores de decisão são os que têm mais informação sobre a situação	2. Maior custo pela exigência de melhor seleção e treinamento dos administradores médios
3. Maior participação no processo decisório promove motivação e moral elevado entre os administradores médios	3. Risco da subobjetivação: os administradores podem defender mais os objetivos departamentais do que os empresariais
4. Proporciona excelente treinamento para os administradores médios	4. As políticas e os procedimentos podem variar enormemente nos diversos departamentos

> **SAIBA MAIS** *Empowerment*
>
> ***Empowerment*** é uma palavra inglesa muito utilizada no mundo corporativo, que pode ser traduzida como "empoderamento". Mas o que isso significa? Ao contrário do que ocorria na Era Industrial, em que "todos podiam ter um carro, desde que ele fosse preto", na sociedade do mundo digital, a competitividade é mais acirrada e o serviço de qualidade passou a ser um diferencial competitivo, haja vista que o consumidor está cada vez mais exigente. Nesse contexto, para a realização de um serviço de qualidade, a empresa precisa ter funcionários(as) engajados(as) e competentes e que sejam ágeis para responder às demandas dos clientes. Portanto, para agilizar as respostas, as empresas passaram a delegar maior responsabilidade para os (as) funcionários(as) que atuam diretamente com o cliente. Este "empoderamento" é uma forma de descentralização das decisões que ocorre por meio da confiança, pois permite que a solução de um problema, a negociação de um desconto, a encomenda de um produto etc. sejam realizadas com maior rapidez, aumentando a satisfação do cliente final.

5.5 FUNÇÕES DO ADMINISTRADOR

As funções do administrador para os neoclássicos correspondem aos elementos da Administração de Fayol (prever, organizar, comandar, coordenar e controlar), mas com uma roupagem atualizada. Os neoclássicos adotam o processo administrativo como o núcleo de sua perspectiva eclética e utilitarista. Cada autor adota funções administrativas diferentes, como mostra o Quadro 5.3.

Quadro 5.3 O processo administrativo segundo a perspectiva clássica e neoclássica[15]

Fayol	Gulick	Urwick	Koontz e O'Donnell	Newman	Dale
Prever	Planejamento Previsão Planejamento	Investigação Previsão Planejamento	Planejamento	Planejamento	Planejamento
Organizar	Organização	Organização	Organização	Organização	Organização
Comandar Coordenar	Administração de Pessoal Direção Coordenação	Comando Direção Coordenação	Designação de Pessoal Direção	Liderança	Direção
Controlar	Controle	Informação Orçamento	Controle	Controle	Controle

Hoje, o processo administrativo é constituído do planejamento, da organização, da direção (ou liderança) e do controle. E as quatro funções básicas do administrador são: planejar, organizar, dirigir e controlar.

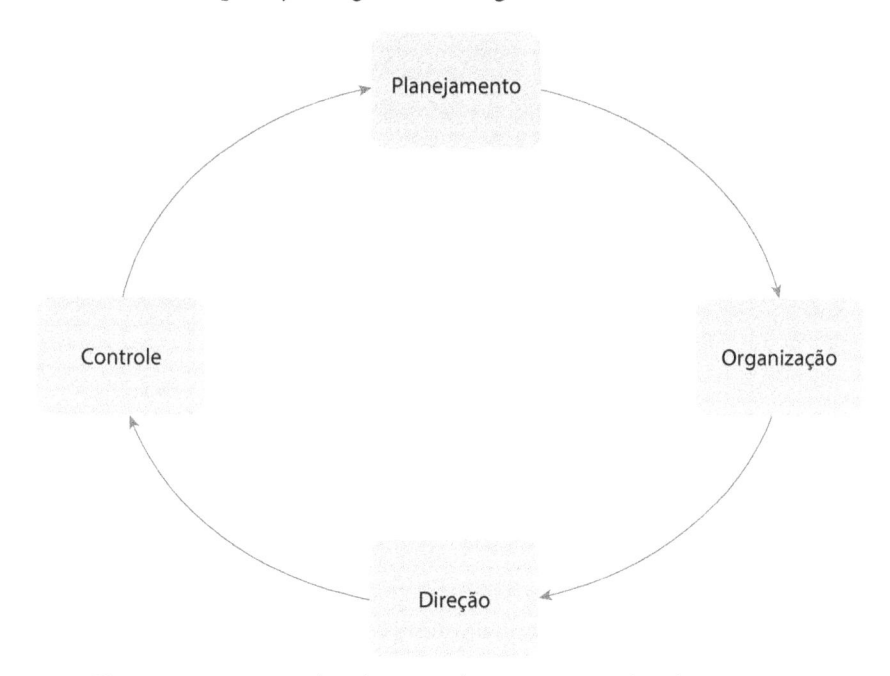

Figura 5.4 Funções do administrador como um ciclo administrativo.

A sequência das funções do administrador forma o ciclo administrativo.

5.5.1 Planejamento

As organizações não trabalham na base da improvisação. Quase tudo nelas é planejado antecipadamente. O planejamento constitui a primeira função administrativa, que serve de base para as demais funções. O planejamento define antecipadamente quais são os objetivos a atingir e como fazer para alcançá-los. Começa com a definição dos objetivos e detalha os planos para atingi-los da melhor maneira possível. Planejar é definir os objetivos e escolher o melhor curso de ação para alcançá-los. Define onde se pretende chegar, o que deve ser feito, quando, como e em que sequência.

Planejamento
- Definir objetivos
- Avaliar a situação atual
- Desenvolver premissas para o futuro
- Identificar meios para alcançar os objetivos
- Implementar os planos de ação

Controle → Planejamento → Organização → Direção → Controle

Figura 5.5 As premissas do planejamento.[16]

- **Definição de objetivos**: o planejamento é um processo que começa com os objetivos e estabelece os planos para alcançá-los. A fixação dos objetivos é o início: saber onde se pretende chegar para se saber exatamente como chegar até lá. Objetivos são resultados futuros que se pretende atingir. São alvos escolhidos dentro de um espaço de tempo, utilizando recursos disponíveis ou possíveis. Assim, são pretensões futuras que, quando alcançadas, tornam-se realidade.

- **Desdobramento dos objetivos**: as organizações buscam alcançar vários objetivos simultaneamente. Há uma hierarquia de objetivos que vai desde os objetivos globais da organização (no topo da hierarquia) até os objetivos operativos ou operacionais que envolvem simples instruções para a rotina cotidiana (na base da hierarquia).

A hierarquia de objetivos permite que a partir dos objetivos organizacionais sejam definidas as políticas, as diretrizes, as metas, os programas, os procedimentos, os métodos e as normas.[17]

- **Políticas**: são afirmações genéricas baseadas nos objetivos organizacionais e funcionam como guias orientadores da ação administrativa. Proporcionam marcos ou limitações – embora flexíveis e elásticos – para demarcar a ação administrativa. São genéricas e utilizam verbos como: manter, seguir, usar, prover, assistir etc. As mais comuns são: políticas de recursos humanos (como lidar com os funcionários da organização), políticas de vendas (como tratar a clientela), políticas de preços (como manejar preços diante do mercado) etc.

- **Diretrizes**: são princípios estabelecidos para permitir o alcance dos objetivos organizacionais. Como os objetivos são fins, as diretrizes servem para balizar os meios adequados para atingi-los e canalizar as decisões. Existem diretrizes de pessoal (como recrutar e selecionar candidatos), diretrizes de compras (como escolher fornecedores) etc.

- **Metas**: são alvos a atingir no curto prazo e podem ser confundidas com objetivos imediatos ou operacionais. As metas mais comuns são: produção mensal, faturamento mensal, cobrança diária etc.

- **Programas**: são atividades sequenciais para atingir uma meta. O alcance das metas é planejado por meio de programas. Eles são planos específicos e podem incluir um conjunto de planos menores. É o caso dos programas de produção (como programar a produção para atingir a meta de produção estabelecida), dos programas de financiamento (como programar empréstimos bancários para atingir a meta de aporte financeiro) etc.

- **Procedimentos**: são também denominados rotinas e constituem os modos pelos quais os programas devem ser executados. São planos que prescrevem a sequência cronológica de tarefas requeridas para realizar determinadas ações. Existem procedimentos de admissão de pessoal (quais os documentos e formulários necessários para contratar pessoas), procedimentos de emissão de cheques (quem deve preencher e assinar os cheques) etc.

- **Métodos**: são planos prescritos para o desempenho de uma tarefa específica. O método determina exatamente como cada pessoa deve realizar uma tarefa. Serve para detalhar como o trabalho deve ser feito. Sua amplitude é mais limitada que o procedimento. É o caso do método de como montar uma peça, executar um trabalho ou treinar uma pessoa. Os procedimentos e os métodos utilizam fluxogramas para indicar o fluxo ou sequência de tarefas ou operações.
- **Normas**: são regras ou regulamentos que cercam os procedimentos. São comandos diretos e objetivos de cursos de ação a seguir. Servem para determinada situação que exige uma ação específica e única. São guias quando um curso de ação deve ser seguido fielmente. A regra é definida para criar uniformidade de ação. Define o que deve e o que não deve ser feito, como proibição de fumar em certos lugares, cumprimento de horário, faltas ao trabalho etc.

■ **Abrangência do planejamento**: além da hierarquia de objetivos, existe uma hierarquia do planejamento. Existem três níveis de planejamento:[18]

1. **Planejamento estratégico**: é o planejamento mais amplo e abrange toda a organização. Suas características são:
   - Focaliza o longo prazo, tendo seus efeitos e consequências estendidos por vários anos pela frente.
   - Envolve a organização em sua totalidade.
   - É definido na cúpula da organização (nível institucional) e funciona como o plano maior que condiciona os demais planos.
2. **Planejamento tático**: abrange cada departamento ou unidade da organização. Suas características são:
   - É projetado para o médio prazo ou para o exercício anual.
   - Envolve cada departamento ou unidade e abrange seus recursos específicos e preocupa-se em atingir os objetivos departamentais.
   - É definido no nível intermediário da organização.
3. **Planejamento operacional**: abrange cada tarefa ou atividade específica. Suas características são:
   - É projetado para o curto prazo, para o imediato: dias ou semanas.
   - Envolve cada tarefa ou atividade isoladamente e preocupa-se com o alcance de metas específicas.
   - É definido no nível operacional para cada tarefa ou atividade.

Quadro 5.4 Abrangência do planejamento[19]

Planejamento	Conteúdo	Extensão de Tempo	Amplitude
Estratégico	Genérico, sintético e abrangente	Longo prazo	Macro-orientado Aborda a empresa como uma totalidade
Tático	Menos genérico e mais detalhado	Médio prazo	Aborda cada unidade da empresa separadamente
Operacional	Detalhado, específico e analítico	Curto prazo	Micro-orientado Aborda cada tarefa ou operação apenas

> **SAIBA MAIS** — **Tipos de planejamento**
>
> O planejamento pode ocorrer em três níveis: estratégico, tático e operacional. O planejamento no nível estratégico ocorre a partir do corpo diretivo da organização e tem como objetivo apresentar os rumos e os objetivos gerais que se deve atingir em um prazo mais longo que os demais tipos de planejamento. Traça as diretrizes e os objetivos gerais a serem alcançados, preocupando-se em responder **por que** e **quando** atingir. O planejamento tático ocorre no nível intermediário (nível da gerência média da organização). É desenvolvido para ser alcançado em médio prazo, buscando atingir os resultados por meio de ações que devem ocorrer no respectivo departamento. Procura responder às questões "**Onde?**" e "**Como?**". Já o plano operacional é desenvolvido para ser atingido a curto prazo, geralmente no nível da supervisão. É voltado para a realização das tarefas. As junções dos resultados operacionais irão atender ao plano tático que, por sua vez, atenderão aos objetivos estratégicos. Todavia, para que isso ocorra, deverá existir sinergia entre todos os atores, haja vista que os objetivos estratégicos somente são atendidos quando todos da organização estiverem alinhados com eles.

5.5.2 Organização

A palavra **organização** pode assumir vários significados:[20]

- **Organização como uma entidade social**: é a organização social deliberadamente estruturada para alcançar objetivos específicos. A organização é uma entidade social porque é constituída de pessoas. É dirigida para objetivos porque é desenhada para alcançar resultados – como gerar lucros (empresas em geral), proporcionar satisfação social (clubes) etc. É deliberadamente estruturada pelo fato de que o trabalho é dividido e seu desempenho é atribuído aos membros da organização. A palavra **organização** significa um empreendimento humano moldado intencionalmente para atingir determinados objetivos. Essa definição se aplica a todos os tipos de organizações, sejam elas lucrativas ou não, como empresas, bancos, financeiras, supermercados, hospitais, clubes, igrejas etc. Dentro desse ponto de vista, a organização pode ser visualizada sob dois aspectos:

1. **Organização formal**: é a organização baseada na divisão de trabalho racional que especializa órgãos e pessoas em determinadas atividades. É a organização planejada ou definida no organograma, sacramentada pela direção e comunicada a todos por meio dos manuais de organização. É a organização formalizada oficialmente.
2. **Organização informal**: É a organização que emerge espontânea e naturalmente entre as pessoas que trabalham na organização formal e a partir dos relacionamentos humanos como ocupantes de cargos. Forma-se a partir das relações de amizade ou antagonismo e do surgimento de grupos informais que não aparecem no organograma ou em qualquer documento formal.

- **Organização como função administrativa e parte integrante do processo administrativo**: nesse sentido, **organização** significa o ato de organizar, estruturar e integrar os recursos e órgãos incumbidos de sua administração e estabelecer suas atribuições e relações entre eles.

Trataremos aqui da organização sob o segundo ponto de vista, ou seja, a organização como a função administrativa do processo administrativo. Organizar é uma função administrativa que consiste em:[21]

- Determinar as atividades específicas necessárias para o alcance dos objetivos planejados (especialização).
- Agrupar as atividades em uma estrutura lógica (departamentalização).
- Designar atividades às posições e pessoas (cargos e tarefas).

Capítulo 5 – A Organização na Perspectiva Neoclássica

Planejamento

Organização
- Dividir o trabalho
- Agrupar atividades em uma estrutura lógica
- Designar as pessoas para sua execução
- Alocar os recursos necessários
- Coordenar os esforços

Controle

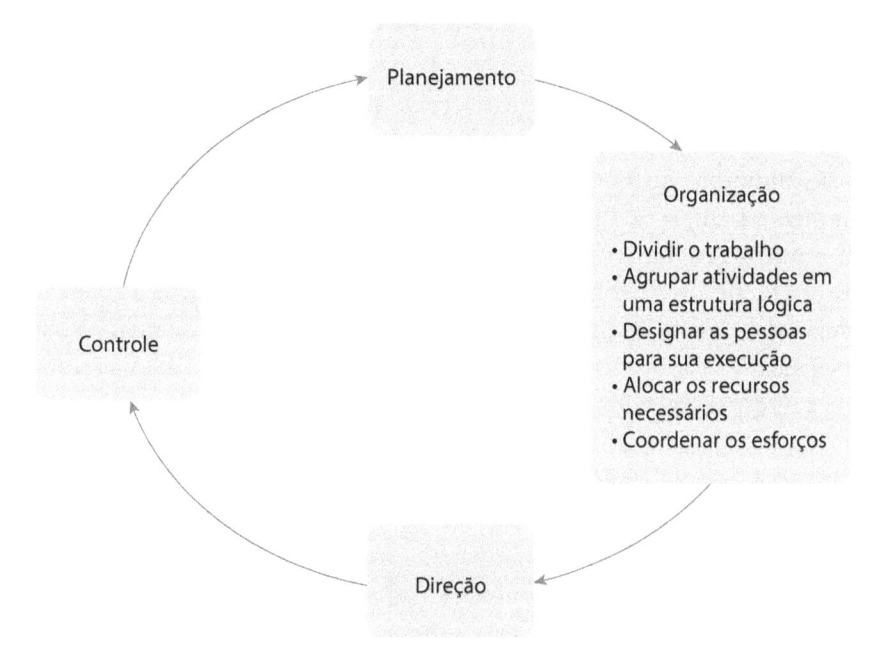

Direção

Figura 5.6 A função de organizar dentro do processo administrativo.[22]

- **Abrangência da organização**: a organização pode ser estruturada em três níveis diferentes:[23]
    1. **Organização ao nível global**: abrange a empresa como uma totalidade. Consiste no desenho ou na estrutura organizacional da organização como um todo.
    2. **Organização ao nível departamental**: abrange cada departamento ou área da organização. Consiste no desenho departamental ou na departamentalização.
    3. **Organização ao nível das tarefas e operações**: focaliza cada tarefa, atividade ou operação especificamente. Consiste no desenho de cargos ou tarefas.

Quadro 5.5 Os três níveis de organização[24]

Abrangência	Tipo de desenho	Conteúdo	Resultante
Nível institucional	Desenho organizacional	A empresa como uma totalidade	Tipos de organização
Nível intermediário	Desenho departamental	Cada departamento isoladamente	Tipos de departamentalização
Nível operacional	Desenho de cargos e tarefas	Cada tarefa ou operação	Análise e descrição de cargos

5.5.3 Direção

Constitui a terceira função administrativa e vem logo depois do planejamento e da organização. Após a definição do planejamento e da organização, resta fazer as coisas andarem e acontecerem. Esse é o papel da direção ou liderança: acionar e dinamizar a empresa. Está relacionada com a ação, com a posta em marcha e tem muito a ver com as pessoas. As pessoas precisam ser aplicadas em seus cargos e funções, treinadas, guiadas e motivadas para alcançar os resultados que delas se esperam. A direção se relaciona com a maneira pela qual o objetivo deve ser alcançado por meio da atividade das pessoas. Assim, a direção trata das relações interpessoais dos administradores em todos os níveis da organização e seus respectivos subordinados. O planejamento e a organização precisam ser dinamizados e complementados pela orientação às pessoas por meio da comunicação e das habilidades de liderança e motivação.

Figura 5.7 A função de dirigir dentro do processo administrativo.[25]

- **Abrangência da direção: dirigir** significa interpretar os planos e dar as instruções sobre como executá-los em direção aos objetivos a atingir. Diretores dirigem gerentes, gerentes dirigem supervisores e supervisores dirigem funcionários. A direção pode ocorrer em três níveis distintos:[26]

1. **Direção ao nível global**: abrange a organização como uma totalidade. É a direção propriamente dita. Cabe ao presidente da empresa e a cada diretor em sua respectiva área. Corresponde ao nível estratégico da organização.
2. **Direção ao nível departamental**: abrange cada departamento ou unidade da organização. É a gerência que envolve o pessoal do meio do campo da organização e corresponde ao nível tático da organização.
3. **Direção ao nível operacional**: abrange cada grupo de pessoas ou tarefas. É a supervisão que envolve o pessoal da base da organização. Corresponde ao nível operacional da organização.

Quadro 5.6 Os três níveis de direção[27]

Níveis de organização	Níveis de direção	Cargos envolvidos	Abrangência
Institucional	Direção	Diretores e altos executivos	A empresa ou áreas da empresa
Intermediário	Gerência	Gerentes e executivos do meio do campo	Cada departamento ou unidade da empresa
Operacional	Supervisão	Supervisores e encarregados	Cada grupo de pessoas ou tarefas

5.5.4 Controle

A palavra **controle** pode assumir vários significados:[28]

- **Controle como função restritiva e coercitiva**: no sentido de coibir ou limitar desvios indesejáveis ou comportamentos não aceitos. Aqui, o controle tem caráter negativo e limitativo, como cerceamento, coerção, inibição e manipulação. É o controle social das organizações e da sociedade para inibir o individualismo e a liberdade das pessoas.
- **Controle como um sistema automático de regulação**: no sentido de manter automaticamente um grau constante de fluxo ou funcionamento de um sistema. É comum no processo de controle automático das refinarias de petróleo, das indústrias químicas de processamento contínuo e automático. O mecanismo de controle detecta desvios ou irregularidades e automaticamente faz a regulação necessária para voltar ao normal.
- **Controle como função administrativa**: faz parte do processo administrativo, assim como o planejamento, a organização e a direção.

Trataremos do controle sob o terceiro ponto de vista, ou seja, o controle como a quarta função administrativa e que depende do planejamento, da organização e da direção para formar o processo administrativo.

A finalidade do controle é assegurar que os resultados do que foi planejado, organizado e dirigido se ajustem aos objetivos previamente definidos. A essência do controle reside em verificar se a atividade controlada está ou não alcançando os objetivos ou resultados desejados. Consiste em um processo que guia a atividade para um fim previamente determinado. O controle é um processo que envolve quatro fases:[29]

Planejamento

Organização

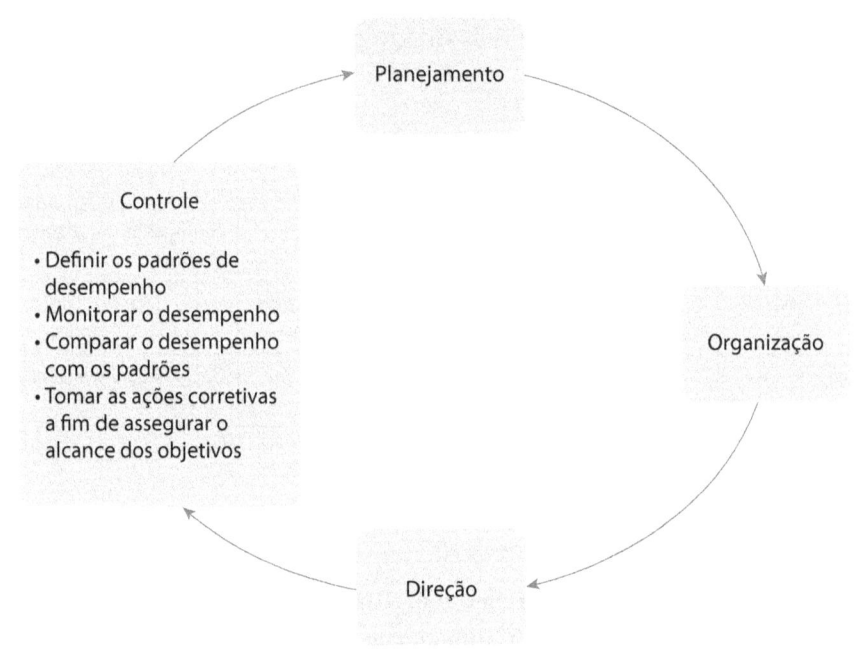

Direção

Controle
- Definir os padrões de desempenho
- Monitorar o desempenho
- Comparar o desempenho com os padrões
- Tomar as ações corretivas a fim de assegurar o alcance dos objetivos

Figura 5.8 A função de controlar dentro do processo administrativo.[30]

1. **Estabelecimento de padrões ou critérios**: os padrões representam o desempenho desejado e os critérios, as normas que guiam as decisões. São balizamentos que proporcionam meios para se estabelecer o que se deve fazer e qual o desempenho ou resultado aceito como normal ou desejável. Constituem os objetivos que o controle deve assegurar ou manter. Os padrões podem ser expressos em tempo, dinheiro, qualidade, unidades físicas, custos ou por meio de índices.

Capítulo 5 – A Organização na Perspectiva Neoclássica

```
        Estabelecimento
           de padrões
       ↗                ↘
Ação                       Monitoração
corretiva                  do desempenho
       ↖                ↙
        Comparação do
        desempenho com
          os padrões
```

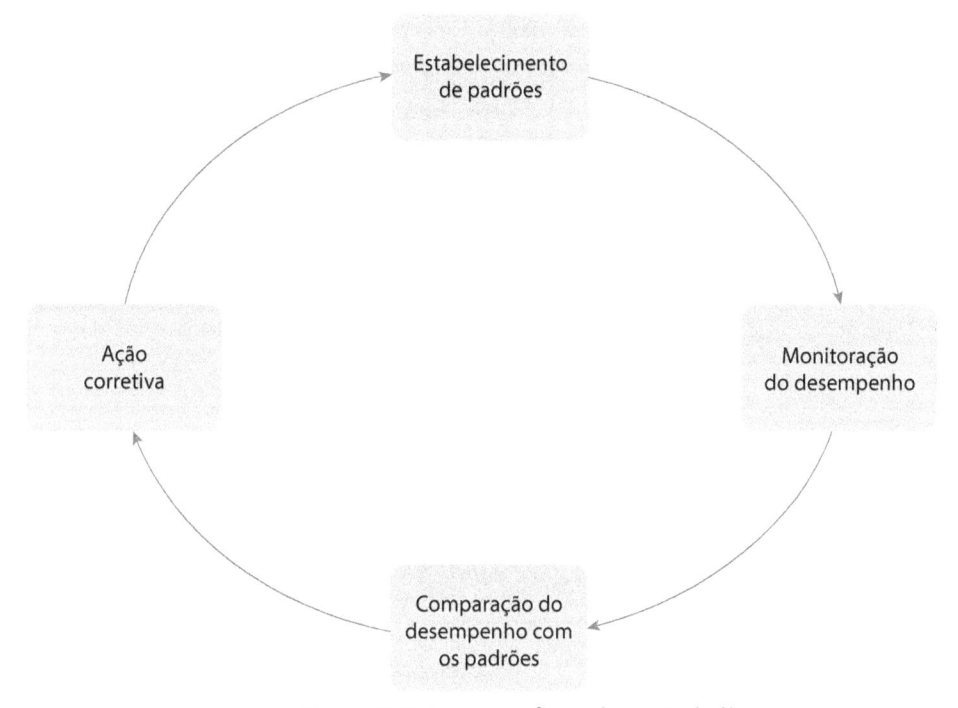

Figura 5.9 As quatro fases do controle.[31]

2. **Observação do desempenho**: visa buscar informação do desempenho ou resultado a respeito do que está sendo controlado. O processo de controle atua no sentido de ajustar as operações aos padrões previamente estabelecidos e funciona de acordo com a informação que recebe.
3. **Comparação do desempenho com o padrão estabelecido**: pode ser feita por meio de gráficos, relatórios, índices, porcentagens, medidas estatísticas etc. Toda atividade proporciona algum tipo de variação, erro ou desvio que pode ser aceito como normal ou desejável. Apenas as variações que ultrapassam os limites do normal é que precisam ser corrigidas. O controle separa o que é excepcional para que a correção se concentre apenas nas exceções ou desvios.
4. **Ação corretiva**: as variações, erros ou desvios devem ser apontados e corrigidos para que as operações sejam normalizadas. A ação corretiva visa fazer com que o desempenho tenha conformidade com o planejado.

Enquanto o planejamento abre o processo administrativo, o controle serve de fechamento. Dessa forma, a **abrangência do controle** também pode ser feita aos níveis global, departamental e operacional.

Quadro 5.7 A abrangência do controle[32]

Controle	Conteúdo	Extensão de tempo	Amplitude
Estratégico	Genérico, sintético e abrangente	Longo prazo	Macro-orientado Aborda a empresa como uma totalidade
Tático	Menos genérico e mais detalhado	Médio prazo	Aborda cada unidade da empresa separadamente
Operacional	Detalhado, específico e analítico	Curto prazo	Micro-orientado Aborda cada tarefa ou operação apenas

Quadro 5.8 As abordagens prescritivas e normativas da TO

| Aspectos principais | Abordagens prescritivas e normativas da Administração | | |
	Teoria Clássica	Teoria das Relações Humanas	Teoria Neoclássica
Abordagem da organização	Organização formal exclusivamente	Organização informal exclusivamente	Organizações formal e informal
Conceito de organização	Estrutura formal como conjunto de órgãos, cargos e tarefas	Sistema social como conjunto de papéis sociais	Sistema social com objetivos a serem alcançados racionalmente
Principais representantes	Taylor, Fayol, Gilbreth, Gantt, Gulick, Urwick, Mooney, Emerson, Sheldon	Mayo, Follet, Roethlisberger, Dublin, Cartwright, French, Zalesnich, Tannenbaum, Lewin, Viteles, Homans	Drucker, Koontz, Jucius, Newmann, Odiorne, Humble, Gelinier, Schleh, Dale
Característica básica da Administração	Engenharia humana/ engenharia de produção	Ciência social aplicada	Técnica social básica
Concepção do homem	*Homo economicus*	Homem social	Homem organizacional e administrativo
Comportamento organizacional do indivíduo	Ser isolado que reage como indivíduo (atomismo tayloriano)	Ser social que reage como membro de grupo	Ser racional e social voltado para o alcance de objetivos individuais e organizacionais
Ciência mais relacionada	Engenharia	Psicologia social	Ecletismo

(continua)

(continuação)

Aspectos principais	Abordagens prescritivas e normativas da Administração		
	Teoria Clássica	Teoria das Relações Humanas	Teoria Neoclássica
Tipos de incentivo	Incentivos materiais e salariais	Incentivos sociais e simbólicos	Incentivos mistos
Relação entre objetivos organizacionais e objetivos individuais	Identidade de interesses. Não há conflito perceptível	Identidade de interesses. Todo conflito é indesejável e deve ser evitado	Integração entre os objetivos organizacionais e individuais
Resultados almejados	Máxima eficiência	Máxima eficiência	Eficiência ótima

> **SAIBA MAIS** **KPI – Indicadores de desempenho**
>
> **KPI** é uma sigla muito utilizada no mundo corporativo, cuja origem vem da expressão inglesa **Key Performance Indicator**. Refere-se aos indicadores de desempenho do negócio, que pode ser de determinada área, departamento, empresa etc. Os KPIs são definidos quando do planejamento de determinada ação, a fim de verificar se o desempenho estará em conformidade com o planejado. Caso haja necessidade, ajustes deverão ser realizados para que, a partir de um novo planejamento, os objetivos possam ser alcançados. Para facilitar seu entendimento, considere que para ser aprovado em determinada matéria, deve-se obter, no mínimo, a média 7,0. Se seu desempenho (KPI) for abaixo de 7,0, deverá realizar uma avaliação final. Se seu KPI for 7,0 ou mais, estará aprovado. Supondo que seu KPI seja 6,5, deverá realizar um novo planejamento de estudos, a fim de que possa obter o desempenho mínimo desejado, ou seja, KPI maior ou igual a 7,0.

5.6 IMPLICAÇÕES DA PERSPECTIVA NEOCLÁSSICA

A perspectiva neoclássica se assenta pesadamente no processo administrativo para explicar como as funções administrativas são desenvolvidas nas organizações. As funções administrativas – planejamento, organização, direção e controle –, antes definidas pelos autores clássicos, são aceitas pelos neoclássicos, mas sem os princípios prescritivos e normativos que as tornavam rígidas e invariáveis. O processo administrativo se mostra flexível, maleável e adaptável às situações variadas e às circunstâncias diferentes em um mundo em constante mudança e transformação. O processo consiste em um fluxo de atividades consecutivas para atingir determinados objetivos. Tem início, meio e fim, em uma sequência lógica e racional de ações que se completam mutuamente. Pode-se concluir que o processo administrativo não é somente o núcleo da perspectiva neoclássica, mas o fundamento da moderna Administração. Nenhuma concepção mais avançada conseguiu ainda deslocá-lo dessa posição privilegiada que ocupa até hoje.

QUESTÕES PARA REVISÃO

1. Cite e explique as principais características da Teoria Neoclássica.
2. Quais são os aspectos comuns para as organizações?
3. Explique as três funções fundamentais exercidas pelo administrador.
4. Explique e exemplifique eficiência e eficácia.
5. Qual é o objetivo da divisão do trabalho?
6. O que é estrutura organizacional e para que serve?
7. Defina autoridade e suas características.
8. Qual é a diferença entre autoridade e responsabilidade?
9. Qual é a vantagem de uma organização possuir uma amplitude com poucos níveis hierárquicos? O que produz uma estrutura organizacional achatada e dispersada horizontalmente?
10. Qual é a relação entre *empowerment* e descentralização?
11. Quais são as vantagens e as desvantagens da centralização?
12. Explique e exemplifique cada tipo de planejamento.
13. Explique os conceitos de cada função do administrador.
14. O que significa KPI e para que serve?
15. Quais são as contribuições da Teoria Neoclássica?

REFERÊNCIAS

1. CHIAVENATO, I. *Introdução à Teoria Geral da Administração*. 10. ed. São Paulo: Atlas, 2020.
2. CHIAVENATO, I. *Introdução à Teoria Geral da Administração*, op. cit., p. 152-154.
3. CHIAVENATO, I. *Introdução à Teoria Geral da Administração*, op. cit., p. 153-154.

4. DRUCKER, P. F. *Tecnologia, Gerência e Sociedade*. Petrópolis: Vozes, 1973. p. 104.
5. DRUCKER, P. F. *Concept of Corporation*. Nova York: John Day, 1946. p. 46.
6. CHIAVENATO, I. *Introdução à Teoria Geral da Administração, op. cit.*, p. 156.
7. FAYOL, H. *Administração Industrial e Geral*. São Paulo: Atlas, 1954.
8. BAYER, G. F. Considerações Sobre a Conceituação de Autoridade. *Revista de Administração Pública*, Rio de Janeiro, Fundação Getulio Vargas, v. 5, n. 1, p. 102, 1971.
9. DAFT, R. I. *Organization Theory and Design*. St. Paul. Minn. West, 1992, p. 387-388.
10. CHIAVENATO, I. *Introdução à Teoria Geral da Administração, op. cit.*, p. 161-162.
11. CHIAVENATO, I. *Introdução à Teoria Geral da Administração, op. cit.*, p. 161.
12. CHIAVENATO, I. *Introdução à Teoria Geral da Administração, op. cit.*, p. 162-164.
13. CHIAVENATO, I. *Introdução à Teoria Geral da Administração, op. cit.*, p. 164.
14. CHIAVENATO, I. *Introdução à Teoria Geral da Administração, op. cit.*, p. 164.
15. CHIAVENATO, I. *Introdução à Teoria Geral da Administração, op. cit.*, p. 166.
16. CHIAVENATO, I. *Introdução à Teoria Geral da Administração, op. cit.*, p. 170.
17. CHIAVENATO, I. *Introdução à Teoria Geral da Administração, op. cit.*, p. 169-171.
18. CHIAVENATO, I. *Introdução à Teoria Geral da Administração, op. cit.*, p. 171.
19. CHIAVENATO, I. *Introdução à Teoria Geral da Administração, op. cit.*, p. 171.
20. CHIAVENATO, I. *Administração nos Novos Tempos*. 4. ed. São Paulo: Atlas, 2020.
21. CHIAVENATO, I. *Introdução à Teoria Geral da Administração, op. cit.*, p. 173-174.
22. CHIAVENATO, I. *Introdução à Teoria Geral da Administração, op. cit.*, p. 174.
23. CHIAVENATO, I. *Introdução à Teoria Geral da Administração, op. cit.*, p. 174-175.
24. CHIAVENATO, I. *Introdução à Teoria Geral da Administração, op. cit.*, p. 174.
25. CHIAVENATO, I. *Introdução à Teoria Geral da Administração, op. cit.*, p. 174.
26. CHIAVENATO, I. *Introdução à Teoria Geral da Administração, op. cit.*, p. 175-176.
27. CHIAVENATO, I. *Introdução à Teoria Geral da Administração, op. cit.*, p. 175.
28. CHIAVENATO, I. *Introdução à Teoria Geral da Administração, op. cit.*, p. 176.
29. CHIAVENATO, I. *Introdução à Teoria Geral da Administração, op. cit.*, p. 176-178.
30. CHIAVENATO, I. *Introdução à Teoria Geral da Administração, op. cit.*, p. 176.
31. CHIAVENATO, I. *Introdução à Teoria Geral da Administração, op. cit.*, p. 177.
32. CHIAVENATO, I. *Introdução à Teoria Geral da Administração, op. cit.*, p. 179.

6 A ORGANIZAÇÃO NA PERSPECTIVA ESTRUTURALISTA

> **O QUE VEREMOS ADIANTE**
> - Características do Modelo Burocrático de Weber.
> - Disfunções da burocracia.
> - Dimensões da burocracia.
> - Implicações do modelo burocrático.
> - Estruturalismo na Teoria das Organizações.
> - Tipologia das organizações.
> - Objetivos organizacionais.
> - Ambiente organizacional.
> - Implicações da perspectiva estruturalista.
> - Questões para revisão.

A falta de uma Teoria das Organizações (TO) sólida e abrangente ficou clara com a profusão das críticas feitas tanto à perspectiva clássica – pelo mecanicismo de seus conceitos – quanto à perspectiva humanística – pelo romantismo ingênuo. Foi a porta aberta para a forte influência da sociologia organizacional com a retomada das obras de Max Weber[1] sobre o modelo burocrático. Weber havia notado que o sistema de produção moderno, racional e capitalista não se originou do desenvolvimento tecnológico, nem das relações de propriedade, como afirmava Karl Marx, mas de um conjunto de normas sociais morais a que denominou de ética protestante[2] – baseada no trabalho duro e árduo como dádiva de Deus, na poupança e no ascetismo. Notou que as três formas de racionalidade – o capitalismo, a burocracia (como forma de organização) e a ciência moderna – surgiram a partir das mudanças religiosas nos países protestantes e não em países católicos. As semelhanças entre o protestantismo (principalmente o calvinismo) e o comportamento capitalista são impressionantes.[3]

> **SAIBA MAIS** — **Origem do termo "burocracia"**
>
> A palavra **burocracia** tem sua origem na junção da palavra francesa "*bureau*" (escritório) com a palavra grega "*krátos*" (poder ou regra). Segundo alguns pesquisadores, esse termo é atribuído a Jacques Claude Marie Vincent, funcionário público francês do século 17 que a utilizou para ironizar as atividades e as ações das repartições públicas. Todavia, apesar de os conceitos de burocracia estarem presentes desde a Antiguidade, foi com a emergência do Estado Moderno – exemplo do tipo legal de dominação – que a burocracia passou a prevalecer em larga escala. Weber usou o conceito de modo abrangente e mais moderno, criando os princípios que devem reger, englobando todas as instituições sociais, além da administração pública. Ele notou a proliferação de organizações nos domínios religiosos (igreja), educacionais (universidade) e econômicos (grandes empresas) que adotaram o tipo burocrático de organização, concentrando a administração no topo da hierarquia e utilizando regras racionais e impessoais para garantir a máxima eficiência.

Capítulo 6 – A Organização na Perspectiva Estruturalista

Quadro 6.1 Tipologia de sociedade e tipologia de autoridade segundo Weber[4]

Tipos de sociedade	Características	Exemplos	Tipos de autoridade	Características	Legitimação	Aparato administrativo
Tradicional	Patriarcal e patrimonialista Conservantismo	Clã, tribo, família, sociedade medieval	Tradicional	Não é racional Poder herdado ou delegado Baseada no "senhor"	Tradição, hábitos, usos e costumes	Forma patrimonial e forma feudal
Carismática	Personalista, mística e arbitrária Revolucionária	Grupos revolucionários, partidos políticos, nações em revolução	Carismática	Não é racional, nem herdada, nem delegável Baseada no "carisma" do líder	Características pessoais (heroísmo, magia, poder mental) carismáticas do líder	Inconstante e instável Escolhido pela lealdade e pela devoção ao líder e não por qualificações técnicas
Legal, racional ou burocrática	Racionalidade dos meios e dos objetivos	Estados modernos, grandes empresas, exércitos	Legal, racional ou burocrática	Legal, racional, impessoal, formal Meritocrática	Justiça da Lei Promulgação e regulamentação de normas legais previamente definidas	Burocracia

6.1 CARACTERÍSTICAS DO MODELO BUROCRÁTICO SEGUNDO WEBER

No sentido vulgar, a **burocracia** é entendida como uma organização em que o papelório se multiplica e se avoluma impedindo soluções rápidas ou eficientes. O termo é também utilizado no sentido de apego dos funcionários aos regulamentos e às rotinas, causando ineficiência à organização. Assim, o leigo atribui à burocracia os seus defeitos (disfunções). Para Weber, o conceito de burocracia é exatamente o contrário: a burocracia é a organização eficiente por excelência. Para tanto, a burocracia cuida, nos mínimos detalhes, de como as coisas deverão ser feitas.

6.1.1 Características da burocracia

Segundo Weber, a burocracia tem as seguintes características:[5]

- **Caráter legal das normas e dos regulamentos**: a burocracia é uma organização ligada por normas e regulamentos previamente estabelecidos por escrito. Trata-se de uma organização baseada em legislação própria – como a Constituição para o Estado ou estatutos para a empresa privada. As normas e os regulamentos são exaustivos, cobrem todas as áreas da organização, preveem todas as ocorrências e regulam tudo o que ocorre na organização. Elas são legais porque distribuem autoridade e poder dentro de uma estrutura social legalmente organizada.

- **Caráter formal das comunicações**: a burocracia é uma organização ligada por comunicações escritas. Tudo é formulado e registrado por escrito. Daí o caráter formal da burocracia: ações e procedimentos devem ser comprovados e documentados. Para as comunicações repetitivas e constantes, a burocracia utiliza rotinas e formulários. Ela é uma estrutura social formalmente organizada.

- **Caráter racional e divisão do trabalho**: a burocracia se baseia em uma sistemática divisão do trabalho que atende a uma racionalidade: ela é adequada aos objetivos a atingir para garantir a máxima eficiência da organização. Daí o aspecto racional da burocracia. Ela é uma estrutura social racionalmente organizada.

- **Impessoalidade nas relações**: a distribuição das atividades é feita impessoalmente, ou seja, em termos de cargos e funções, e não de pessoas envolvidas. Daí o caráter impessoal da burocracia. A burocracia não considera as pessoas como pessoas, mas como ocupantes de cargos ou funções. O poder de cada pessoa é impessoal e deriva do cargo que ocupa. Para garantir sua continuidade no tempo, as pessoas vêm e vão, os cargos e funções permanecem. A burocracia é uma estrutura social impessoalmente organizada.

- **Hierarquia de autoridade**: a burocracia é uma organização que estabelece os cargos segundo o princípio da hierarquia para definir a autoridade e proteger os subordinados da ação arbitrária do superior, pois as ações de todos se processam dentro de um conjunto de regras mutuamente aceito.[6] A burocracia é uma estrutura social hierarquicamente organizada.
- **Rotinas e procedimentos padronizados**: a burocracia é uma organização que fixa regras e normas técnicas para o desempenho dos cargos. O ocupante de um cargo – o funcionário – não faz o que quer, mas o que as regras e normas técnicas impõem que ele faça. Os padrões facilitam a avaliação do desempenho dos participantes.
- **Competência técnica e meritocracia**: a seleção, a admissão, a transferência e a promoção dos funcionários são baseadas em critérios racionais e universais de avaliação válidos para toda a organização e não em critérios particulares e arbitrários. Daí os exames, concursos, testes e títulos para admissão e promoção dos funcionários.
- **Especialização da administração**: a burocracia é uma organização que se baseia na separação entre a propriedade e a administração. Os administradores não são proprietários dos meios de produção, não são seus donos ou acionistas, mas profissionais especializados na sua administração. Daí o afastamento do capitalista da gestão dos negócios.
- **Profissionalização dos participantes**: a burocracia é uma organização que se caracteriza pela profissionalização dos participantes. Cada funcionário da burocracia é um profissional, pois é um especialista, assalariado, ocupante de cargo, nomeado por seu superior imediato, seu mandato é por tempo indeterminado, segue carreira dentro da organização, não possui a propriedade dos meios de produção, é fiel ao cargo e identifica-se com os objetivos da organização.
- **O administrador profissional tende a controlar cada vez mais as burocracias**: elas são dirigidas e controladas por administradores profissionais devido ao aumento do número de acionistas que fragmentam sua propriedade e dispersam suas aplicações.

> **SAIBA MAIS** — **Weber e a especialização e a subordinação**
>
> Para Weber, a burocracia é regida por princípios, realizados por meio de normas e leis de ordem administrativa que, organizadas em deveres, são distribuídas para os demais por meio de uma autoridade com qualificação específica para o cargo. Esses princípios são executados a partir de uma hierarquia na qual existe a relação de mando e subordinado. Para Weber, o subordinado ideal é aquele que trabalha em cooperação com os demais e sabe separar sua vida pessoal da profissional. Esse subordinado deve possuir um mandato e ter competência, conhecimento e perícia, não utilizando os bens do Estado em benefício próprio. Cabe lembrar que, nesse caso, Weber está observando a Administração sob o prisma da gestão pública, o que também é considerado para as organizações privadas. Para Weber, o funcionário deve ser especializado e deve conhecer todas as regras do trabalho, a fim de que possa executar as atividades em tempo hábil.[7]

6.1.2 Previsibilidade do funcionamento da burocracia

As características mencionadas anteriormente buscam uma consequência desejada: a previsibilidade do comportamento dos membros da burocracia. O modelo burocrático pressupõe que todos os funcionários deverão comportar-se de acordo com as normas e os regulamentos da organização, a fim de que esta atinja a máxima eficiência. Tudo na burocracia é preestabelecido no sentido de prever todas as ocorrências e rotinizar seu funcionamento.

6.1.3 Vantagens da burocracia

O sucesso da burocracia sobre as outras formas de organização se deve, para Weber, às vantagens que ela oferece, como:[8] racionalidade no alcance dos objetivos; definição dos cargos; rapidez nas decisões; univocidade na interpretação das comunicações; constância nas decisões e uniformidade nas rotinas e nos procedimentos; continuidade da organização baseada em cargos e não em pessoas; redução do atrito entre as pessoas; e confiabilidade em regras conhecidas. Além disso, promove benefícios para as pessoas, pois a hierarquia é formalizada, o trabalho é dividido de maneira ordenada, as pessoas são treinadas para serem especialistas e podem fazer carreira em função de seu mérito e competência profissional.

6.1.4 Racionalidade burocrática

A burocracia tem elevada racionalidade. No sentido weberiano, racionalidade implica adequação dos meios aos fins, ou seja, eficiência.[9] A organização é racional, pois os meios mais eficientes são escolhidos para alcançar as metas. Contudo, são as metas coletivas da organização que são levadas em conta, e não as metas individuais de seus membros. A racionalidade não implica necessariamente que os membros ajam racionalmente no que tange às suas próprias metas e aspirações. Ao contrário, quanto mais racional e burocrática, mais as pessoas tornam-se engrenagens de uma máquina, ignorando o propósito e significado do seu comportamento.[10] É a chamada racionalidade funcional[11] que é alcançada pela elaboração de regras que servem para dirigir, partindo de cima, todo o comportamento de encontro à eficiência. Essa é a concepção de racionalidade da Administração Científica ao se basear na única e melhor maneira (*the best way*).[12]

6.2 DISFUNÇÕES DA BUROCRACIA

Para Weber, a burocracia é uma organização cujas consequências desejadas se resumem na previsibilidade do seu funcionamento para obter a máxima eficiência da organização. Todavia, ao estudar as consequências previstas – ou desejadas – da burocracia que a conduzem à máxima eficiência, Merton[13] notou a presença de consequências imprevistas (ou não desejadas), que levam à ineficiência e às imperfeições. A essas consequências imprevistas, deu o nome de disfunções da burocracia, para designar as anomalias de funcionamento responsáveis pelo sentido pejorativo que o termo **burocracia** adquiriu junto aos leigos no assunto.

O tipo ideal de burocracia sofre transformações – disfunções – quando operado por pessoas. Estas simplesmente foram excluídas do modelo weberiano. Cada disfunção é uma consequência não prevista ou um desvio do referido modelo. As principais disfunções são as seguintes:[14]

- **Internalização das regras e apego aos regulamentos**: as normas e os regulamentos da organização tendem a adquirir um valor próprio, importante e independente dos objetivos, passando a substituí-los. Eles passam a se transformar de meios para objetivos e tornam-se absolutos e prioritários: o funcionário adquire viseiras e torna-se um especialista, não pelo conhecimento das tarefas, mas por conhecer bem as normas e os regulamentos que dizem respeito ao seu cargo.

A burocracia é baseada em	Consequências previstas	Objetivo
1. Caráter Legal das normas 2. Caráter formal das comunicações 3. Divisão do trabalho 4. Impessoalidade no relacionamento 5. Hierarquização da autoridade 6. Rotinas e procedimentos 7. Competência técnica e mérito 8. Especialização da administração 9. Profissionalização dos ocupantes 10. Previsibilidade do funcionamento	Previsibilidade do comportamento humano Padronização do desempenho dos participantes	Máxima eficiência da organização

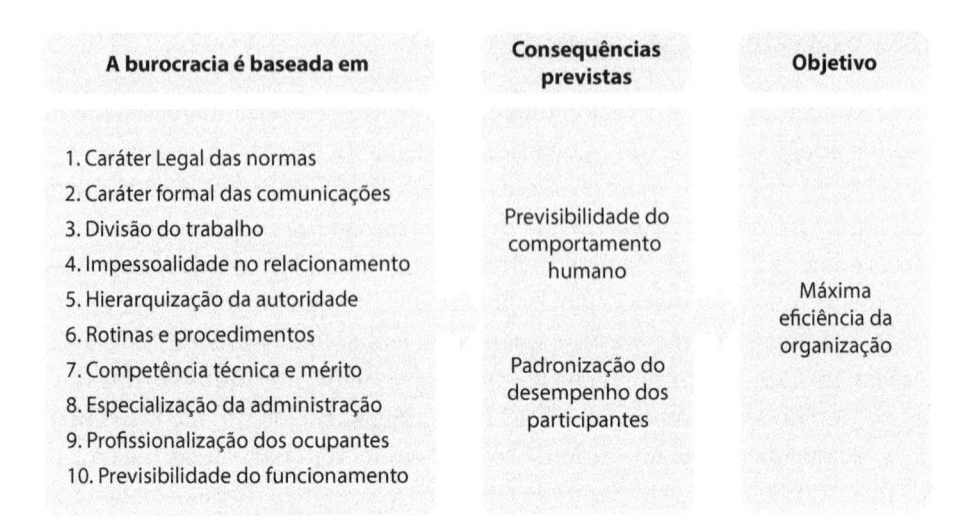

Figura 6.1 O modelo burocrático de Weber.[15]

- **Excesso de formalismo e de papelório**: a necessidade de documentar as comunicações para que tudo seja testemunhado por escrito leva à tendência do excesso de formalismo e de papelório. Esse constitui uma das mais gritantes disfunções, o que faz o leigo imaginar que a burocracia tem enorme volume de papel e vias adicionais de formulários.

- **Resistência à mudanças**: como tudo é rotinizado, padronizado e previsível, o funcionário se acostuma à repetição daquilo que executa, o que lhe dá completa segurança a respeito de seu futuro. Torna-se um executor de rotinas e procedimentos que domina com tranquilidade. Quando surge alguma mudança na organização, ela tende a ser interpretada como algo desconhecido, que pode trazer perigo à sua segurança. Com isso, a mudança passa a ser indesejável e evitável. E ele passa a resistir a todo tipo de mudança. A resistência à mudança pode ser passiva e quieta ou pode ser ativa e agressiva.

- **Despersonalização do relacionamento**: as relações entre os funcionários enfatizam os cargos e não as pessoas que os ocupam. Isso provoca um distanciamento nas relações entre os membros da organização: diante dos demais colegas, o burocrata não os toma como pessoas, mas como ocupantes de cargos, com direitos e deveres específicos. Daí a despersonalização do relacionamento entre os funcionários que passam a conhecer os colegas não pelos seus nomes pessoais, mas pelos títulos dos cargos que ocupam ou pelo número do registro do colega ou por qualquer outra forma de identificação imposta pela organização.

- **Categorização como base do processo decisório:** a hierarquização da autoridade faz com que quem toma decisões em qualquer situação seja sempre o que possui a mais alta categoria hierárquica, mesmo que não conheça o assunto.
- **Superconformidade às rotinas e aos procedimentos:** a burocracia exige devoção às regras e aos regulamentos que se transformam em coisas absolutas. Com o tempo, elas se tornam sagradas para o funcionário e limitam sua liberdade e espontaneidade pessoal, além da incapacidade de compreender o significado de suas tarefas na organização como um todo. O burocrata passa a trabalhar em função de regulamentos e rotinas e não em função de objetivos da organização.[16] Isso conduz a uma rigidez no comportamento: o funcionário faz estritamente aquilo que está contido nas normas, nos regulamentos, nas rotinas e nos procedimentos impostos pela organização, perde a iniciativa, a criatividade e a inovação, e restringe-se ao desempenho mínimo. Com isso, a organização perde sua flexibilidade.

Quadro 6.2 Características e disfunções da burocracia[17]

Características da burocracia	Disfunções da burocracia
1. Caráter legal das normas	1. Internalização das normas
2. Caráter formal das comunicações	2. Excesso de formalismo e papelório
3. Divisão do trabalho	3. Resistência às mudanças
4. Impessoalidade no relacionamento	4. Despersonalização no relacionamento
5. Hierarquização da autoridade	5. Categorização nas decisões
6. Rotinas e procedimentos	6. Superconformidade às rotinas
7. Competência técnica e mérito	7. Bitolamento e miopia
8. Especialização da administração	8. Exibição de sinais de autoridade
9. Profissionalização dos ocupantes	9. Dificuldades com os clientes
10. Previsibilidade do comportamento	10. Imprevisibilidade do comportamento

- **Exibição de sinais de autoridade:** ao enfatizar a hierarquia de autoridade, é preciso ressaltar aqueles que detêm o poder. Daí a utilização intensiva de símbolos ou sinais de *status* para demonstrar a posição hierárquica dos funcionários, como uniforme, tamanho da sala, tipo de banheiro, estacionamento, refeitório, tamanho da mesa. Em algumas organizações – exército, igreja etc. –, o uniforme constitui um dos principais sinais de autoridade.
- **Dificuldade no atendimento a clientes e conflitos com o público:** o burocrata está voltado para a organização, suas normas e regulamentos internos, rotinas

e procedimentos, e para seu superior hierárquico, que avalia o seu desempenho. Essa atuação interiorizada para a organização o leva a criar conflitos com os clientes, que são estranhos por estarem fora da organização. Os clientes são atendidos de forma padronizada e conforme os regulamentos e rotinas internos, fazendo com que o público se irrite com a pouca atenção e descaso para com seus problemas particulares e pessoais. As pressões do público – que pretende soluções personalizadas que a burocracia padroniza – fazem com que o burocrata perceba as pressões como ameaças à sua própria segurança. Daí a defesa contra pressões externas à burocracia.

> **SAIBA MAIS** — **Jacques Claude Marie Vicente × Max Weber**
>
> Diferentemente de Jacques Claude Marie Vincent, a quem se atribui a criação do termo **burocracia** e que o utilizou para criticar e ironizar a forma com que as repartições públicas francesas atuavam, Weber procurou atribuir princípios e regras para normatizar a administração pública e deixá-la mais eficiente. De fato, se a burocracia não fosse aplicada na gestão pública, teríamos uma série de problemas. Um exemplo é o uso e a aplicação das verbas públicas, que devem estar bem resguardadas por normas e procedimentos, pois devem ser aplicadas com competência, tanto técnica quanto na gestão, a favor da sociedade. Todavia, assim como acontece com qualquer atividade, o excesso pode acarretar diversas disfunções. Excesso de normas, excesso de papéis, excesso de repartições etc. deixa a organização lenta e dificulta o acesso do cidadão aos serviços. No caso do setor privado, imagine uma empresa com excesso de burocracia. Ela não iria sobreviver à competitividade do mercado, pois ficaria lenta para tomar decisões, seus clientes teriam dificuldade em adquirir os serviços ou produtos etc. O equilíbrio na aplicação dos princípios propostos por Weber deve ser um ponto fundamental a ser considerado por qualquer tipo de organização, seja pública, seja privada, seja do terceiro setor.

Devido a essas disfunções, a burocracia torna-se esclerosada, fecha-se ao cliente – que deveria ser o seu próprio objetivo – e impede a mudança, a inovação e a criatividade. As causas das disfunções da burocracia residem na organização informal, pois o modelo não leva em conta a variabilidade humana (diferenças individuais entre pessoas) que introduz variações no desempenho das tarefas. As consequências imprevistas surgem em função da exigência de controle em toda a atividade organizacional.[18]

6.3 DIMENSÕES DA BUROCRACIA

Não existe um tipo único de burocracia, mas graus variados de burocratização. O grau variável de burocratização[19] depende das dimensões da burocracia. Cada dimensão varia na forma de um *continuum*. Hall selecionou seis dimensões da burocracia:[20]

1. Divisão do trabalho baseado na especialização funcional.
2. Hierarquia de autoridade.
3. Sistema de regras e regulamentos.
4. Formalização das comunicações.
5. Impessoalidade no relacionamento entre as pessoas.
6. Seleção e promoção baseadas na competência técnica.

Essas dimensões existem em alto grau no tipo ideal de burocracia e em graus mais baixos em organizações menos burocráticas. As organizações apresentam dimensões do modelo burocrático em diversos graus e que variam independentemente. Uma organização pode ser muito burocratizada nas regras e nos regulamentos ao mesmo tempo em que está escassamente burocratizada quanto à divisão do trabalho.[21]

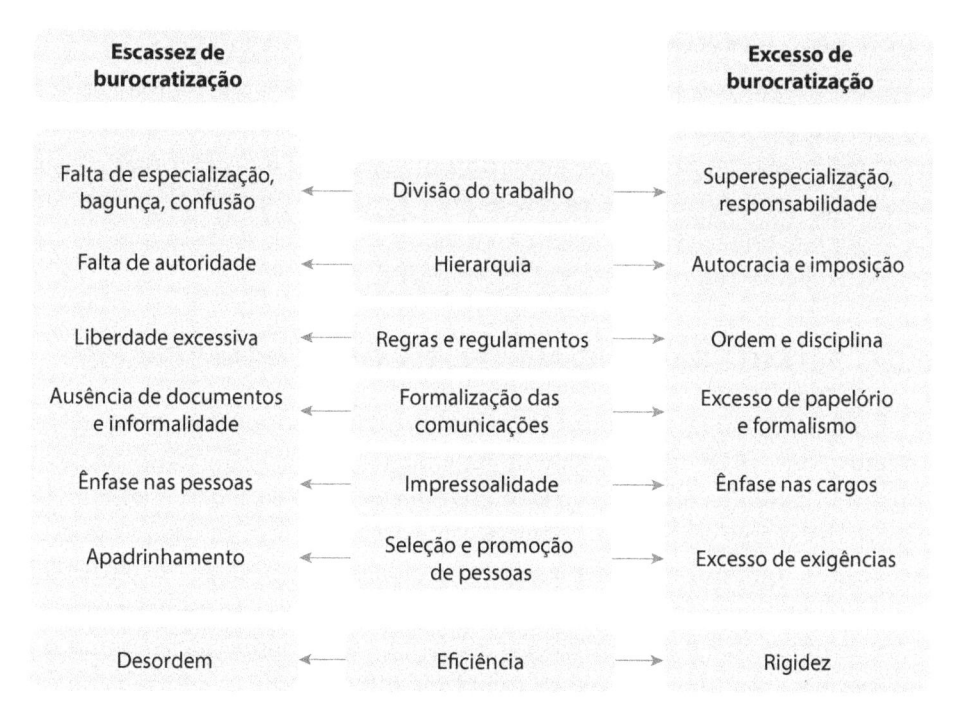

Escassez de burocratização		Excesso de burocratização
Falta de especialização, bagunça, confusão	← Divisão do trabalho →	Superespecialização, responsabilidade
Falta de autoridade	← Hierarquia →	Autocracia e imposição
Liberdade excessiva	← Regras e regulamentos →	Ordem e disciplina
Ausência de documentos e informalidade	← Formalização das comunicações →	Excesso de papelório e formalismo
Ênfase nas pessoas	← Impressoalidade →	Ênfase nas cargos
Apadrinhamento	← Seleção e promoção de pessoas →	Excesso de exigências
Desordem	← Eficiência →	Rigidez

Figura 6.2 Os graus de burocratização.[22]

6.4 IMPLICAÇÕES DO MODELO BUROCRÁTICO

O modelo burocrático proporciona uma maneira racional de organizar para alcançar objetivos específicos. As principais críticas ao modelo são:[23]

- Excessivo racionalismo para alcançar eficientemente seus objetivos.
- Mecanicismo e limitações típicas da teoria da máquina pelo arranjo rígido e estático de órgãos para cumprir tarefas utilizando especialização e padronização do desempenho e centralização para obter unidade de comando.
- Abordagem de sistema fechado visualizando as organizações como entidades absolutas que existem no vácuo, com pouco intercâmbio com o ambiente externo e entre as partes internas da organização.
- Total omissão da organização informal.
- Conservantismo e falta de flexibilidade da organização e conformismo das pessoas que se tornam obtusas e condicionadas.
- Utiliza um sistema rígido e ultrapassado de autoridade e controle.
- Foi uma excelente invenção para o século 19 e hoje impede a criatividade e a inovação necessárias às mudanças atuais.
- O modelo burocrático é apropriado apenas para atividades rotineiras e repetitivas em que a eficiência e a produtividade são mais importantes.

Weber é o precursor do estruturalismo na TO,[24] embora seja mais identificado com a organização formal do que com a fusão da organização formal com a informal,[25] cuja síntese é a base do estruturalismo.[26] Seu modelo é mais consistente com as linhas gerais desenvolvidas por Taylor e Mooney.[27] Nesse sentido, há maior semelhança entre Weber e Urwick, Fayol, Gulick, entre outros, do que com seus sucessores, como Selznick, Gouldner e Etzioni.[28]

6.5 O ESTRUTURALISMO NA TEORIA DAS ORGANIZAÇÕES

Ao final da década de 1950, a teoria da burocracia conduziu a perspectiva estruturalista – movimento predominantemente europeu – inicialmente como uma visão crítica da organização formal e uma tentativa de alcançar a fusão das perspectivas anteriores da TO. O conceito de estrutura (do grego *struo* = ordenar) reflete uma composição de elementos formando uma totalidade. As partes são reunidas em um arranjo estruturado e estão subordinadas ao todo (estrutura). Uma modificação em alguma das partes implica em modificações nas outras e nas relações entre elas. Trata-se de uma forte influência do estruturalismo nas várias ciências e de uma antecipação à teoria de sistemas.

> **SAIBA MAIS** **Reconhecendo um rio por sua estrutura**
>
> Nos primórdios da história da filosofia, na Grécia Antiga, Heráclito já concebia o logos como uma unidade estrutural que domina o fluxo ininterrupto do devir e o torna inteligível. É a estrutura que permite reconhecer o mesmo rio, embora suas águas jamais sejam as mesmas devido à contínua mudança das coisas. A estrutura permite visualizar o conjunto das coisas. Em outras palavras, um observador poderá reconhecer o mesmo rio em outras visitas ao local, desde que sua estrutura não tenha sido alterada, apesar de um de seus elementos, a própria água, jamais ser o mesmo. Esse exemplo ajuda a explicar o que será visto adiante, ou seja, a visão de que quando o conjunto de dois ou mais elementos não se altera, uma mesma estrutura pode ser analisada e percebida em diversas áreas e campos.

Estrutura é o conjunto formal de dois ou mais elementos e que permanece inalterado, seja na mudança, seja na diversidade de conteúdo. A estrutura mantém-se mesmo com a alteração de um dos seus elementos ou das relações entre eles. O estruturalismo é uma metodologia analítica e comparativa que estuda os elementos em função da totalidade e reiniciou a preocupação com as estruturas em prejuízo das funções. Ele é basicamente comparativo.[29]

O estruturalismo está voltado para o todo e com o relacionamento das partes na constituição do todo. A totalidade, a interdependência das partes e o fato de que o todo é maior do que a soma das partes são as características do estruturalismo.

6.5.1 Características do estruturalismo

O estruturalismo trouxe inovações e ampliações na TO. Suas principais características são:[30]

6.5.1.1 As organizações

As organizações constituem a forma dominante de instituição da sociedade moderna: representam a manifestação de uma sociedade especializada e interdependente que se caracteriza por uma crescente melhoria do padrão de vida. As organizações permeiam todos os aspectos da vida moderna e envolvem a participação de numerosas pessoas. A perspectiva estruturalista concentra-se no estudo das organizações, na sua estrutura interna e na interação com outras organizações. As organizações são "unidades sociais intencionalmente construídas e reconstruídas a fim de atingir objetivos específicos. As organizações se caracterizam por um 'conjunto de relações sociais estáveis e deliberadamente criadas com a explícita intenção de alcançar objetivos ou propósitos'".[31] Assim, "a organização é uma unidade social dentro da qual as pessoas alcançam relações estáveis entre si – não necessariamente face a face – no sentido de facilitar o alcance de um conjunto de objetivos ou metas".[32]

As burocracias constituem um tipo específico de organização: as organizações formais que constituem uma forma de agrupamento social estabelecida de maneira deliberada ou proposital para alcançar um objetivo específico.[33] Elas se caracterizam por regras, regulamentos e estrutura hierárquica para ordenar as relações entre seus membros. Reduzem as incertezas decorrentes da variabilidade humana (diferenças individuais entre as pessoas), têm as vantagens da especialização, facilitam o processo decisório e asseguram a implementação das decisões tomadas. As organizações formais por excelência são as burocracias. E entre as organizações formais avultam as organizações complexas, que se caracterizam pelo alto grau de complexidade na estrutura e nos processos devido ao tamanho ou à natureza complicada das suas operações, como os hospitais e as universidades.

> **SAIBA MAIS**
>
> **As organizações complexas**
>
> Mintzberg explica as organizações complexas como sendo uma burocracia profissional, que possui uma visão dual.
>
> Complexo é o que encerra muitos elementos ou partes de difícil compreensão.[34] Ao levarmos essa definição do dicionário para as organizações consideradas complexas, fica mais fácil de entender o conceito. Uma universidade, por exemplo, é uma das instituições complexas mais antigas que se conhece.[35] Tem esse conceito, pois é dotada de características muito peculiares, que a diferença de outras organizações empresariais. Uma universidade é caracterizada por sua pluralidade, diversidade e tem uma estrutura de poder e de tomada de decisões muito dispersa. Apesar de possuir regras, normas, hierarquia e autoridade, os profissionais possuem autonomia para tomada de decisões, sem necessariamente prestar contas para a hierarquia.[36]

6.5.1.2 A sociedade de organizações

O estruturalismo ampliou o estudo das interações entre grupos sociais para as interações entre organizações sociais. A sociedade moderna é uma sociedade de organizações das quais as pessoas passam a depender para nascer, viver e até morrer.[37] As organizações interagem entre si da mesma forma como os grupos sociais.

6.5.1.3 Análise das organizações

Os estruturalistas utilizam uma análise organizacional mais ampla que a das teorias anteriores, por meio de uma abordagem múltipla:[38]

- **Organização formal e organização informal**: o relacionamento entre a organizações formal e informal dentro de uma abordagem múltipla. Encontrar equilíbrio entre os elementos racionais e não racionais do comportamento humano constitui o ponto principal da vida, da sociedade e do pensamento modernos. Constitui o problema central da TO.
- **Recompensas materiais e sociais**: os estruturalistas abrangem todas as recompensas utilizadas pela organização para motivar as pessoas.
- **Diferentes enfoques da organização**: as organizações podem ser concebidas segundo duas diferentes concepções: modelo racional e modelo do sistema natural,[39] conforme Quadro 6.3. Em todas as organizações podem ser vistos elementos de ambos os sistemas.

Quadro 6.3 O modelo racional e o modelo natural[40]

Modelo de organização	Lógica utilizada	Características	Abordagens típicas
Racional	Sistema fechado	▪ Visão focalizada apenas nas partes internas do sistema, com ênfase no planejamento e no controle ▪ Expectativa de certeza e de previsibilidade	▪ Administração Científica de Taylor ▪ Teoria Clássica de Fayol ▪ Teoria da Burocracia de Weber
Natural	Sistema aberto	▪ Visão focalizada sobre o sistema e sua interdependência com o ambiente ▪ Expectativa de incerteza e de imprevisibilidade ▪ Surgimento da organização informal	▪ Modernas teorias da Administração fundamentadas na Teoria de Sistemas

- **Níveis organizacionais**: as organizações se caracterizam por uma hierarquia de autoridade, isto é, pela diferenciação de poder, como vimos no modelo burocrático weberiano. Para Parsons,[41] as organizações se defrontam com uma multiplicidade de problemas que são classificados e categorizados para que a responsabilidade por sua solução seja atribuída a diferentes níveis hierárquicos. Assim, as organizações se desdobram em três níveis organizacionais:[42]

a. **Nível institucional**: é o nível organizacional mais elevado, composto dos dirigentes e dos altos executivos. É denominado nível estratégico, pois é o responsável pela definição dos objetivos e das estratégias organizacionais, lida com os assuntos relacionados com a totalidade da organização e com o longo prazo. É o nível que se relaciona com o ambiente externo da organização.

b. **Nível gerencial**: é o nível intermediário, situado entre o nível institucional e o nível técnico, e que cuida do relacionamento e da integração desses dois níveis. O nível gerencial transforma as decisões tomadas no nível institucional em planos e programas para que o nível técnico os execute. Para tanto, detalha os objetivos, capta os recursos necessários para alocá-los na organização e gerencia as atividades do nível técnico no médio prazo.

c. **Nível técnico**: é o nível mais baixo da organização. É chamado nível operacional e é onde as tarefas são executadas, os programas são cumpridos e as técnicas são aplicadas. Cuida da execução das operações e das tarefas. É focado no curto prazo e segue programas desenvolvidos no nível gerencial.

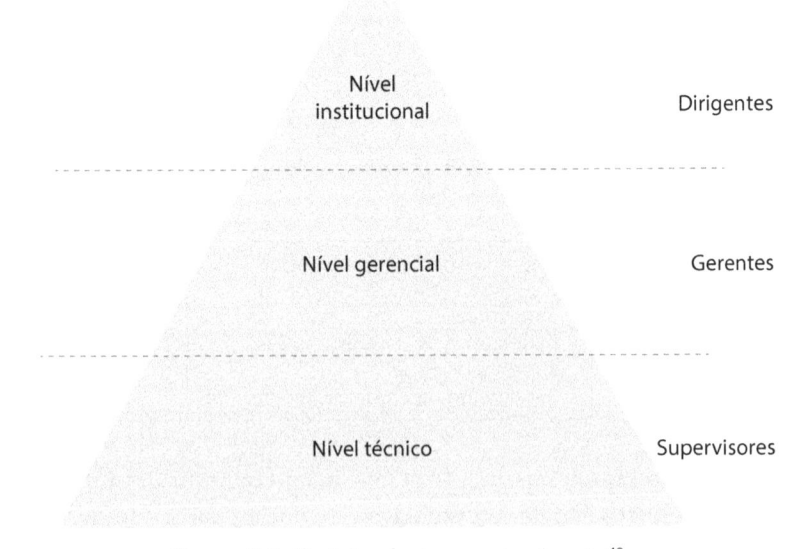

Figura 6.3 Os três níveis organizacionais.[43]

- **Diversidade de organizações**: os estruturalistas ampliam o campo da análise da organização para incluir vários tipos de organizações: pequenas, médias e grandes, públicas e privadas, produtoras de bens, prestadoras de serviços, comerciais, agrícolas, militares, religiosas, filantrópicas, partidos políticos, prisões, sindicatos etc.[44]
- **Análise interorganizacional**: as perspectivas anteriores abordaram apenas os fenômenos internos da organização como um modelo racional. Os estruturalistas utilizam as análises intra e interorganizacional. Tanto a análise interna quanto a análise externa como um sistema aberto envolvem relações com outras organizações do ambiente externo.

6.6 TIPOLOGIA DAS ORGANIZAÇÕES

Todas as organizações são diferentes entre si e apresentam enorme variabilidade. Contudo, existem características que permitem classificá-las em classes ou tipos. As classificações, tipologias ou taxonomias[45] permitem uma análise comparativa das organizações por meio de uma característica comum ou de uma variável relevante.

6.6.1 Tipologia de Etzioni

Segundo Etzioni, as organizações utilizam meios de controle físico (sanções ou ameaças físicas), material (por meio de recompensas ou punições materiais ou salariais) ou, ainda, simbólico (controle normativo, moral ou ético e baseado em símbolos, valores sociais ou fé, crença ou ideologia).[46] Cada tipo de controle provoca um padrão de obediência em função do interesse em obedecer ao controle. A tipologia de organizações de Etzioni classifica as organizações com base no uso e no significado da obediência:[47]

- **Organizações coercitivas**: o poder é imposto pela força física ou controles baseados em prêmios ou punições. O envolvimento dos participantes tende a ser alienativo em relação aos objetivos da organização. É o caso de prisões, campos de concentração, instituições penais etc.
- **Organizações utilitárias**: o poder baseia-se no controle dos incentivos econômicos. Utilizam a remuneração como base principal de controle. As pessoas contribuem para a organização com um envolvimento calculativo baseado nos benefícios que esperam obter. É o caso das empresas.
- **Organizações normativas**: o poder baseia-se no consenso sobre objetivos e métodos da organização. Utilizam o controle moral para influenciar os participantes devido ao elevado envolvimento moral. É o caso das igrejas, das

universidades, dos hospitais, das organizações políticas e sociais, das organizações voluntárias e das organizações não governamentais (ONGs).

Quadro 6.4 Tipologia de organizações de Etzioni[48]

Tipos de organizações	Tipo de poder	Controle utilizado	Ingresso e permanência dos participantes	Envolvimento pessoal dos participantes	Exemplos
Coercitivas	Coercitivo	Prêmios e punições	Coação, imposição, força, ameaça, medo	Alienativo, com base no temor	Prisões e penitenciárias
Normativas	Normativo	Moral e ético	Convicção, fé, crença, ideologia	Moral e motivacional como autoexpressão	Igrejas, hospitais, universidades
Utilitárias	Remunerativo	Incentivos econômicos	Interesse, vantagem percebida	Calculativo Busca de vantagens	Empresas em geral

6.6.2 Tipologia de Blau e Scott

As organizações existem para proporcionar benefícios ou resultados para a comunidade. A tipologia de Blau e Scott se baseia no beneficiário principal (princípio do "*cui bono*"): quem se beneficia com a organização. Os benefícios para a parte principal são a essência da existência da organização.[49] A tipologia mostra quatro tipos de participantes que se beneficiam:

1. Os próprios membros da organização.
2. Os proprietários, dirigentes ou acionistas da organização.
3. Os clientes da organização.
4. O público em geral.

Assim, existem quatro tipos básicos de organizações:
1. **Associações de benefícios mútuos**: os beneficiários principais são os próprios membros da organização. Exemplos: associações profissionais, cooperativas, sindicatos, fundos mútuos, consórcios etc.
2. **Organizações de interesses comerciais**: os proprietários ou acionistas são os principais beneficiários da organização. Exemplos: empresas privadas, sociedades anônimas ou sociedades de responsabilidade limitada.

Capítulo 6 – A Organização na Perspectiva Estruturalista 93

3. **Organizações de serviços**: o beneficiário principal é um grupo de clientes. Exemplos: hospitais, universidades, escolas, organizações religiosas, agências sociais e ONGs.
4. **Organizações de Estado**: o beneficiário é o público em geral. Exemplos: organização militar, correios, instituições jurídicas e penais, segurança pública, saneamento básico etc.

Quadro 6.5 Tipologia de organizações de Blau e Scott[50]

Beneficiário principal	Tipo de organização	Exemplos
Os próprios membros da organização	Associação de beneficiários mútuos	Associações profissionais, cooperativas, sindicatos, fundos mútuos, consórcios etc.
Os proprietários ou acionistas da organização	Organizações de interesses comerciais	Sociedades anônimas ou empresas familiares
Os clientes	Organizações de serviços	Hospitais, universidades, organizações religiosas e agências sociais, organizações filantrópicas
O público em geral	Organizações de Estado	Organização militar, segurança pública, correios e telégrafos, saneamento básico, organização jurídica e penal

6.7 OBJETIVOS ORGANIZACIONAIS

As organizações são unidades sociais que buscam atingir objetivos específicos: sua razão de ser é servir a tais objetivos. Um objetivo organizacional é uma situação desejada que a organização tenta atingir. Se o objetivo é atingido, ele deixa de ser a imagem orientadora da organização e é incorporado a ela como algo real e atual.

A eficiência da organização é medida pelo alcance dos objetivos.[51] As organizações podem ter simultaneamente dois ou mais objetivos ou podem acrescentar novos objetivos aos originais. No campo acadêmico, existem organizações que combinam ensino e pesquisa. Alguns hospitais funcionam também como centros de preparação para médicos ou centros de pesquisas.

Os objetivos organizacionais têm várias funções:[52]

- Pela apresentação de uma situação futura.
- Os objetivos constituem uma fonte de legitimidade que justifica as atividades da organização.

- Os objetivos servem como padrões, podem avaliar o êxito da organização, a sua eficiência e o seu rendimento.
- Os objetivos servem como unidade de medida para avaliar e comparar a produtividade da organização.

A definição de objetivos é intencional, mas nem sempre racional. Trata-se de um processo de interação entre a organização e o ambiente. O estudo dos objetivos das organizações identifica as relações entre a organização e a sociedade em geral.[53] A sociedade está em constante mudança. Essas mudanças criam novas necessidades de mudanças que vão exigir ajustes adicionais. Assim, fatores internos ou externos provocam mudanças nos objetivos organizacionais. Há uma relação íntima entre objetivos organizacionais e o meio.[54] A estrutura de objetivos define a base para a relação entre a organização e o seu ambiente.

6.8 AMBIENTE ORGANIZACIONAL

As organizações vivem em um mundo humano, social, político, econômico etc. Elas existem em um contexto que denominamos ambiente. Ambiente é tudo o que envolve externamente uma organização. Para os estruturalistas, o ambiente é constituído das outras organizações que formam a sociedade.

Dois conceitos são fundamentais para a análise interorganizacional: o conceito de interdependência das organizações e o conceito de conjunto organizacional.

6.8.1 Interdependência das organizações com a sociedade

Nenhuma organização é autônoma ou autossuficiente. Toda organização depende de outras organizações e da sociedade em geral para poder sobreviver. Existe uma interdependência das organizações com a sociedade em geral em função das complexas interações entre elas. Isso provoca mudanças frequentes nos objetivos organizacionais à medida que ocorrem mudanças no ambiente externo e o controle ambiental sobre a organização que limita sua liberdade de agir.

6.8.2 Conjunto organizacional[55]

O ponto de partida para o estudo das relações interorganizacionais é o conceito de conjunto de papéis desenvolvido por Merton.[56] Conjunto de papéis consiste no complexo de papéis e relações de papéis que o ocupante de um dado *status* tem em virtude de ocupar o *status*. O conceito de conjunto organizacional é análogo ao de conjunto de papéis. Cada organização ou classe de organizações tem interações com uma cadeia de organizações em seu ambiente formando um conjunto organizacional. A organização que serve como ponto de referência é a organização focal. As relações entre organização focal e seu conjunto organizacional são medidas pelos conjuntos de papéis de seu pessoal de interface ou de fronteira, isto é, pelo seu pessoal que está em contato com outras organizações. Os estruturalistas inauguram um novo ciclo na teoria administrativa: o gradativo desprendimento daquilo que ocorre dentro das organizações para aquilo que ocorre fora delas. A ênfase sobre o ambiente começa por aqui.

> Aumente seus conhecimentos sobre **Conflitos organizacionais** na seção *Saiba mais ITO 6.1*

6.9 IMPLICAÇÕES DA PERSPECTIVA ESTRUTURALISTA

Ao contrário das perspectivas anteriores – prescritivas, normativas e focadas em prescrições e receituários –, a perspectiva estruturalista é descritiva e explicativa, preocupada em descrever, analisar e explicar as organizações. Suas principais contribuições são:[57]

- **Convergência de várias perspectivas divergentes**: o estruturalismo é uma convergência das várias perspectivas anteriores em uma tentativa de integração e ampliação por meio de uma abordagem múltipla na análise das organizações.
- **Ampliação da abordagem**: o estruturalismo muda o foco de atenção no indivíduo (perspectiva clássica) e no grupo (perspectiva humanística) para a estrutura da organização como um todo. A organização é tratada como um sistema social e cuja estrutura deve ser estudada em si mesma. A ênfase desloca-se para a organização que se torna o foco de atenção do analista. A visão é mais ampla.
- **Análise organizacional mais ampla**: os estruturalistas ampliaram o estudo de organizações não industriais e de organizações não lucrativas, como escolas, universidades, hospitais, sindicatos, penitenciárias etc. O estruturalismo trata das organizações complexas e do estudo e da análise das organizações formais.
- **Análise crítica**: a perspectiva estruturalista pode ser denominada de teoria de crise, pois tem mais a dizer sobre os problemas e as patologias das organizações complexas do que sobre a sua normalidade. Os estruturalistas são críticos e revisionistas.

- **Perspectiva de transição e mudança**: trata-se de uma perspectiva de transição e de mudança na qual as organizações parecem estar em crescimento acelerado.

A perspectiva estruturalista envolve a tentativa de conciliação e integração dos conceitos clássicos e humanísticos, a visão crítica do modelo burocrático, a ampliação da abordagem das organizações envolvendo o contexto ambiental e as relações interorganizacionais (variáveis externas), além do redimensionamento das variáveis organizacionais internas (múltipla abordagem estruturalista) e do avanço à abordagem sistêmica. Em síntese, o estruturalismo representa uma trajetória rumo à abordagem sistêmica.

Quadro 6.6 Confronto entre o modelo burocrático e a perspectiva estruturalista[58]

Aspectos	Modelo burocrático	Perspectiva estruturalista
Ênfase	Estrutura organizacional	Estrutura organizacional, pessoas e ambiente
Abordagem	Organização formal	Organizações formal e informal
Enfoque	Sistema fechado Teoria da Máquina	Sistema natural ou orgânico (sistema aberto)
Conceito de organização	Sistema social como um conjunto de funções oficiais	Sistema social intencionalmente construído e reconstruído para atingir objetivos
Caráter da Administração	Sociologia da burocracia Abordagem simplista	Sociologia organizacional Sociedade de organizações e abordagem múltipla
Comportamento humano	Ser isolado que reage como ocupante de cargo ou de posição hierárquica	Ser social que desempenha papéis dentro de várias organizações
Concepção do homem	Homem organizacional	Homem organizacional
Relação entre objetivos	Prevalência dos objetivos organizacionais	Balanço entre objetivos organizacionais e individuais
Preocupação	Eficiência máxima	Eficiência e eficácia

QUESTÕES PARA REVISÃO

1. Qual é o conceito de burocracia de Max Weber?
2. Para Weber, qual é o conceito de autoridade?
3. Quais são as oito características da burocracia?
4. Qual é a característica da burocracia cujo conceito é considerar as pessoas somente como ocupantes de cargos e funções?
5. Quais são as principais vantagens da burocracia?
6. Explique o significado da expressão "racionalidade burocrática".
7. Explique as nove principais disfunções da burocracia.
8. Explique o conceito de **estrutura** e sua implicação para a Administração.
9. Quais são as características do estruturalismo?
10. Explique o conceito de organização formal.
11. O que significa a frase "a organização é uma unidade social"?
12. Qual é a diferença entre uma organização formal e uma organização informal? Cite exemplos.
13. Para o modelo estruturalista, qual é a função das recompensas materiais e sociais?
14. Explique quais são os níveis organizacionais.
15. Explique o significado de **modelo racional** e **modelo natural**.
16. Como o poder é tratado conforme a tipologia organizacional de Etzioni?
17. Quais são as funções dos objetivos organizacionais?
18. O que são conflitos organizacionais?
19. Defina e exemplifique **organizações complexas**.

REFERÊNCIAS

1. WEBER, M. *The Protestant Ethic and the Spirit of Capitalism*. Nova York: Scribner, 1958. Trad. brasileira: *A Ética Protestante e o Espírito do Capitalismo*. São Paulo: Livraria Pioneira Editora, 1967.
2. CHIAVENATO, I. *Introdução à Teoria Geral da Administração*. 10. ed. São Paulo: Atlas, 2020.
3. CHIAVENATO, I. *Introdução à Teoria Geral da Administração, op. cit.*
4. CHIAVENATO, I. *Introdução à Teoria Geral da Administração, op. cit.*
5. CHIAVENATO, I. *Introdução à Teoria Geral da Administração, op. cit.*

6. MERTON, R. K. *apud* ETZIONI, A. Estrutura Burocrática e Personalidade. *In*: *Organizações complexas*. São Paulo: Atlas, 1967. p. 57-58.
7. PIVETTA, N. P.; CAMPOS, S. A. P., SCHERER, F. L. A Influência do Modelo Weberiano de Burocracia na Escola Clássica, Escola de Relações Humanas e Abordagem Comportamental. *Revista de Administração IMED*, v. 8, n. 2, p. 90-117, 2018.
8. CHIAVENATO, I. *Introdução à Teoria Geral da Administração, op. cit.*
9. MOUZELIS, N. P. Weber's Political Sociology. *In*: *Organization and Bureaucracy*. Chicago: Aldine Publishing, 1968.
10. WEBER, M. *apud* ETZIONI, A. Os Três Aspectos da Autoridade Legítima. *In*: *Organizações complexas*. São Paulo: Atlas, 1965, p. 17.
11. CHIAVENATO, I. *Introdução à Teoria Geral da Administração, op. cit.*
12. CHIAVENATO, I. *Introdução à Teoria Geral da Administração, op. cit.*
13. MERTON, R. K. et al. *Readers in Bureaucracy*. Glencoe: The Free Press, 1952; *Social Theory and Social Structure*. Glencoe: The Free Press, 1957.
14. CHIAVENATO, I. *Introdução à Teoria Geral da Administração, op. cit.*, p. 266.
15. CHIAVENATO, I. *Introdução à Teoria Geral da Administração, op. cit.*
16. KARTZ, D.; KAHN, R. L. *Psicologia Social das Organizações*. São Paulo, Atlas, 1977. p. 227.
17. CHIAVENATO, I. *Introdução à Teoria Geral da Administração, op. cit.*, p. 269.
18. CHIAVENATO, I. *Introdução à Teoria Geral da Administração, op. cit.*, p. 268.
19. HALL, R. H. The Concept of Bureaucracy: an empirical assessment. *American Journal of Sociology*, n. 60, p. 32-40, jul. 1962.
20. HALL, R. H. The Concept of Bureaucracy: an empirical assessment. *American Journal of Sociology, op. cit.*, p. 33.
21. HALL, R. H. *Organizaciones*: estructura y proceso. Madri: Prentice-Hall Internacional, 1973. p. 61-64.
22. CHIAVENATO, I. *Introdução à Teoria Geral da Administração, op. cit.*, p. 277.
23. CHIAVENATO, I. *Introdução à Teoria Geral da Administração, op. cit.*, p. 276-282.
24. ETZIONI, A. *Organizações Modernas*. São Paulo: Pioneira, 1967, p. 81.
25. MARCH, J. O.; SIMON, H. A. *Teoria das Organizações*. Rio de Janeiro: Fundação Getulio Vargas, 1967.
26. KAST, F. E.; ROSENZWEIG, J. E. *Organization and Management*: a systems approach, *op. cit.*, p. 73.
27. KAST, F. E.; ROSENZWEIG, J. E. *Organization and management*: a systems approach, *op. cit.*, p. 73.
28. MARCH, J. G.; SIMON, H. A. *Teoria das Organizações*. Rio de Janeiro: Fundação Getulio Vargas, 1967.

29. CHIAVENATO, I. *Introdução à Teoria Geral da Administração, op. cit.*, p. 289.
30. CHIAVENATO, I. *Introdução à Teoria Geral da Administração, op. cit.*, p. 290-293.
31. PARSONS, T. *Structure and Process in Modern Society.* Glencoe: The Free Press, 1960. p. 17.
32. STINCHCOMBE, A. L. Social Structure and Organizations. *In*: MARCH, J. G. (ed.). *Handbook of Organizations.* Chicago: Rand McNally College Publishing, 1965. p. 142.
33. LITTERER, J. A. *Organizations*: structure and behavior. Nova York: John Wiley & Sons, 1963. p. 5.
34. MICHAELIS. Disponível em: https://michaelis.uol.com.br/moderno-portugues/busca/portugues-brasileiro/complexo. Acesso em: 26 jul. 2022.
35. MINTZBERG, H. *The Structuring of Organizations*: a synthesis of the research. Englewood Cliffs: Prentice Hall, 1979.
36. MAINARDES, E. W. *Gestão de Universidades Baseada no Relacionamento com os seus Stakeholders.* 2010. Tese (Doutorado em Gestão) – Universidade da Beira Interior Ciências Sociais e Humanas, Covilhã, 2010.
37. PRESTHUS, R. *The Organizational Society.* Nova York: Vintage Books, 1965.
38. CHIAVENATO, I. *Introdução à Teoria Geral da Administração, op. cit.*, p. 293-297.
39. CHIAVENATO, I. *Introdução à Teoria Geral da Administração, op. cit.*, p. 294-295.
40. CHIAVENATO, I. *Introdução à Teoria Geral da Administração, op. cit.*, p. 295.
41. PARSONS, T. Suggestions for a Sociologial Approach to the Theory of Organizations. *Administrative Science Quarterly*, p. 67, jun. 1956.
42. PARSONS, T. Some Ingredients of a General Theory of Formal Organization. *In*: *Structure and Process in Modern Society.* Administrative Science Quartely, 1956.
43. PARSONS, T. Some Ingredients of a General Theory of Formal Organization. *In*: *Structure and Process in Modern Society, op. cit.*
44. ETZIONI, A. *Organizações Modernas, op. cit.*, p. 79.
45. ETZIONI, A. *Organizações Modernas, op. cit.*, p. 94-98.
46. ETZIONI, A. *Organizações Modernas, op. cit.*, p. 94-98.
47. ETZIONI, A. *A Comparative Analysis of Complex Organizations.* Glencoe: The Free Press, 1961.
48. CHIAVENATO, I. *Introdução à Teoria Geral da Administração, op. cit.*, p. 299.
49. BLAU, P. M.; SCOTT, W. R. *Organizações Formais.* São Paulo: Atlas, 1970. p. 54-74.
50. CHIAVENATO, I. *Introdução à Teoria Geral da Administração, op. cit.*, p. 300.

51. SILLS, D. L. *apud* ETZIONI, A. A Modificação de Objetivos. *In*: *Organizações Complexas*, *op. cit.*, p. 148-160.
52. ETZIONI, A. *Organizações Modernas*, *op. cit.*, p. 13-35.
53. ETZIONI, A. *Organizações Modernas*, *op. cit.*, p. 146-148.
54. EVAN, W. M. The Organization-Set: toward a Theory of Interorganizational Relations. *In*: THOMPSON, J. D. (org.). *Approaches to Organizational Design*. Pittsburg: University of Pittsburg Press, 1966. p. 177-180.
55. THOMPSON, J. D.; MCEWEN, W. J. Objetivos de Organização e Ambiente: estabelecimento do objetivo como um processo de interação. *In*: CARTWRIGHT, D.; ZANDER, A. *Dinâmica de Grupo, Pesquisa e Teoria*. São Paulo: 1975. p. 590-597.
56. EVAN, W. M. The Organization-Set: toward a Theory of Interorganizational Relations. *In*: THOMPSON, J. D. (org.). *Approaches to Organizational Design*. Pittsburg: University of Pittsburg Press, 1966. p. 177-180.
57. CHIAVENATO, I. *Introdução à Teoria Geral da Administração*, *op. cit.*, p. 313-315.
58. CHIAVENATO, I. *Introdução à Teoria Geral da Administração*, *op. cit.*, p. 315.

7 A ORGANIZAÇÃO NA PERSPECTIVA COMPORTAMENTAL

> **O QUE VEREMOS ADIANTE**
> - Estilos de gestão.
> - Sistemas de Administração.
> - Organização como um sistema social cooperativo.
> - Proposições sobre a motivação humana.
> - Processo decisório.
> - Comportamento organizacional.
> - Conflito entre objetivos organizacionais e objetivos individuais.
> - Proposições sobre liderança.
> - Implicações da perspectiva comportamental.
> - Questões para revisão.

A perspectiva comportamental (ou *behaviorista*) surge no final da década de 1940 e trouxe um novo enfoque na Teoria das Organizações (TO) com a influência das ciências do comportamento, o abandono das posições normativas e prescritivas das perspectivas anteriores e a adoção de posições explicativas e descritivas. A ênfase está nas pessoas, mas dentro do contexto organizacional mais amplo. Essa perspectiva não deve ser confundida com a escola behaviorista desenvolvida na Psicologia por Watson.[1] Esta evoluiu para a chamada psicologia social e, posteriormente, para a psicologia organizacional.

A perspectiva comportamental tem o seu início com Herbert Alexander Simon, com seu livro sobre comportamento administrativo.[2] A oposição entre a perspectiva humanística e a clássica requeria uma síntese da organização formal e da organização informal. A perspectiva comportamental representa um desdobramento da perspectiva humanística.

7.1 ESTILOS DE GESTÃO

A administração das organizações, em geral, e das empresas, particularmente, é condicionada pelos estilos de gestão dos administradores que dirigem o comportamento das pessoas. Tais estilos de gestão dependem das convicções dos administradores a respeito do comportamento humano na organização. Essas convicções moldam a maneira de conduzir as pessoas e também a maneira pela qual se planeja, organiza e controla as atividades. As organizações são projetadas e administradas de acordo com certas perspectivas e cada uma delas se baseia em convicções sobre como as pessoas se comportam dentro das organizações.

7.1.1 Teoria X e Teoria Y

McGregor[3] compara dois estilos de gestão opostos e antagônicos: de um lado, um estilo baseado na teoria tradicional, mecanicista e pragmática (a que deu o nome de Teoria X), e de outro lado, um estilo baseado nas concepções modernas a respeito do comportamento humano (a que denominou Teoria Y).

- **Teoria X**: é a concepção tradicional que se baseia em convicções errôneas e distorcidas sobre o comportamento humano:
  - **As pessoas são indolentes e preguiçosas**: evitam o trabalho ou trabalham o mínimo possível em troca de recompensas salariais.
  - **Falta-lhes ambição**: não assumem responsabilidades e preferem ser dirigidas e ficarem seguras nessa dependência. São egocêntricas e seus objetivos pessoais são contrários aos objetivos da organização.
  - **Sua natureza as leva a resistirem às mudanças**: procuram segurança e pretendem não assumir riscos que exponham ao perigo.
  - **Sua dependência elimina seu autocontrole e autodisciplina**: elas precisam ser dirigidas e controladas pela administração.

  Essas concepções e premissas a respeito da natureza humana levam a um estilo de gestão duro, rígido e autocrático e que faz as pessoas trabalharem em esquemas e padrões planejados e organizados, tendo em vista o alcance dos objetivos da organização. As pessoas são vistas como meros recursos passivos ou meios de produção e que são motivadas por incentivos econômicos (salários). A Teoria X representa o estilo da Administração Científica e da perspectiva clássica. Ela bitola a iniciativa pessoal, exclui a criatividade e reduz a atividade humana à mera rotina do método de trabalho.

- **Teoria Y**: é a concepção da perspectiva comportamental e baseia-se em concepções e premissas atuais a respeito da natureza humana:

- **As pessoas não têm desprazer inerente em trabalhar**: o trabalho pode ser fonte de satisfação e recompensa (quando voluntariamente desempenhado) ou fonte de punição (quando evitado sempre que possível). O esforço físico ou mental no trabalho é tão natural quanto jogar ou descansar.
- **As pessoas não são passivas ou resistentes às necessidades da organização**: elas podem tornar-se assim como resultado de sua experiência negativa em outras organizações.
- **As pessoas têm motivação, potencial de desenvolvimento, padrões de comportamento adequados e capacidade para assumir responsabilidades**: podem exercitar autodireção e autocontrole a serviço dos objetivos da organização. O controle externo e a ameaça de punição não são os únicos meios de obter dedicação e esforço para alcançar objetivos organizacionais.
- **O homem médio aprende a aceitar ou buscar responsabilidade**: a fuga à responsabilidade, a falta de ambição e a preocupação com segurança pessoal são consequências da experiência insatisfatória e não uma característica humana inerente a todas as pessoas. Tal comportamento não é causa, mas efeito.
- **A capacidade de imaginação e criatividade na solução de problemas organizacionais é amplamente – e não escassamente – distribuída entre as pessoas**: na vida moderna, as potencialidades intelectuais das pessoas são apenas parcialmente utilizadas.

Em função dessas concepções e premissas a respeito da natureza humana, a Teoria Y mostra um estilo de administração aberto, dinâmico e democrático, por meio do qual administrar se torna um processo de criar oportunidades, liberar potenciais, remover obstáculos, encorajar o crescimento individual e proporcionar orientação quanto a objetivos.

Quadro 7.1 Teoria X e Teoria Y como diferentes concepções da natureza humana[4]

Pressuposições da Teoria X	Pressuposições da Teoria Y
▪ As pessoas são preguiçosas e indolentes	▪ As pessoas são esforçadas e gostam de ter o que fazer
▪ As pessoas evitam o trabalho	
▪ As pessoas evitam a responsabilidade para se sentirem mais seguras	▪ O trabalho é uma atividade tão natural como brincar ou descansar
▪ As pessoas precisam ser controladas e dirigidas	▪ As pessoas procuram e aceitam responsabilidades e desafios
▪ As pessoas são ingênuas e sem iniciativa	▪ As pessoas podem ser automotivadas e autodirigidas
	▪ As pessoas são criativas e competentes

A Teoria Y é aplicada nas organizações por meio de um estilo de direção baseado em medidas inovadoras e humanistas:[5]

- **Descentralização das decisões e delegação de responsabilidades**: para permitir liberdade e autonomia para as pessoas e para que assumam desafios e satisfaçam suas necessidades de autorrealização.
- **Ampliação do cargo**: para maior significado do trabalho. A especialização é substituída pela ampliação do cargo por meio de sua reorganização e extensão de atividades, para que as pessoas possam conhecer o significado do que fazem e ter uma ideia da sua contribuição para a organização.
- **Participação nas decisões e administração consultiva**: para participação das pessoas nas decisões que as afetam direta ou indiretamente e para que se comprometam com o alcance dos objetivos organizacionais.
- **Autoavaliação do desempenho**: os tradicionais programas de avaliação do desempenho, nos quais os chefes medem o desempenho dos subordinados como se fosse um produto que está sendo inspecionado ao longo da linha de montagem, são substituídos por programas de autoavaliação do desempenho, em que a participação das pessoas envolvidas é de importância capital. As pessoas são encorajadas a planejar e avaliar sua contribuição à organização e assumir responsabilidades.

7.2 SISTEMAS DE ADMINISTRAÇÃO

A administração das organizações é um processo relativo no qual não existem normas ou princípios universais válidos para todas as situações. A administração nunca é igual em todas as organizações e pode assumir feições diferentes dependendo de condições internas e externas. Likert[6] propõe uma classificação de sistemas de administração a partir de quatro variáveis: processo decisório, sistema de comunicação, relacionamento interpessoal e sistema de recompensas e punições. Em cada sistema administrativo, essas quatro variáveis apresentam diferentes características, como mostra o Quadro 7.2.

Quadro 7.2 Os quatro sistemas administrativos[7]

Variáveis principais	1	2	3	4
	Autoritário-coercitivo	Autoritário-benevolente	Consultivo	Participativo

(continua)

Capítulo 7 – A Organização na Perspectiva Comportamental

(continuação)

	1	2	3	4
Processo decisório	Totalmente centralizado na cúpula da organização	Centralizado na cúpula, mas permite alguma delegação, de caráter rotineiro	Consulta aos níveis inferiores, permitindo participação e delegação	Totalmente descentralizado A cúpula define políticas e controla os resultados
Sistema de comunicações	Muito precário. Somente comunicações verticais e descendentes carregando ordens	Relativamente precário, prevalecendo comunicações descendentes sobre as ascendentes	A cúpula procura facilitar o fluxo no sentido vertical (descendente e ascendente) e no horizontal	Sistemas de comunicação eficientes são fundamentais para o sucesso da empresa
Relações interpessoais	Provocam desconfiança Organização informal é vedada e considerada prejudicial Cargos confinam as pessoas	São toleradas, com condescendência Organização informal é incipiente e considerada uma ameaça à empresa	Certa confiança nas pessoas e nas relações A cúpula facilita a organização informal sadia	Trabalho em equipes Formação de grupos é importante Confiança mútua, participação e envolvimento grupal intensos
Sistemas de recompensas e punições	Utilização de punições e medidas disciplinares Obediência estrita aos regulamentos internos Raras recompensas (estritamente salariais)	Utilização de punições e medidas disciplinares, mas com menor arbitrariedade Recompensas salariais e raras recompensas sociais	Utilização de recompensas materiais (principalmente salários) Recompensas sociais ocasionais Raras punições ou castigos	Utilização de recompensas sociais e recompensas materiais e salariais Punições são raras e, quando ocorrem, são definidas pelas equipes

Os quatro sistemas mostram diferentes alternativas para administrar as organizações.[8]

- **Sistema 1**: refere-se ao sistema organizacional autoritário e autocrático e lembra a Teoria X. É encontrado em empresas que utilizam mão de obra intensiva e tecnologia rudimentar, pessoal de baixa qualificação e educação, como nas empresas de construção civil ou industrial.

- **Sistema 2**: é encontrado em empresas industriais com tecnologia mais apurada e mão de obra mais especializada, mas aplicando alguma forma de coerção para manter o controle sobre o comportamento das pessoas (como nas áreas de produção e montagens de empresas industriais, nos escritórios de fábricas etc.).

- **Sistema 3**: é utilizado em empresas de serviços (como bancos e financeiras) e em áreas administrativas de empresas industriais mais organizadas e avançadas em termos de relações com empregados.
- **Sistema 4**: lembra a Teoria Y e é encontrado em empresas que utilizam sofisticada tecnologia e pessoal altamente especializado (empresas de serviços de propaganda, consultoria em engenharia e em organização).

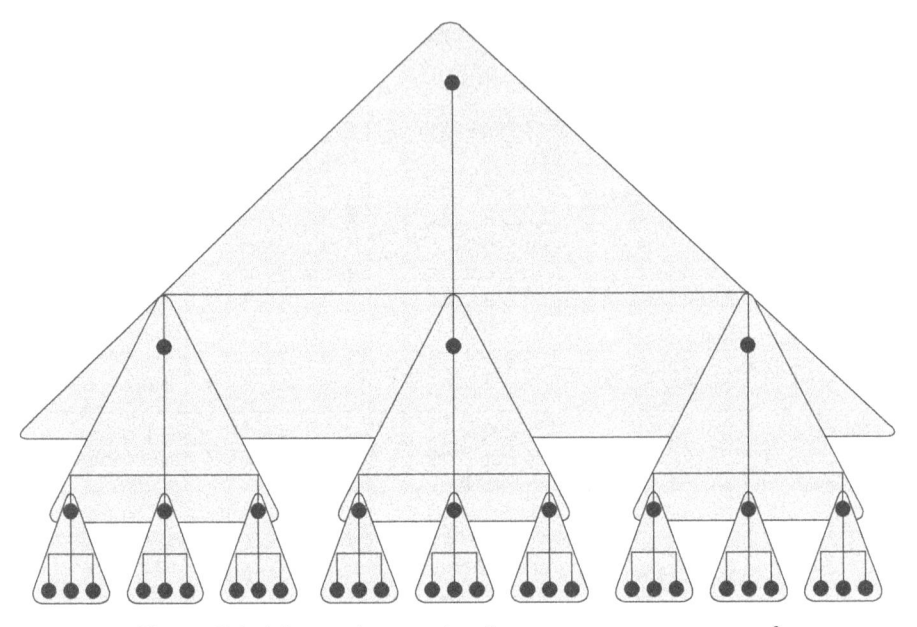

Figura 7.1 A forma de organização em grupos superpostos.[9]

A estrutura organizacional tradicional representada pelos Sistemas 1 e 2 utiliza a forma individual de gestão: o modelo de interação homem a homem, isto é, a vinculação direta e exclusiva entre superior e subordinado.

As novas estruturas organizacionais representadas pelos Sistemas 3 e 4 utilizam o modelo de organização grupal, no qual os grupos se superpõem e se vinculam por meio de elos de vinculação superposta, em que as pessoas que são membros de vários grupos que superpõem provocando uma dinâmica totalmente nova no sistema, como mostra a Figura 7.2.

O comportamento humano na organização pode ser explicado por meio de variáveis causais, que são as bases do comportamento humano (como estilo de administração, estratégias, estrutura organizacional, tecnologia etc.).

As variáveis intervenientes são itens de comportamento que provocam alteração no sistema (como lealdade, capacidades, atitudes, comunicações, interação humana, tomada de decisões etc.). As variáveis causais provocam estímulos que atuam nos indivíduos (variáveis intervenientes) e produzem respostas ou resultados, que são as variáveis de resultado.

Variáveis causais	Variáveis intervenientes	Variáveis resultantes
• Estrutura organizacional • Cultura organizacional • Políticas da organização • Estilo de gestão • Controles organizacionais	• Atitudes das pessoas • Motivações • Percepções das pessoas • Lealdade das pessoas • Comunicações • Interação humana • Tomada de decisões	• Satisfação • Produtividade • Qualidade do trabalho • Qualidade de vida • Resultados • Lucratividade • Bem-estar das pessoas

Figura 7.2 O modelo de organização de Likert.[10]

Aumente seus conhecimentos sobre **Impactos das variáveis causais** na seção *Saiba mais ITO 7.1*

7.3 ORGANIZAÇÃO COMO UM SISTEMA SOCIAL COOPERATIVO

A perspectiva comportamental parte da cooperação humana para explicar as organizações.[11] As pessoas não atuam isoladamente, mas por meio de interações com outras pessoas para poderem alcançar seus objetivos. Nas interações humanas, as pessoas influenciam-se mutuamente: são as relações sociais. Para sobrepujar suas limitações individuais e ampliar capacidades, as pessoas precisam cooperar entre si para alcançar seus objetivos. É por meio da participação e da cooperação entre as pessoas que surgem as organizações. As organizações são sistemas sociais baseados na cooperação entre as pessoas. A organização somente existe quando ocorrem conjuntamente três condições: interação entre pessoas, desejo e disposição para cooperação e finalidade de alcançar um objetivo comum.

Acesse conteúdo sobre **A importância da Cooperação** na seção *Tendências em ITO 7.1*

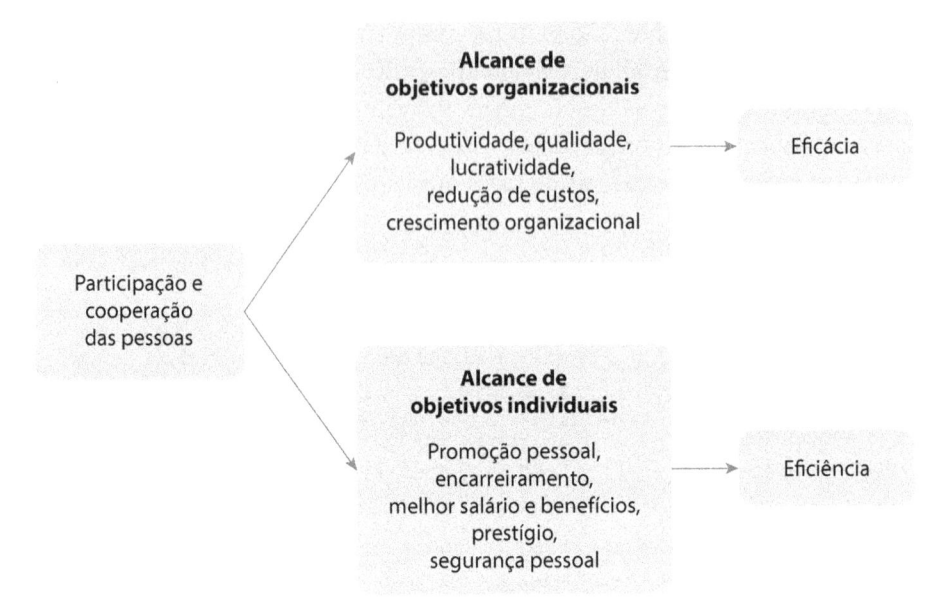

```
                    ┌─────────────────────┐
                    │   Alcance de        │
                    │ objetivos           │
                    │ organizacionais     │
                    │                     │
               ┌───→│ Produtividade,      │──→ Eficácia
               │    │ qualidade,          │
               │    │ lucratividade,      │
               │    │ redução de custos,  │
┌──────────────┤    │ crescimento         │
│ Participação │    │ organizacional      │
│ e cooperação │    └─────────────────────┘
│ das pessoas  │
└──────────────┤    ┌─────────────────────┐
               │    │   Alcance de        │
               │    │ objetivos           │
               │    │ individuais         │
               │    │                     │
               └───→│ Promoção pessoal,   │──→ Eficiência
                    │ encarreiramento,    │
                    │ melhor salário e    │
                    │ benefícios,         │
                    │ prestígio,          │
                    │ segurança pessoal   │
                    └─────────────────────┘
```

Figura 7.3 Eficácia e eficiência gerencial segundo Barnard.[12]

A função do administrador na organização é criar e manter condições para incentivar esforços cooperativos.

7.4 PROPOSIÇÕES SOBRE A MOTIVAÇÃO HUMANA

A explicação do comportamento organizacional fundamenta-se no comportamento individual das pessoas. E para explicar o comportamento das pessoas, torna-se necessário o estudo da motivação humana, um dos temas fundamentais dessa perspectiva. É necessário conhecer as necessidades humanas para compreender o comportamento humano e utilizar a motivação como poderoso meio para melhorar a qualidade de vida nas organizações.

7.4.1 Hierarquia das necessidades

A teoria da motivação de Maslow[13] indica que as necessidades humanas estão dispostas em níveis em uma hierarquia que se assemelha a uma pirâmide.[14] Na base, estão as necessidades mais baixas (necessidades fisiológicas), e no topo, as necessidades mais elevadas (necessidades de autorrealização).

1. **Necessidades fisiológicas**: estão no nível mais baixo e envolvem as necessidades de alimentação (fome e sede), sono e repouso (cansaço), abrigo (frio ou calor), desejo sexual etc. São vitais, pois estão ligadas à sobrevivência do

indivíduo e à preservação da espécie. São instintivas e já nascem com a pessoa. Têm prioridade sobre as outras necessidades, pois quando a necessidade de fome ou sono não está satisfeita, ela domina a direção do comportamento. Quando satisfeita regularmente, ela deixa de ser importante.

2. **Necessidades de segurança**: estão no segundo nível das necessidades humanas. São necessidades de segurança, estabilidade, busca de proteção contra a ameaça ou privação e fuga do perigo. Surgem quando as necessidades fisiológicas estão relativamente satisfeitas. Quando o indivíduo é dominado por necessidades de segurança, seu organismo age como um mecanismo de procura de segurança e elas funcionam como elementos organizadores do comportamento.

3. **Necessidades sociais**: surgem no comportamento quando as necessidades mais baixas (fisiológicas e de segurança) se encontram relativamente satisfeitas. Envolvem necessidade de associação, participação, aceitação por parte dos companheiros, troca de amizade, afeto e amor. Quando as necessidades sociais não são satisfeitas, a pessoa torna-se resistente, antagônica e hostil com relação às pessoas que a cercam. A frustração das necessidades de amor e afeição conduz à falta de adaptação social, ao isolamento e à solidão. Dar e receber afeto são importantes forças motivadoras do comportamento humano.

4. **Necessidades de estima**: são necessidades relacionadas com a maneira pela qual a pessoa se vê e se avalia. Envolvem autoapreciação, autoconfiança, necessidade de aprovação social e de respeito, *status*, prestígio e consideração. Incluem também o desejo de adequação, a confiança perante o mundo, a independência e a autonomia. Sua satisfação conduz a sentimentos de autoconfiança, valor, força, prestígio, poder, capacidade e utilidade. Sua frustração produz sentimentos de inferioridade, fraqueza, dependência e desamparo, que, por sua vez, podem levar ao desânimo ou a atividades compensatórias.

5. **Necessidades de autorrealização**: são as necessidades mais elevadas e que estão no topo da hierarquia. Estão relacionadas com a realização do próprio potencial e autodesenvolvimento contínuo. Ela se expressa por meio do impulso da pessoa para tornar-se sempre mais do que é e de vir a ser tudo o que pode ser.

A intensidade das necessidades e sua manifestação são variadas e obedecem às diferenças individuais entre as pessoas.

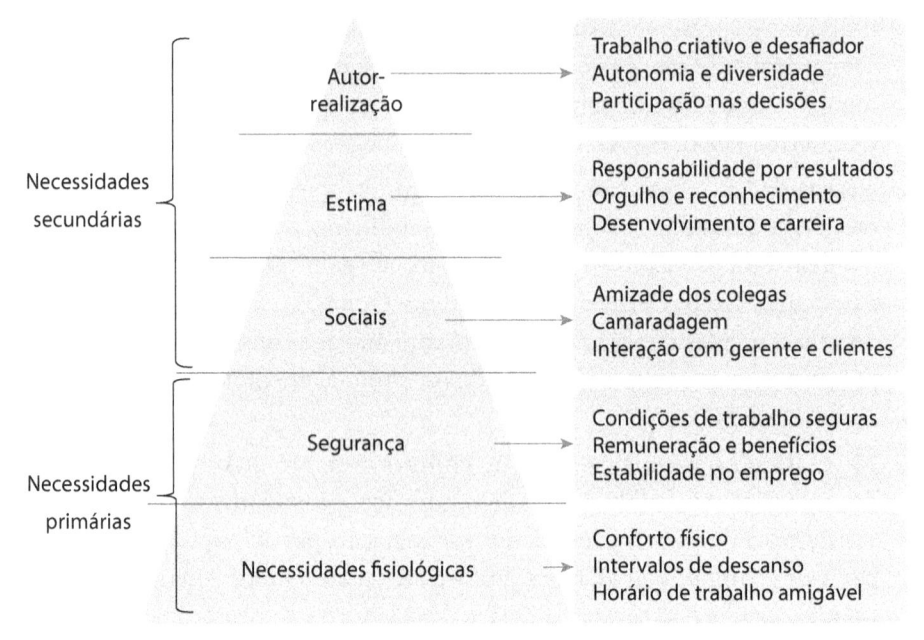

Necessidades secundárias
- Autorrealização → Trabalho criativo e desafiador / Autonomia e diversidade / Participação nas decisões
- Estima → Responsabilidade por resultados / Orgulho e reconhecimento / Desenvolvimento e carreira
- Sociais → Amizade dos colegas / Camaradagem / Interação com gerente e clientes

Necessidades primárias
- Segurança → Condições de trabalho seguras / Remuneração e benefícios / Estabilidade no emprego
- Necessidades fisiológicas → Conforto físico / Intervalos de descanso / Horário de trabalho amigável

Figura 7.4 A hierarquia das necessidades humanas e os meios de satisfação.[15]

Na verdade, a hierarquia de Maslow envolve uma variedade de necessidades, conforme a Figura 7.5.

Autorrealização
- Autorrealização
- Autodesenvolvimento
- Excelência pessoal
- Competência
- Expertise

Estima
- Satisfação do ego
- Orgulho
- Status e prestígio
- Autorrespeito
- Reconhecimento
- Confiança
- Progresso
- Apreciação
- Admiração dos colegas

Sociais
- Relacionamento
- Amizade
- Aceitação
- Afeição
- Compreensão
- Consideração

Segurança
- Segurança
- Proteção contra perigos
- Doença
- Incerteza
- Desemprego

Fisiológicas
- Alimento
- Repouso
- Abrigo
- Sexo

Figura 7.5 A hierarquia de necessidades de Maslow e seus desdobramentos.[16]

7.4.2 Teoria dos dois fatores de Herzberg

A teoria dos dois fatores explica o comportamento das pessoas em situação de trabalho.[17] Existem dois fatores que orientam o comportamento das pessoas:[18]

1. **Fatores higiênicos ou fatores extrínsecos**: estão localizados no ambiente que rodeia as pessoas e abrangem as condições de trabalho. Como essas condições são decididas pela organização, esses fatores ficam fora do controle das pessoas. Os fatores higiênicos envolvem: salário, benefícios sociais, estilo de supervisão, condições físicas e ambientais de trabalho, políticas e diretrizes da organização, clima de relacionamento entre organização e funcionários, regulamentos internos etc. São fatores de contexto e se situam no ambiente externo que circunda o indivíduo. No passado, apenas os fatores higiênicos eram utilizados na motivação dos funcionários: o trabalho era considerado atividade desagradável e tornava-se necessário o apelo para prêmios e incentivos salariais, supervisão, políticas empresariais abertas e estimuladoras, isto é, incentivos situados externamente ao indivíduo em troca do seu trabalho.

   Quando os fatores higiênicos são ótimos, eles apenas evitam a insatisfação dos funcionários; caso elevem a satisfação, não conseguem sustentá-la por muito tempo. Quando são precários, eles provocam a insatisfação dos funcionários. Daí a denominação de fatores higiênicos ou insatisfacientes, pois são apenas profiláticos e preventivos: apenas evitam a insatisfação, mas não provocam a satisfação.

2. **Fatores motivacionais ou fatores intrínsecos**: estão relacionados com o conteúdo do cargo e com a natureza das tarefas executadas pela pessoa. Assim, estão sob o controle do indivíduo, pois se relacionam com aquilo que ele faz. Envolvem sentimentos de crescimento individual, reconhecimento profissional e autorrealização, e dependem das tarefas que o indivíduo realiza no trabalho. No passado, tarefas e cargos eram arranjados e definidos para atender à eficiência e à economia, eliminando o desafio e a criatividade individual. Com isso, perdiam o significado psicológico para o indivíduo e criavam um efeito de desmotivação, provocando apatia, desinteresse e falta de sentido psicológico. O efeito dos fatores motivacionais é profundo e estável. Quando são ótimos, eles provocam a satisfação nas pessoas. Porém, quando precários, evitam a satisfação. Daí a denominação fatores satisfacientes.

Quadro 7.3 Fatores motivacionais e fatores higiênicos[19]

Fatores motivacionais (satisfacientes)	Fatores higiênicos (insatisfacientes)
Conteúdo do cargo (como a pessoa se sente em relação ao seu cargo)	**Contexto do cargo** (como a pessoa se sente em relação à sua organização)
1. O trabalho em si	1. Condições de trabalho
2. Realização	2. Administração da empresa
3. Reconhecimento	3. Salário
4. Progresso profissional	4. Relações com o supervisor
5. Responsabilidade	5. Benefícios e serviços sociais

Os fatores higiênicos e motivacionais são independentes e não se vinculam entre si. São totalmente desligados e distintos entre si. O oposto da satisfação profissional não é a insatisfação, mas a ausência de satisfação profissional. E o oposto da insatisfação profissional é ausência dela e não a satisfação.[20]

Para manter continuamente motivação no trabalho, Herzberg propõe o enriquecimento de tarefas ou enriquecimento do cargo (*job enrichment*): substituir tarefas simples e elementares do cargo por tarefas mais complexas para acompanhar o crescimento individual de cada pessoa, oferecendo-lhe condições de desafio e satisfação profissional. O enriquecimento de tarefas depende do desenvolvimento de cada indivíduo e deve adequar-se às suas características individuais em mudança. Pode ser vertical (eliminação de tarefas mais simples e acréscimo de tarefas mais complexas) ou horizontal (eliminação de tarefas relacionadas com certas atividades e acréscimo de outras tarefas diferentes, mas no mesmo nível de dificuldade).

O enriquecimento de cargos adiciona ou desloca para cima ou para os lados, envolvendo atribuições mais elevadas ou laterais e complementares. Todavia, pode provocar efeitos desejáveis ou indesejáveis, dependendo da maneira como é desenvolvido.

Capítulo 7 – A Organização na Perspectiva Comportamental

Carga horizontal:
maior amplitude

Outras atribuições incorporadas
Inclui o pré-trabalho

Outras atribuições incorporadas
Inclui as responsabilidades mais elevadas

Carga vertical:
maior profundidade

Para enriquecer o cargo, deve-se rearranjar os seus elementos componentes

Outras atribuições incorporadas
Inclui o trabalho posterior

Automatizar ou atribuir tarefas mais simples a outras pessoas

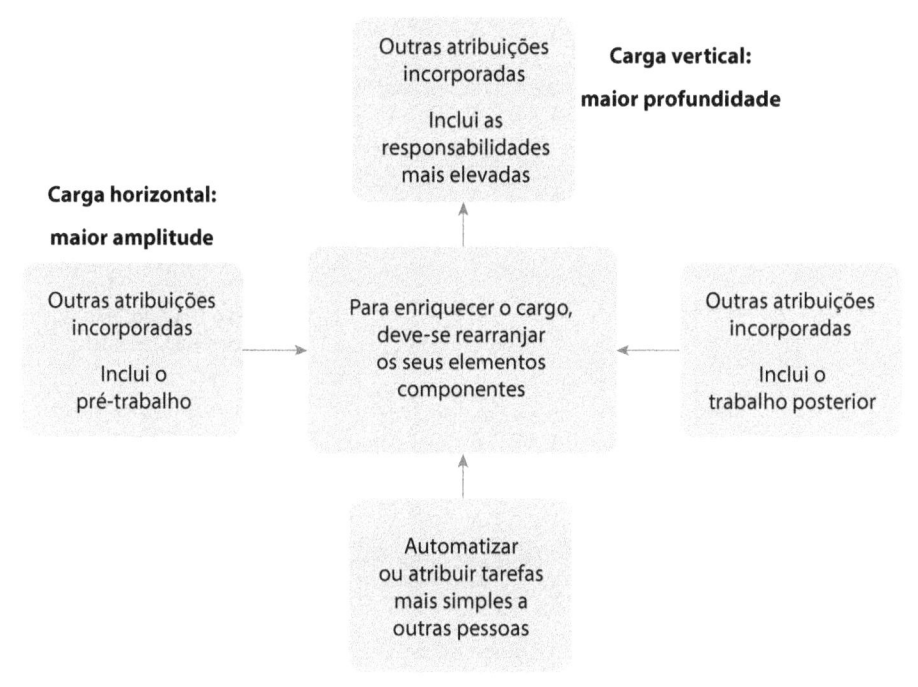

Figura 7.6 Enriquecimentos vertical e horizontal de cargos.[21]

Efeitos desejáveis
- Aumento da motivação
- Aumento da produtividade
- Redução do absenteísmo
- Redução da rotatividade

Enriquecimento do cargo

Efeitos indesejáveis
- Aumento da ansiedade
- Aumento do conflito
- Sentimento de exploração
- Redução das interações

Figura 7.7 Efeitos possíveis do enriquecimento do cargo.[22]

As teorias de motivação de Maslow e Herzberg apresentam pontos de concordância, como mostra a Figura 7.8.

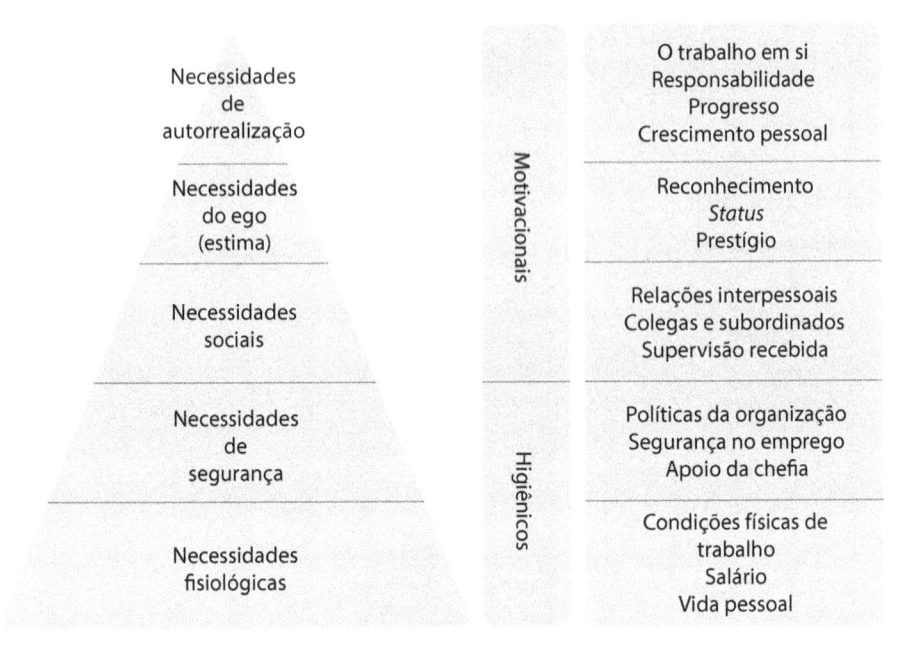

Necessidades de autorrealização	Motivacionais	O trabalho em si Responsabilidade Progresso Crescimento pessoal
Necessidades do ego (estima)		Reconhecimento *Status* Prestígio
Necessidades sociais		Relações interpessoais Colegas e subordinados Supervisão recebida
Necessidades de segurança	Higiênicos	Políticas da organização Segurança no emprego Apoio da chefia
Necessidades fisiológicas		Condições físicas de trabalho Salário Vida pessoal

Figura 7.8 Comparação dos modelos de motivação de Maslow e Herzberg.[23]

7.5 PROCESSO DECISÓRIO

A perspectiva comportamental concebe a organização como um sistema complexo de decisões. A organização está permeada de decisões e ações. A teoria das decisões nasceu com Herbert Simon[24] para explicar o comportamento humano nas organizações. Cada pessoa participa racional e conscientemente, escolhendo e tomando decisões a respeito de alternativas racionais de comportamento. A TO, até então, deu muita importância às ações e nenhuma às decisões que as provocaram. Para a perspectiva comportamental, todas as pessoas na organização, em todas as áreas de atividades e níveis hierárquicos e em todas as situações, estão continuamente tomando decisões relacionadas ou não com o seu trabalho.

7.5.1 Teoria das Decisões

Toda decisão é um processo de análise e escolha entre alternativas disponíveis de cursos de ação que a pessoa deverá seguir. A decisão envolve seis elementos:[25]

1. **Tomador de decisão**: é a pessoa que faz uma escolha ou opção entre várias alternativas futuras de ação.
2. **Objetivos**: é o que o tomador de decisão quer alcançar com suas ações.

3. **Preferências**: são critérios que o tomador de decisão usa para a escolha.
4. **Estratégia**: é o curso de ação escolhido para atingir os objetivos.
5. **Situação**: é o ambiente que envolve o tomador de decisão.
6. **Resultado**: é a consequência ou resultante de uma dada estratégia.

> Aumente seus conhecimentos sobre **O papel do tomador de decisão** na seção *Saiba mais ITO 7.2*

7.5.2 Etapas do processo decisório

O processo decisório é complexo e depende das características pessoais do tomador de decisões, da situação e da maneira como percebe a situação. O processo decisório exige sete etapas:[26]

1. Percepção da situação que envolve algum problema.
2. Análise e definição do problema.
3. Definição dos objetivos.
4. Procura de alternativas de solução ou de cursos de ação.
5. Escolha (seleção) da alternativa mais adequada ao alcance dos objetivos.
6. Avaliação e comparação das alternativas.
7. Implementação da alternativa escolhida.

Cada etapa influencia as outras e todo o processo e nem sempre as etapas são seguidas à risca. Algumas delas podem ser ampliadas ou estendidas.

> Aumente seus conhecimentos sobre **Satisficers × Maximizers** na seção *Saiba mais ITO 7.3*

7.6 COMPORTAMENTO ORGANIZACIONAL

Comportamento organizacional é o estudo da dinâmica das organizações e como os grupos e indivíduos se comportam dentro delas. É uma ciência interdisciplinar. Como um sistema cooperativo e racional, a organização somente alcança seus objetivos se as pessoas coordenarem seus esforços a fim de alcançar algo que individualmente jamais conseguiriam. Da mesma forma que a organização espera ações, talento e potencial de desenvolvimento de seus participantes, estes têm suas expectativas quanto à organização.

As pessoas ingressam e fazem parte da organização para obter satisfação de suas necessidades pessoais. Para obter satisfações, as pessoas se dispõem a fazer investimentos na organização e a incorrer em certos custos. Assim, surge a interação entre pessoas e organização, que recebe o nome de processo de reciprocidade: a organização espera que as pessoas realizem suas tarefas e lhes oferece incentivos e recompensas, enquanto as pessoas trabalham esperando obter satisfações pessoais. As pessoas se dispõem a cooperar desde que suas atividades na organização contribuam diretamente para o alcance de seus objetivos pessoais.[27]

7.6.1 Teoria do equilíbrio organizacional

Ao estudar os motivos pelos quais as pessoas cooperam, os behavioristas visualizam a organização como um sistema que recebe contribuições dos participantes sob a forma de dedicação ou trabalho e em troca oferece alicientes e incentivos. Os conceitos básicos dessa teoria são os seguintes.[28]

- **Incentivos ou alicientes**: são "pagamentos" feitos pela organização aos seus participantes (como salários, benefícios, prêmios, gratificações, elogios, oportunidades de crescimento e promoção, reconhecimento etc.).
- **Utilidade dos incentivos**: cada incentivo possui um valor de utilidade que varia de indivíduo para indivíduo: é a função utilidade, subjetiva para cada indivíduo em função de suas necessidades pessoais.
- **Contribuições**: são os "pagamentos" de cada participante à organização (como trabalho, dedicação, esforço e desempenho, assiduidade, pontualidade, lealdade, reconhecimento etc.).
- **Utilidade das contribuições**: é o valor que o esforço da pessoa tem para a organização a fim de que ela alcance seus objetivos.

Os postulados básicos da teoria do equilíbrio organizacional são:[29]

- A organização é um sistema de comportamentos sociais inter-relacionados de várias pessoas, que são os participantes da organização.
- Cada participante e cada grupo de participantes recebe incentivos (recompensas) em troca dos quais faz contribuições à organização.
- O participante somente manterá sua participação na organização enquanto os incentivos (recompensas) que lhe são oferecidos forem iguais ou maiores (em termos dos valores que representam para o participante) do que as contribuições que lhe são exigidas.

Capítulo 7 – A Organização na Perspectiva Comportamental

- As contribuições trazidas pelos vários participantes constituem a fonte na qual a organização se alimenta dos incentivos que oferece aos participantes.
- A organização será solvente e continuará existindo somente enquanto as contribuições forem suficientes para proporcionar incentivos em quantidade suficiente para induzir os participantes à prestação de contribuições.

A decisão de participar é essencial na teoria do equilíbrio organizacional, que reflete o êxito da organização em remunerar seus participantes (com satisfações materiais ou satisfações não materiais) e motivá-los a continuarem fazendo parte da organização, garantindo, com isso, a sua sobrevivência.

7.6.2 Tipos de participantes

A organização é um sistema social composto de diferentes participantes que interagem por meio de uma diferenciação de tarefas provocada pela divisão do trabalho. Os participantes da organização são todas as pessoas ou elementos que recebem incentivos e trazem contribuições para sua existência. Há quatro classes de participantes: empregados, investidores, fornecedores e clientes. Nem todos os participantes atuam dentro da organização. Cada tipo de participante pode assumir papel dominante em determinadas circunstâncias, mas todos mantêm relações de reciprocidade com a organização: proporcionam suas contribuições em troca de incentivos úteis, enquanto a organização lhes proporciona incentivos em troca de contribuições úteis.

Quadro 7.4 Os parceiros do negócio[30]

Participantes (parceiros)	Contribuições (investimentos pessoais)	Incentivos (retorno esperado)
Empregados	Contribuem com trabalho, dedicação, esforço pessoal, desempenho, lealdade, assiduidade	Motivados por salário, benefícios, prêmios, elogios, oportunidades e reconhecimento
Investidores	Contribuem com dinheiro, na forma de ações, empréstimos, financiamentos	Motivados por rentabilidade, lucratividade, liquidez, dividendos, retorno do investimento
Fornecedores	Contribuem com materiais, matérias-primas, tecnologias, serviços especializados	Motivados por preço, condições de pagamento, faturamento, garantia de novos negócios
Clientes	Contribuem com dinheiro pela aquisição dos produtos/serviços e seu consumo ou utilização	Motivados por preço, qualidade, condições de pagamento e satisfação de necessidades

7.7 CONFLITO ENTRE OBJETIVOS ORGANIZACIONAIS E INDIVIDUAIS

A perspectiva comportamental enfatiza o conflito entre os objetivos que as organizações procuram atingir e os objetivos que individualmente cada participante quer alcançar. Os objetivos organizacionais e os objetivos individuais nem sempre se deram muito bem. Existe um inevitável conflito entre o indivíduo e a organização devido à incompatibilidade entre a realização de ambos.[31] A organização formal faz exigências incongruentes com as necessidades das pessoas, provocando nelas frustração e conflito devido ao confinamento em tarefas medíocres e repetitivas e à total ausência de participação, responsabilidade, autoconfiança ou independência.

A responsabilidade pela integração entre os objetivos da organização e dos indivíduos recai sobre a administração. A interdependência entre as necessidades individuais e as da organização é imensa: a vida e os objetivos de ambos estão inseparavelmente entrelaçados. O alcance do objetivo de uma das partes nunca deve prejudicar ou tolher o alcance do objetivo da outra. Ambas devem contribuir mutuamente para o alcance de seus objetivos.

7.8 PROPOSIÇÕES SOBRE LIDERANÇA

A literatura sobre liderança foi iniciada dentro da perspectiva humanística. A perspectiva comportamental assumiu rapidamente o lado humano da liderança. A expressão **liderança transacional** designa líderes extremamente eficientes em dar às pessoas alguma coisa em troca de seu apoio ou trabalho, fazendo com que seus seguidores sejam valorizados, apreciados e recompensados e **liderança transformadora** refere-se aos líderes preocupados em criar uma visão e que conseguem levar as pessoas em direção a essa visão. A liderança transacional está focada em recompensar as pessoas pelo seu apoio ao líder, enquanto a liderança transformadora requer líderes visionários e conduz à mudança. A primeira conserva e mantém o *status quo*; a segunda transforma e renova.[32] As organizações estão precisando com urgência de líderes transformadores.

Likert já abordara quatro estilos de liderança:[33]

1. **Autoritário explorador**: típico da gerência baseada na punição e no medo.
2. **Autoritário benevolente**: típico da gerência baseada na hierarquia, com mais ênfase na cenoura do que na vara.
3. **Consultivo**: baseado na comunicação vertical descendente e ascendente, com a maioria das decisões vinda do topo.

4. **Participativo**: baseado no processo decisório em grupos de trabalho que se comunicam entre si por meio de indivíduos (elos) que ligam componentes, líderes de equipes ou outros que também fazem parte de um ou mais grupos.

John Kotter[34] identifica três processos na liderança:

1. Estabelecer uma direção.
2. Alinhar as pessoas.
3. Motivar e inspirar.

A forma de colocar esses elementos essenciais em prática está sendo continuamente redefinida. Isso significa que o líder não pode agir sozinho.[35] Drucker já observara que os líderes normalmente falam na primeira pessoa do plural e não na primeira pessoa do singular.[36] Eles se expressam com o uso de "nós" e não "eu". Os líderes parecem trabalhar naturalmente em equipe, um fato ignorado pelos antigos modelos de liderança.

Warren Bennis assegura que a liderança é uma habilidade que pode ser aprendida e desenvolvida e abrange quatro competências vitais:[37]

1. **Gerência da atenção**: a visão dos líderes desperta a atenção e o comprometimento das pessoas que trabalham com eles e que passam a tentar alcançar a mesma visão.
2. **Gerência do significado**: os líderes são hábeis comunicadores, capazes de reduzir a complexidade e comunicar problemas por meio de imagens e linguagens simples. São especialistas em dissecar informações.
3. **Gerência da confiança**: a confiança é essencial nas organizações e se reflete na consistência de propósito e no tratamento concedido aos colegas e a todas as pessoas. Mesmo quando as pessoas discordam dos líderes, elas os admiram pela consistência de objetivos e propósitos.
4. **Gerência de si próprio**: os líderes conseguem identificar e utilizar plenamente seus pontos fortes, bem como aceitar e tentar melhorar seus pontos fracos.

O século atual requer uma nova geração de líderes e não de gerentes. Essa diferença é importante. Os líderes conquistam o contexto – condições ambíguas, voláteis e turbulentas em torno da liderança –, enquanto os gerentes se rendem a essas condições. O Quadro 7.5 lista algumas diferenças entre líderes e gerentes.[38]

Quadro 7.5 Diferenças entre líderes e gerentes

- O gerente administra, o líder inova
- O gerente é uma cópia, o líder é o original
- O gerente mantém, o líder desenvolve
- O gerente concentra-se no sistema e na estrutura, o líder concentra-se nas pessoas
- O gerente baseia-se no controle, o líder inspira confiança
- O gerente tem visão de curto prazo, o líder tem perspectiva de longo prazo
- O gerente pergunta "como" e "quando", o líder pergunta "o que" e o "porquê"
- O gerente tem os olhos nos resultados, o líder enxerga o horizonte
- O gerente aceita o *status quo*, o líder o contesta
- O gerente é o clássico bom soldado, o líder é sua própria pessoa
- O gerente faz as coisas corretamente, o líder faz a coisa certa

7.9 IMPLICAÇÕES DA PERSPECTIVA COMPORTAMENTAL

A perspectiva comportamental trouxe e está trazendo uma influência definitiva e inarredável na TO nos seguintes aspectos:[39]

- **Ênfase nas pessoas**: transferindo a preocupação com a estrutura organizacional para o foco nas pessoas, indo dos aspectos estruturais e estáticos para os aspectos comportamentais e dinâmicos da organização (como comportamento, cultura, valores, relações interpessoais, atitudes, necessidades e expectativas de indivíduos e grupos). As pessoas constituem o ativo mais importante da organização.
- **A análise descritiva (que mostra o que é) e a análise prescritiva (que mostra o que deve ser)**: são mais voltadas em explicar e descrever o comportamento organizacional do que em construir modelos e princípios de aplicação prática. É impressionante a sua riqueza conceitual.
- **Reformulação na filosofia administrativa**: ao introduzir um novo conceito democrático e humano de colaboração e consenso e de equalização de poder.[40] As pessoas são criaturas que pensam e sentem, integrando razão e emoção. Se o quociente intelectual (QI) é importante, não menos importante é o quociente emocional (QE).

- **Influência das ciências do comportamento na TO**: por meio de conceitos sobre as pessoas e suas motivações ou sobre a organização social e seus objetivos.
- **Análise organizacional a partir do comportamento**: e não da estrutura (estática e fixa), sob um ponto de vista dinâmico a respeito do funcionamento da organização.

Em síntese, a perspectiva comportamental deu novos rumos e dimensões à TO, enriquecendo enormemente seu repertório e conteúdo. Essa é uma das razões pelas quais seus conceitos são os mais conhecidos e populares da TO.

QUESTÕES PARA REVISÃO

1. Entre a Teoria X e a Teoria Y, qual é a que mais se assemelha ao estilo de gestão da Administração Científica? Justifique sua resposta com base nos conceitos das duas teorias.
2. Likert propõe quatro tipos de sistemas de administração. Cite as características de cada um, conforme as variáveis principais.
3. Seguindo a proposta de Likert, em organizações financeiras, qual o sistema administrativo é mais comum encontrarmos? Justifique sua resposta com base na proposta do autor.
4. Represente, graficamente, o sistema administrativo proposto por Likert no qual a organização possui um modelo autocrático.
5. Explique e exemplifique o que é variável causal, interveniente e resultante.
6. Qual é o significado de cooperação nas organizações?
7. Qual é a dificuldade em se obter cooperação nas organizações?
8. Explique cada pilar da pirâmide das necessidades de Maslow.
9. Segundo a proposta de Maslow, a pessoa pode avançar um pilar na pirâmide sem estar com as necessidades do pilar anterior satisfeitas? Justifique.
10. Explique e exemplifique os conceitos de fatores higiênicos e fatores motivacionais.
11. Explique o significado de **enriquecimento do cargo**.
12. Quais são as principais fases de um processo decisório?
13. Quando ocorre um processo decisório?
14. Explique o papel do tomador de decisão e possíveis consequências que uma decisão errada pode causar para a organização.
15. Qual é a diferença entre uma pessoa do tipo *safisficers* e uma do tipo *maximizers*?
16. Na sua opinião, o que é comportamento organizacional?

17. O que significa dizer que "comportamento organizacional é uma ciência interdisciplinar"?
18. Explique os postulados do equilíbrio organizacional.
19. Quais fatores podem gerar os conflitos pessoais × organizacionais?
20. Explique as diferenças entre liderança transacional e liderança transformacional.
21. Explique as diferenças entre líder e gerente.

REFERÊNCIAS

1. WATSON, J. B. *Psychology from the Standpoint of a Behaviorist*. Filadélfia: J. B. Lipincott & Co., 1919.
2. SIMON, H. A. *O Comportamento Administrativo*. Rio de Janeiro: Fundação Getulio Vargas, Serviço de Publicações, 1967.
3. MCGREGOR, D. M. O Lado Humano da Empresa. *In*: BALCÃO, Y. F.; CORDEIRO, L. L. (orgs.). *O Comportamento Humano na Empresa*: uma antologia. Rio de Janeiro: Fundação Getulio Vargas, Serviço de Publicações, 1971. p. 45-60.
4. CHIAVENATO, I. *Introdução à Teoria Geral da Administração*. 10. ed. São Paulo: Atlas, 2020. p. 339.
5. CHIAVENATO, I. *Introdução à Teoria Geral da Administração, op. cit.*, p. 338.
6. LIKERT, R. *Novos Padrões de Administração*. São Paulo: Pioneira, 1971; *A Organização Humana*. São Paulo: Atlas, 1975; *Administração de Conflitos*: novas abordagens. São Paulo: McGraw-Hill, 1980.
7. CHIAVENATO, I. *Introdução à Teoria Geral da Administração, op. cit.*, p. 342.
8. LIKERT, R. *Novos Padrões de Administração, op. cit.*
9. CHIAVENATO, I. *Introdução à Teoria Geral da Administração, op. cit.*, p. 344.
10. LIKERT, R. *Novos Padrões de Administração, op. cit.*
11. BARNARD, C. I. *As Funções do Executivo*. São Paulo: Atlas, 1961.
12. CHIAVENATO, I. *Introdução à Teoria Geral da Administração, op. cit.*, p. 347.
13. MASLOW, A. H. *Motivation and Personality*. Nova York: Harper & Row, 1954.
14. MASLOW, A. H. Uma Teoria da Motivação Humana. *In*: BALCÃO, Y. F.; CORDEIRO, L. L. *O Comportamento Humano na Empresa*: uma antologia. Rio de Janeiro: Fundação Getulio Vargas, Serviço de Publicações, 1971. p. 340-355.
15. CHIAVENATO, I. *Introdução à Teoria Geral da Administração, op. cit.*, p. 332.
16. CHIAVENATO, I. *Introdução à Teoria Geral da Administração, op. cit.*, p. 332.
17. HERZBERG, F. *Work and Nature of Man*. Cleveland: The World Publishing, 1966.

18. HERZBERG, F. O Conceito de Higiene como Motivação e os Problemas do Potencial Humano de Trabalho. *In*: HAMPTON, D. R. (org.). *Conceitos de Comportamento na Administração*. São Paulo: EPU, 1973. p. 54.
19. CHIAVENATO, I. *Introdução à Teoria Geral da Administração, op. cit.*, p. 334.
20. CHIAVENATO, I. *Introdução à Teoria Geral da Administração, op. cit.*, p. 334.
21. CHIAVENATO, I. *Introdução à Teoria Geral da Administração, op. cit.*, p. 335.
22. CHIAVENATO, I. *Introdução à Teoria Geral da Administração, op. cit.*, p. 336.
23. CHIAVENATO, I. *Introdução à Teoria Geral da Administração, op. cit.*, p. 337.
24. SIMON, H. A. *O Comportamento Administrativo, op. cit.*
25. CHIAVENATO, I. *Administração*: teoria, processo e prática. 6. ed. São Paulo: Atlas, 2022.
26. CHIAVENATO, I. *Administração*: teoria, processo e prática, *op. cit.*
27. CHIAVENATO, I. *Comportamento Organizacional*: a dinâminca do sucesso das organizações. 4. ed. São Paulo: Atlas, 2021.
28. CHIAVENATO, I. *Comportamento organizacional, op. cit.*
29. CHIAVENATO, I. *Introdução à Teoria Geral da Administração, op. cit.*, p. 353.
30. CHIAVENATO, I. *Gerenciando Pessoas*: transformando o executivo em um excelente líder de talentos. 6. ed. São Paulo: Altas, 2022.
31. ARGYRIS, C. *Personalidade e Organização*: o conflito entre o indivíduo e o sistema. Rio de Janeiro: Renes, 1968.
32. TICHY, N. *Managing Strategic Change*. Nova York: John Wiley & Sons, 1983.
33. LIKERT, R. *New Ways of Managing Conflict*. Nova York: McGraw-Hill, 1976.
34. KOTTER, J. P. *As Novas Regras*: como a globalização dos mercados e a competição estão alterando os rumos de carreiras profissionais, níveis salariais, a estrutura e o funcionamento das organizações e a própria natureza do trabalho. São Paulo: Makron Books, 1997.
35. KOUZES, J. M.; POSNER, B. Z. *The Leadership Challenge*. San Francisco: Jossey-Bass, 2007. p. 337.
36. DRUCKER, P. F. *The Practice of Management*. Nova York: Harper & Row, 1954.
37. BENNIS, W. G. *Beyond Bureaucracy*: essays on the development and evolution of human organization. Nova York: McGraw-Hill, 1973.
38. BENNIS, W. G. *Beyond Bureaucracy, op. cit.*
39. CHIAVENATO, I. *Introdução à Teoria Geral da Administração, op. cit.*, p. 359-363.
40. BENNIS, W. G. *Desenvolvimento Organizacional*: sua natureza, origens e perspectivas. São Paulo: Blucher, 1972. p. 25-26.

8 A ORGANIZAÇÃO NA PERSPECTIVA SISTÊMICA

O QUE VEREMOS ADIANTE

- Conceito de sistemas.
- Sistema aberto.
- A organização como um sistema aberto.
- Características das organizações como sistemas abertos.
- Modelos de organização.
- Implicações da perspectiva sistêmica.
- Questões para revisão.

Durante boa parte do século passado, a Teoria das Organizações (TO) esteve tateando o seu campo de ação e descobrindo gradativamente a amplitude e a complexidade das organizações. A Teoria de Sistemas (TS) veio dar uma ampliação maior. Mais ainda, substituiu os velhos paradigmas na visão organizacional. Até então – como todas as demais ciências –, foi profundamente influenciada pelo método cartesiano e pela física tradicional newtoniana.

A TS é um ramo específico da Teoria Geral de Sistemas (TGS) e surgiu com os trabalhos do biólogo alemão Ludwig von Bertalanffy.[1] A TGS não busca solucionar problemas ou tentar soluções práticas, mas produzir teorias e formulações conceituais para aplicações na realidade empírica. Os pressupostos básicos da TGS são:[2]

- Existe uma tendência para a integração das ciências naturais e sociais.
- Essa integração parece orientar-se rumo a uma teoria dos sistemas.
- A TS constitui o modo mais abrangente de estudar os campos não físicos do conhecimento científico, como as ciências sociais.

- A TS desenvolve princípios unificadores que atravessam verticalmente os universos particulares das diversas ciências envolvidas, visando ao objetivo da unidade da ciência.
- A TS conduz a uma integração na educação científica.

A TGS fundamenta-se em três premissas básicas:[3]

1. **Os sistemas existem dentro de sistemas**: cada sistema é constituído de subsistemas e, ao mesmo tempo, faz parte de um sistema maior, o suprassistema. Cada subsistema pode ser detalhado em seus subsistemas componentes e assim por diante. O suprassistema também faz parte de um suprassistema maior. Esse encadeamento parece ser infinito. As moléculas existem dentro de células, que existem dentro de tecidos, que compõem os órgãos, que compõem os organismos, e assim por diante.
2. **Os sistemas organizacionais são abertos**: é uma decorrência da premissa anterior. Cada sistema existe dentro de um meio ambiente constituído de outros sistemas. Os sistemas abertos são caracterizados por um processo infinito de intercâmbio com o seu ambiente para trocar energia e informação.
3. **As funções de um sistema dependem de sua estrutura**: cada sistema tem um objetivo que constitui seu papel no intercâmbio com outros sistemas no meio ambiente.

O conceito de sistemas proporciona uma visão compreensiva, abrangente, holística e gestáltica de um conjunto de coisas complexas, dando-lhes uma configuração e identidade total. A análise sistêmica – ou análise de sistemas – das organizações revela o geral no particular, indicando as propriedades gerais das organizações de maneira global e totalizante, que não são reveladas pelos métodos convencionais de análise científica. A TS reconceitua os fenômenos dentro de uma abordagem global, permitindo a inter-relação e a integração de assuntos de naturezas completamente diferentes.[4]

> Aumente seus conhecimentos sobre **O conceito de sistema não é novo** na seção *Saiba mais ITO 8.1*

A abordagem sistêmica trouxe, a partir da década de 1960, uma profunda revolução na TO, conforme mostra a Figura 8.1.

Abordagem tradicional	Abordagem sistêmica
Reducionismo	**Expansionismo**
• Divisão das ciências • Física (estudo dos átomos) • Química (estudo das substâncias simples) • Biologia (estudo das células) • Psicologia (instintos e necessidades básicas) • Sociologia (estudo dos indivíduos) • Administração (taylorismo)	• Integração • Articulação • Visão do conjunto • Foco no todo e na totalidade • Relações entre as partes do sistema • Visão periférica
Pensamento analítico	**Pensamento sintético**
• Decomposição • Divisão do Trabalho • Especialização • Somar para compor o todo • Método cartesiano • Metodologia para solução de problemas	• Cada fenômeno é parte de outro maior • Todo sistema tem subsistemas • Cada sistema está contido em um supra-sistema • Cada sistema tem uma função e um papel • Juntar e não separar
Mecanicismo	**Teleologia**
• Relação simples de causa-e-efeito • A cada causa corresponde um efeito • A causa é suficiente para o efeito • Determinismo na relação causa-e-efeito • Não existem exceções • Raciocínio linear e sequencial • Ênfase no sistema fechado • Ignorância do meio ambiente	• A causa é necessária, mas não suficiente • Relação de causa-e-efeito é probabilística • Ênfase na finalidade ou no objetivo • Ênfase no campo dinâmico de forças • Emergente sistêmico: o todo é diferente das partes • Os sistemas são entidades globais • Os sistemas buscam alcançar objetivos

Figura 8.1 A revolução sistêmica na TO.[5]

8.1 CONCEITO DE SISTEMAS

A palavra **sistema** denota um conjunto de elementos interdependentes e interagentes ou um grupo de unidades combinadas que formam um todo organizado. Assim, sistema é um conjunto ou combinações de coisas ou partes formando um todo.[6]

8.1.1 Características dos sistemas

Os sistemas apresentam características próprias e exclusivas. O sistema é um conjunto de elementos interligados para formar um todo integrado. O todo apresenta propriedades e características próprias que não são encontradas em nenhum dos elementos isolados. É um emergente sistêmico: uma característica que existe no sistema como um todo e que não existe em seus elementos em particular. As características da água, por exemplo, são totalmente diferentes das características do hidrogênio e do oxigênio que a formam.

Da definição de Bertalanffy,[7] segundo a qual o sistema é um conjunto de unidades reciprocamente relacionadas, decorrem duas características do sistema:

1. **Propósito ou objetivo**: todo sistema tem um ou mais propósitos ou objetivos. As unidades ou elementos (as partes do sistema), bem como os relacionamentos entre elas, definem um arranjo que visa sempre a um objetivo ou finalidade a alcançar.

2. **Globalismo ou totalidade**: o sistema tem uma natureza orgânica: uma ação que produz mudança em uma das partes do sistema produz mudanças em todas as suas outras partes. Qualquer estimulação em uma parte do sistema afeta todas as partes devido ao relacionamento existente entre elas. O efeito total dessas mudanças proporciona um ajustamento de todo o sistema. O sistema reage globalmente a qualquer estímulo produzido em qualquer parte. À medida que o sistema sofre mudanças, o ajustamento sistemático das partes é contínuo. Das mudanças e dos ajustamentos contínuos do sistema decorrem os fenômenos de sinergia, entropia e homeostasia:[8]

   - **Sinergia**: do grego *syn* + *ergos* = trabalho conjunto. Existe sinergia quando duas ou mais partes do sistema atuando em conjunto produzem um efeito maior do que a soma dos efeitos que produziriam atuando isoladamente. Por essa razão, a água é diferente do hidrogênio e do oxigênio que a formam. Quando as partes do sistema mantêm entre si uma estreita inter-relação e comunicação, o resultado do sistema passa a ser maior do que a soma dos resultados de suas partes tomadas isoladamente. A sinergia constitui o efeito multiplicador das partes do sistema. É um emergente sistêmico, onde 1 + 1 é igual a mais do que 2.

   - **Entropia**: do grego *entrope* = transformação. Corresponde à Segunda Lei da Termodinâmica e se refere à perda de energia e calor em sistemas isolados, levando-os à degradação, à desintegração e ao desaparecimento devido à perda de sua integração e comunicação entre as partes do sistema. A entropia faz com que 1 + 1 seja menor do que 2, chegando a resultados negativos.

Para sobreviver, o sistema precisa abrir-se e reabastecer-se de energia e informação para manter sua estrutura. A esse processo reativo de obtenção de reservas de energia e de informação dá-se o nome de entropia negativa ou negentropia. À medida que aumenta a informação, diminui a entropia, pois a informação dá ordem e configuração ao sistema. A negentropia é o inverso da Segunda Lei da Termodinâmica.

- **Homeostasia**: é o equilíbrio dinâmico por meio da autorregulação, isto é, pelo autocontrole do próprio sistema. É a capacidade do sistema de manter certas variáveis dentro de limites, mesmo quando os estímulos do meio externo forçam essas variáveis a ultrapassar os limites da normalidade. Assim, todo mecanismo homeostático é um dispositivo de controle para manter certa variável dentro dos limites desejados (como é o caso do piloto automático do carro ou do avião ou da temperatura do corpo humano). A homeostase é alcançada por meio de dispositivos de retroação (*feedback*), que são sistemas de comunicação que reagem ativamente a uma entrada de informação. O resultado dessa ação-reação modifica o comportamento subsequente. A base do equilíbrio é a comunicação e a consequente retroação positiva (que aumenta a entrada do sistema) ou negativa (que reduz a entrada do sistema). A homeostase constitui o equilíbrio dinâmico entre as partes do sistema. É a garantia do seu equilíbrio interno.

8.1.2 Tipos de sistemas

Há uma variedade de tipologias para classificar os sistemas, como:[9]

- **Quanto à sua constituição**: os sistemas podem ser físicos ou abstratos.
  - **Sistemas físicos ou concretos**: são compostos de equipamentos, maquinaria, objetos e coisas reais. São denominados *hardware*. Podem ser descritos em termos quantitativos de desempenho.
  - **Sistemas abstratos ou conceituais**: são compostos de conceitos, filosofias, planos, hipóteses e ideias. Os símbolos representam atributos e objetos, que, muitas vezes, só existem no pensamento das pessoas. São denominados *software*.

Ambos os sistemas se complementam: os sistemas físicos (como as máquinas) precisam de um sistema abstrato (programação) para funcionar e desempenhar suas funções, e os sistemas abstratos somente se realizam quando aplicados a algum sistema físico. *Hardware* e *software* se complementam. Uma escola requer salas de aulas, carteiras, lousas, iluminação etc. (sistema físico) para desenvolver programas de educação (sistema abstrato), e um centro de processamento de dados requer equipamentos e circuitos para processar programas de instruções ao computador.

- **Quanto à sua natureza**: os sistemas podem ser fechados ou abertos.[10]
  - **Sistemas fechados**: não apresentam intercâmbio com o ambiente que os circunda, pois são herméticos ao meio ambiente. Não recebem influência do ambiente e nem influenciam o ambiente. Não recebem nenhum recurso externo e nada produzem que seja enviado para fora. A rigor, não existem sistemas fechados na acepção exata do termo. Essa denominação é dada aos sistemas cujo comportamento é determinístico e programado para operar com conhecido intercâmbio de matéria e energia com o ambiente. São sistemas mecânicos, como as máquinas e os equipamentos.
  - **Sistemas abertos**: apresentam relações de intercâmbio com o ambiente por meio de inúmeras entradas e saídas. Trocam matéria e energia regularmente com o meio ambiente. São adaptativos e para sobreviver devem reajustar-se constantemente às mutáveis condições do meio. A adaptabilidade é um contínuo processo de aprendizagem e de auto-organização.

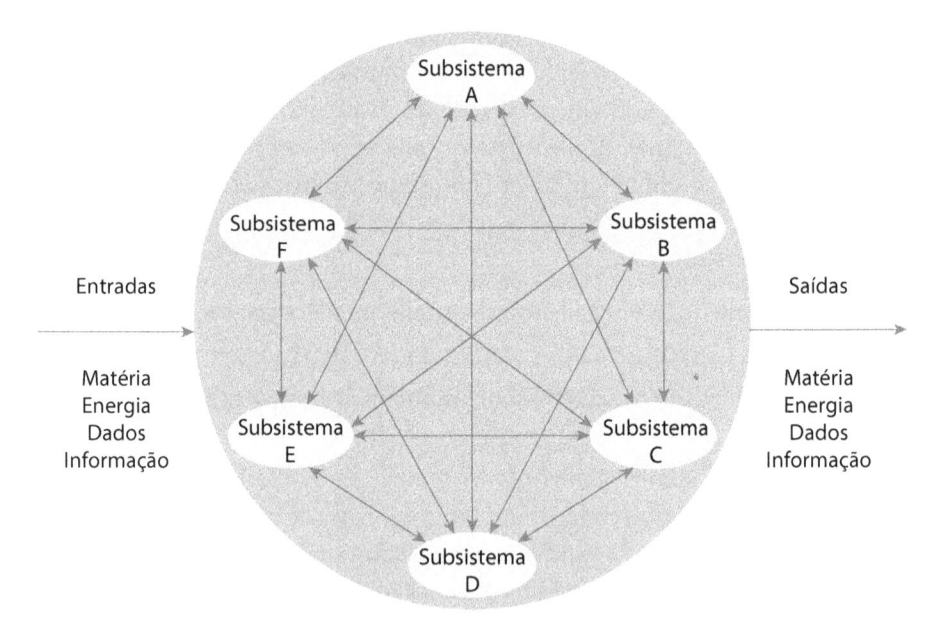

Figura 8.2 Modelo genérico de sistema aberto.

8.1.3 Parâmetros dos sistemas

Parâmetros são constantes arbitrárias que caracterizam o valor e a descrição dimensional do sistema ou de seu componente. Os parâmetros dos sistemas são: entrada, saída, processamento, retroação e ambiente.[11]

- **Entrada ou insumo (*input*)**: é a força ou impulso de arranque ou de partida do sistema que fornece o material ou energia ou informação para a operação do sistema. Recebe também o nome de importação.
- **Saída ou produto ou resultado (*output*)**: é a consequência para a qual se reúnem os elementos e as relações do sistema. Os resultados do sistema são as saídas. Estas devem ser congruentes (coerentes) com o objetivo do sistema. Os resultados recebem o nome de exportação.
- **Processamento ou processador ou transformador (*throughput*)**: é o mecanismo de conversão das entradas em saídas. O processador opera na produção de um resultado e pode ser representado pela caixa negra: nela entram os insumos e dela saem os produtos.
- **Retroação, retroalimentação ou retroinformação (*feedback*)**: ou alimentação de retorno. É a função de sistema que compara a saída com um padrão previamente estabelecido. A retroação tem por objetivo o controle, ou seja, o estado de um sistema sujeito a um monitor. Monitor é uma função de guia, direção e acompanhamento. A retroação é um subsistema planejado para sentir a saída e compará-la com o padrão preestabelecido para mantê-la controlada dentro daquele padrão ou critério, evitando desvios.
- **Ambiente**: é o meio que envolve externamente o sistema. O sistema aberto recebe suas entradas do ambiente, processa-as e efetua saídas ao ambiente. Existe entre ambos – sistema e ambiente – uma constante interação. O sistema e o ambiente estão inter-relacionados e são interdependentes. A viabilidade ou sobrevivência de um sistema depende de sua capacidade de adaptar-se, mudar e responder às exigências e às demandas do ambiente externo. O ambiente serve como fonte de energia, materiais e informação ao sistema. À medida que o ambiente muda, o sistema requer um processo de adaptação sensitivo e dinâmico. Essa abordagem "ecológica" indica que o ambiente pode ser tanto um recurso quanto uma ameaça à sobrevivência do sistema.

8.2 O SISTEMA ABERTO

O sistema aberto oferece um constante intercâmbio de transações com o ambiente e conserva-se no mesmo estado (autorregulação) apesar de a matéria e a energia que o integram se renovarem constantemente (equilíbrio dinâmico ou homeostase). O organismo humano não pode ser considerado uma simples aglomeração de partes separadas, e sim um sistema aberto que possui integridade e organização. O sistema aberto – como o organismo humano – é influenciado pelo meio ambiente e influi sobre ele, alcançando um estado de equilíbrio dinâmico nesse meio. O modelo de sistema aberto é um complexo de elementos em interação e intercâmbio contínuo com o ambiente. Por essa razão, a abordagem sistêmica provocou profundas repercussões na TO.

Quadro 8.1 Principais diferenças entre sistemas vivos e sistemas organizados[12]

Sistemas vivos (organismos)	Sistemas organizados (organizações)
■ Nascem, herdam seus traços estruturais ■ Morrem, seu tempo de vida é limitado ■ Têm um ciclo de vida predeterminado ■ São concretos – o sistema é descrito em termos físicos e químicos ■ São completos. O parasitismo e a simbiose são excepcionais ■ A doença é definida como um distúrbio no processo vital	■ São organizados, adquirem sua estrutura em estágios ■ Podem ser reorganizados, têm uma vida ilimitada e podem ser reconstruídos ■ Não têm ciclo de vida definido ■ São abstratos, descritos em termos psicológicos e sociológicos ■ São incompletos, dependem de cooperação com outras organizações e suas partes são intercambiáveis ■ O problema é definido como um desvio nas normas sociais

8.3 A ORGANIZAÇÃO COMO UM SISTEMA ABERTO

A organização é um sistema criado pelo ser humano e mantém uma dinâmica interação com seu meio ambiente, sejam clientes, fornecedores, concorrentes, entidades sindicais, órgãos governamentais e outros agentes externos. Influi sobre o meio ambiente e recebe forte influência dele. Além disso, é um sistema integrado por diversas partes ou unidades relacionadas entre si, que trabalham em harmonia umas com as outras, com a finalidade de alcançar uma série de objetivos, tanto da organização quanto de seus participantes.

Em suma, o sistema aberto:

Pode ser compreendido como um conjunto de partes em constante interação e interdependência, constituindo um todo sinérgico (o todo é maior do que a soma das partes), orientado para determinados propósitos (comportamento teleológico orientado para fins) e em permanente relação de interdependência com o ambiente (entendida como a dupla capacidade de influenciar o meio externo e ser por ele influenciado).[13]

> Aumente seus conhecimentos sobre **Sistema do corpo humano × sistemas organizacionais** na seção *Saiba mais ITO 8.2*

8.4 CARACTERÍSTICAS DAS ORGANIZAÇÕES COMO SISTEMAS ABERTOS

As organizações possuem as seguintes características de sistemas abertos:[14]

8.4.1 Comportamento probabilístico e não determinístico

Como sistemas sociais, as organizações são sistemas abertos afetados por mudanças em seus ambientes. Tais mudanças são denominadas variáveis externas. O ambiente inclui variáveis desconhecidas e incontroláveis. Por essa razão, as consequências dos sistemas sociais são probabilísticas e não determinísticas, e seu comportamento não é totalmente previsível.[15]

8.4.2 Organizações fazem parte de uma sociedade maior

As organizações são sistemas dentro de sistemas. Os sistemas são "complexos de elementos colocados em interação"[16] e as relações e interações entre suas partes produzem uma totalidade que não pode ser compreendida pela simples análise das partes tomadas isoladamente.

8.4.3 Interdependência das partes

A organização é um sistema social cujas partes são independentes, mas inter-relacionadas. "O sistema organizacional compartilha com os sistemas biológicos a propriedade de interdependência de suas partes, de modo que a mudança em uma das partes provoca impacto sobre as outras".[17] A organização não é um sistema mecânico no qual as partes podem ser mudadas sem um efeito concomitante sobre as outras. Devido à diferenciação provocada pela divisão do trabalho, as partes precisam ser coordenadas através de meios de integração e de controle.

8.4.4 Homeostase ou estado firme

A organização alcança um estado firme – um estado de equilíbrio – quando satisfaz dois requisitos: unidirecionalidade e progresso.[18]

1. **Unidirecionalidade ou constância de direção**: apesar das mudanças do ambiente ou da organização, os mesmos resultados são atingidos. O sistema continua orientado para o mesmo fim, mas usando outros meios.
2. **Progresso com relação ao objetivo**: o sistema mantém em relação ao objetivo desejado um grau de progresso dentro de limites definidos como toleráveis. O grau de progresso pode ser melhorado quando o sistema alcança o resultado com menor esforço e maior precisão.

Os dois requisitos para alcançar o estado firme – unidirecionalidade e progresso – exigem na organização liderança e comprometimento das pessoas com o objetivo a ser atingido.

Além disso, a organização – como sistema aberto – deve conciliar dois processos opostos, ambos imprescindíveis para sua sobrevivência, a saber:[19]

1. **Homeostasia**: tendência do sistema em permanecer estático ou em equilíbrio, mantendo inalterado seu *status quo* interno. A homeostasia garante a rotina e a manutenção do sistema ao buscar a estabilidade.
2. **Adaptabilidade**: mudança do sistema no sentido de ajustar-se aos padrões requeridos em sua interação com o ambiente externo, alterando seu *status quo* interno para alcançar um equilíbrio frente a novas situações externas. A adaptabilidade leva à mudança, à ruptura e à inovação.

8.4.5 Fronteiras ou limites

Fronteira é a linha que demarca e define o que está dentro e o que está fora do sistema. As organizações têm fronteiras que as diferenciam dos ambientes e que variam quanto ao grau de permeabilidade, pois são linhas de demarcação que podem deixar passar maior ou menor intercâmbio com o ambiente. As transações entre organização e ambiente são feitas por meio dos elementos situados nas fronteiras organizacionais, isto é, na periferia da organização. A permeabilidade das fronteiras define o grau de abertura do sistema em relação ao ambiente. É por meio da fronteira que existe a interface. Interface é a área ou canal entre os diferentes componentes de um sistema por meio do qual a informação é transferida ou o intercâmbio de energia, matéria ou informação é realizado.

> **SAIBA MAIS — A biologia e a física ajudando a entender a organização**
>
> O conceito de sistema aberto veio das ciências biológicas, que trouxe para a Administração outras reflexões importantes do sistema. O conceito da morfogênese vem da evolução pela qual passa um embrião, que muda e se adapta constantemente. As organizações, por não serem estáticas, transformam-se conforme sua evolução e as necessidades do meio. Já o termo **homeostase**, cunhado por um médico norte-americano, refere-se à necessidade de o organismo se manter em equilíbrio. No caso do corpo humano, quando sentimos frio e não estamos agasalhados, o próprio corpo procura meios de voltar ao equilíbrio para manter a temperatura interna média em 36,5°C. Um exemplo dessa ação é eriçar os pelos do corpo (arrepiar), formando uma fina camada de ar sob a pele, funcionando como um isolante térmico para evitar perda de calor. Com as organizações, ocorrem processos semelhantes, mas que dependem das decisões das pessoas. Se uma empresa passa por problemas financeiros, procura meios de se ajustar, a fim de voltar ao equilíbrio e manter sua sobrevivência. Na física, a palavra **resiliência** traz o conceito de determinado corpo que podemos deformar, mas ao soltar ele volta a ter suas características e formato originais. A borracha, por exemplo, é um material resiliente. Você pode martelar em uma borracha que ela volta ao seu estado original (claro que tem um limite). As pessoas e as organizações também buscam a resiliência, pois a competitividade exige adaptações e ajustes constantes para a superação das adversidades e dos desafios (ou seja, as "marteladas").

8.4.6 Morfogênese

Diferentemente dos sistemas mecânicos e dos sistemas biológicos, a organização é um sistema com capacidade de modificar a si próprio e sua estrutura básica. Essa é a propriedade morfogênica das organizações, considerada a característica identificadora delas.[20] Uma máquina não pode mudar suas engrenagens e um animal não pode criar uma cabeça a mais. Mas a organização pode modificar sua constituição e estrutura por um processo cibernético, por meio do qual seus membros comparam os resultados desejados com os resultados obtidos e detectam os erros que devem ser corrigidos para modificar a situação.

8.4.7 Resiliência

Em linguagem científica, a **resiliência** significa a capacidade do sistema de superar o distúrbio imposto por algum fenômeno externo. E o caso de elásticos ou molas que retornam sempre às suas condições anteriores depois de uma inflexão. Como sistemas abertos, as organizações são capazes de enfrentar e superar as perturbações externas sem que desapareça o seu potencial de auto-organização. A resiliência define o grau de defesa ou vulnerabilidade do sistema frente às pressões ambientais. Quando a organização tem elevada resiliência, as tentativas de recauchutagem de modelos tradicionais e burocráticos sofrem forte resistência ao avanço da inovação e da mudança.

8.5 MODELOS DE ORGANIZAÇÃO

Existem vários modelos que explicam o comportamento organizacional como um sistema aberto.

8.5.1 Modelo de Katz e Kahn

Katz e Kahn desenvolveram um modelo de organização[21] por meio da aplicação da TS à teoria administrativa. No modelo proposto, a organização apresenta as características típicas de um sistema aberto.

8.5.1.1 A organização como um sistema aberto

A organização é um sistema aberto que apresenta as seguintes características próprias:[22]

- **Importação (entradas)**: a organização recebe insumos do ambiente e depende de suprimentos renovados de energia de outras instituições ou pessoas. Nenhuma estrutura social é autossuficiente ou autocontida.
- **Transformação (processamento)**: os sistemas abertos transformam a energia recebida. A organização processa e transforma seus insumos em produtos acabados, serviços etc. Essas atividades acarretam alguma reorganização das entradas.
- **Exportação (saídas)**: os sistemas abertos exportam seus produtos, serviços ou resultados para o meio ambiente.
- **Os sistemas são ciclos de eventos que se repetem**: "O funcionamento do sistema aberto consiste em ciclos recorrentes de importação – transformação – exportação. A importação e a exportação são transações que envolvem o

sistema e setores do seu ambiente imediato, enquanto a transformação é um processo contido dentro do próprio sistema".[23] As organizações reciclam constantemente suas operações ao longo do tempo.

- **Entropia negativa**: a entropia é o processo pelo qual o sistema tende à exaustão, à desorganização, à desintegração e, no fim, à morte. Para sobreviverem, os sistemas abertos precisam se mover para deter o processo entrópico e se reabastecerem de energia para manter indefinidamente sua estrutura organizacional. É um processo reativo de obtenção de reservas de energia que recebe o nome de negentropia.

- **Informação como insumo, retroação negativa e processo de codificação**: os sistemas abertos recebem insumos, como materiais ou energia, que são transformados ou processados. Recebem também insumos de caráter informativo, que proporcionam sinais à estrutura sobre o ambiente e sobre seu próprio funcionamento em relação a ele.

- **Estado firme e homeostase dinâmica:** o sistema aberto mantém certa constância no intercâmbio de energia importada e exportada do ambiente para assegurar seu caráter organizacional e evitar o processo entrópico. O sistema aberto se caracteriza por um estado firme. Existe um influxo contínuo de energia do ambiente exterior e uma exportação contínua dos produtos do sistema, porém o quociente de intercâmbios de energia e as relações entre as partes continuam os mesmos. O estado firme é obtido por meio da homeostase, cujo princípio básico é a preservação do sistema. Lewin[24] o chama de equilíbrio quase estacionário e, segundo ele, os sistemas vivos importam mais energia do que a necessária para sua saída a fim de garantir sua sobrevivência e obter alguma margem de segurança além do nível imediato de existência.
  - **Diferenciação**: a organização tende à multiplicação e à elaboração de funções, o que lhe traz também multiplicação de papéis e diferenciação interna. Os padrões difusos se transformam em funções especializadas, hierarquizadas e diferenciadas. A diferenciação leva à divisão do trabalho organizacional.
  - **Equifinalidade**: o sistema aberto pode alcançar, por uma variedade de caminhos, o mesmo resultado final partindo de diferentes condições iniciais. À medida que os sistemas abertos criam mecanismos regulatórios (homeostase) para regular suas operações, a quantidade de equifinalidade é reduzida. Mas ela permanece: existe mais de um modo de o sistema produzir determinado resultado, ou seja, existe mais de um caminho para o alcance de um objetivo.

- **Limites ou fronteiras**: a organização como um sistema aberto apresenta limites ou fronteiras, isto é, barreiras entre o sistema e o ambiente. Os limites ou fronteiras definem a esfera de ação do sistema e o seu grau de abertura (receptividade de insumos) em relação ao ambiente.

As organizações constituem uma classe de sistemas sociais, os quais constituem uma classe de sistemas abertos. Os sistemas abertos não estão em repouso, nem são estáticos, e tendem à elaboração e à diferenciação.

SAIBA MAIS — **Entendendo o conceito de entropia**

Novamente, a física vem auxiliar no entendimento das organizações. A entropia faz parte da Segunda Lei da Termodinâmica. Para compreender melhor o conceito de entropia, imagine que um operário tem a missão de organizar peças semelhantes conforme suas cores (peças amarelas e vermelhas). Para tanto, ele as organiza em duas cestas, uma com cada cor. Vamos supor que esse operário saia para o almoço e um outro profissional, desavisado, precisando de uma cesta vazia, coloca as peças vermelhas na mesma cesta das peças amarelas, ficando uma sobre a outra. Não bastando, tropeça na cesta, sem deixar cair as peças, mas misturando todas elas. Tentando arrumar, procura balançar a cesta para ver se consegue separar as cores, mas o que consegue é misturar cada vez mais. Isso é a entropia. Ao continuar balançando a cesta, a tendência natural será de aumentar a entropia, ou seja, a desordem dentro do sistema. Ao levar esse conceito para a organização, que é um sistema aberto, caso o sistema (ou um de seus subsistemas) entrar em entropia, quanto maior a desordem, maiores as chances de ruptura e morte do sistema – no caso, a falência da organização. Para evitar, existe a necessidade de buscar a entropia negativa, ou seja, voltar ao estado normal. No exemplo, distribuir as peças nas cestas corretas, conforme as cores.

8.5.1.2 Cultura e clima organizacionais

Katz e Kahn salientam que:

> [...] cada organização cria sua própria cultura com seus próprios tabus, usos e costumes. A cultura do sistema reflete as normas e valores do sistema formal e sua reinterpretação pelo sistema informal, bem como decorre das disputas internas e externas das pessoas que a organização

atrai, seus processos de trabalho e distribuição física, as modalidades de comunicação e o exercício da autoridade dentro do sistema. Assim como a sociedade tem uma herança cultural, as organizações sociais possuem padrões distintivos de sentimentos e crenças coletivos, que são transmitidos aos novos membros.[25]

> **SAIBA MAIS** **A cultura e a entropia e homeostase**
>
> A fusão de empresas ocorre quando uma organização, por decisão estratégica, adquire outra. O mercado financeiro brasileiro passou por diversas fusões entre bancos, inclusive com saída e entrada de instituições estrangeiras. Quando essas fusões acontecem, é muito comum ocorrer a quebra do equilíbrio do sistema, principalmente da empresa que foi adquirida, pois existe um choque de culturas, ou seja, valores, costumes, ritos, visão, missão diferentes. São casos em que pode existir certa desordem no sistema, o que exige dos gestores um esforço para voltar ao equilíbrio (portanto, a busca pela homeostase) e à entropia negativa, ou seja, restabelecimento da ordem em seus processos, recursos físicos, financeiros e, principalmente, recursos humanos. Nos casos de fusão entre empresas, é muito comum profissionais não se adaptarem à cultura reinante, desligando-se espontaneamente. Muitos profissionais, inclusive, não exercem a resiliência em permanecer, o que poderia ajudar na prospecção de novos caminhos e oportunidades que uma ação desse porte pode acarretar.

8.5.1.3 Conceito de eficácia organizacional[26]

As organizações são sistemas abertos que sobrevivem somente enquanto forem capazes de manter negentropia, isto é, importação, sob todas as formas, de quantidades de energia maiores do que aquelas que elas devolvem ao ambiente como produto. Isso é óbvio, pois parte da entrada de energia é investida diretamente na produção como saída organizacional. Porém, parte da entrada absorvida é consumida pela organização para fazer o trabalho de transformação com consequente perda de energia entre a entrada e a saída.[27]

Assim, a eficiência organizacional refere-se a quanto de entrada da organização resulta como produto e quanto é absorvido pelo sistema. A eficiência relaciona-se com a necessidade de sobrevivência da organização.

Entretanto, a eficácia organizacional relaciona-se com o modo com que todas as formas de rendimento para a organização são maximizadas, o que é determinado pela combinação da eficiência da organização e seu êxito em obter condições vantajosas ou entradas de que necessita. A eficiência busca melhorias por meio de soluções técnicas e econômicas, enquanto a eficácia procura maximizar o rendimento para a organização por meios técnicos e econômicos (eficiência) e por meios políticos (não econômicos).

8.5.1.4 Organização como um sistema de papéis

Papel é o conjunto de atividades solicitadas de um indivíduo que ocupa uma determinada posição em uma organização. Os requisitos podem ser óbvios ao indivíduo, devido ao seu conhecimento da tarefa ou do processo técnico, ou podem ser comunicados a ele pelos membros da organização, que solicitam ou dependem de seu comportamento para que possam atender às expectativas de seus próprios cargos. Assim, a organização consiste de papéis ou aglomerados de atividades esperadas dos indivíduos e que se superpõem. A organização é uma estrutura de papéis. Melhor dizendo, um sistema de papéis.

8.5.2 Modelo sociotécnico

O modelo sociotécnico foi proposto pelo Instituto de Relações Humanas de Tavistock.[28] A organização é definida como um sistema aberto em interação constante com seu ambiente. Mais do que isso, a organização é um sistema sociotécnico estruturado sobre três subsistemas:[29]

1. **Subsistema técnico**: compreende as tarefas a serem desempenhadas, instalações físicas, equipamento e instrumentos utilizados, exigências da tarefa, utilidades e técnicas operacionais, ambiente e arranjo físico, bem como a operação das tarefas. Em resumo, o subsistema técnico envolve a tecnologia, o território e o tempo.[30] É o responsável pela eficiência potencial da organização.

2. **Subsistema social**: envolve pessoas com características físicas e psicológicas diferentes, relações sociais entre as pessoas encarregadas da execução das tarefas, bem como as exigências das organizações formal e informal na situação de trabalho. O subsistema social transforma a eficiência potencial em eficiência real.

3. **Subsistema gerencial**: administra os subsistemas técnico e social de maneira intimamente entrelaçada.

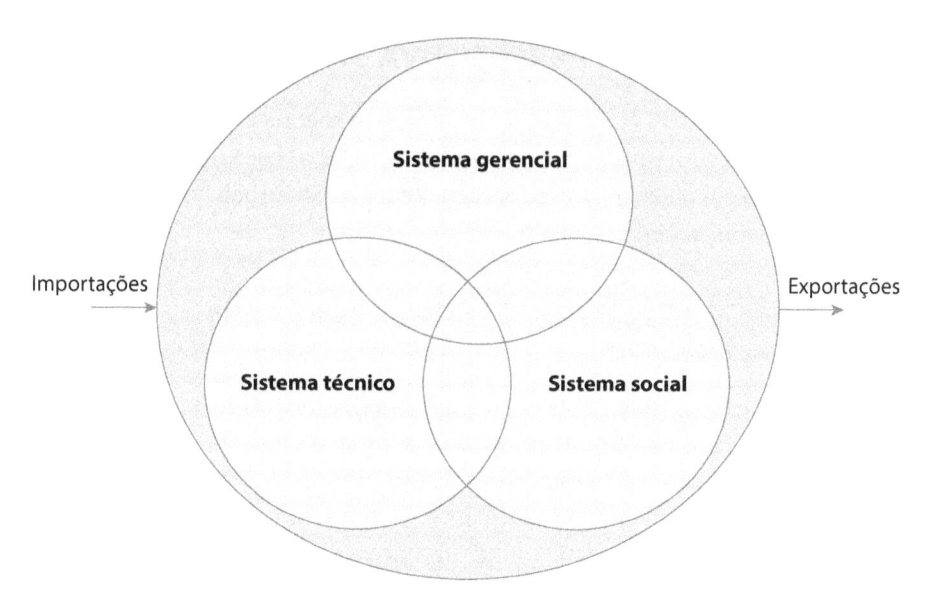

Figura 8.3 O sistema sociotécnico.

A abordagem sociotécnica[31] parte do pressuposto de que toda organização "importa" insumos do meio ambiente e utiliza essas importações em processos de "conversão" para então "exportar" produtos e serviços que resultam do processo de conversão. As importações são constituídas de informações sobre o meio ambiente, matérias-primas, dinheiro, equipamento e pessoas implicadas na conversão em algo que deve ser exportado e que cumpre exigências do meio ambiente. A tarefa primária da organização reside em sobreviver dentro desse processo cíclico de:

- **Importação**: aquisição de matérias-primas e insumos.
- **Conversão**: transformação das importações em exportações, ou seja, dos insumos em produtos ou serviços.
- **Exportação**: colocação dos resultados da importação e da conversão.

A abordagem sociotécnica utiliza o modelo de importação-conversão-exportação derivado da teoria de sistema aberto: a organização da empresa ajusta-se a esse modelo, pois ela realiza importações e exportações de materiais, pessoal, dinheiro, produtos. O processo importação-conversão-exportação dominante é aquele por meio do qual a tarefa primária da empresa é levada a cabo.[32]

8.6 IMPLICAÇÕES DA PERSPECTIVA SISTÊMICA

De todas as perspectivas já vistas, a sistêmica é a menos criticada pelo fato de concordar com a preocupação estrutural-funcionalista típica das ciências sociais de hoje.[33] Ela desenvolveu os conceitos dos estruturalistas e behavioristas e trouxe as seguintes implicações.[34]

8.6.1 Confronto entre teorias de sistema aberto e de sistema fechado

O conceito de sistemas tem sua origem nas disciplinas científicas (como biologia, sociologia etc.). Estas têm um denominador comum: o conceito de sistema aberto, que descreve as ações e as interações de um organismo em um ambiente. Os sistemas abertos trocam energia e informação com seus ambientes e são por eles influenciados. Essa abordagem trouxe uma nova e moderna concepção para a Administração, a partir dos seguintes aspectos:[35]

- A natureza dinâmica do ambiente conflita com a tendência essencialmente estática da organização. Esta é constituída para autoperpetuar-se ou para autoperpetuar sua estrutura, critérios, métodos e metas, e não para mudar esses elementos de acordo com as mudanças ocorridas no ambiente.
- Um sistema organizacional rígido não pode sobreviver na medida em que não consegue responder eficazmente às mudanças rápidas do ambiente.
- Para garantir sua viabilidade, a organização como sistema aberto oferece ao ambiente os produtos que ele necessita ou cria nele a necessidade de tais produtos, e assim garante a absorção dos produtos e a provisão de insumos.
- O sistema requer constante e rápida retroação do ambiente sobre a qualidade e quantidade dos insumos disponíveis e sobre a eficácia ou adequação dos produtos ou respostas da organização ao ambiente. A continuidade da oferta de produtos desnecessários resultará, a prazo médio, na redução dos insumos ou dos recursos, reduzindo a capacidade da organização para autossustentar-se e alcançar seus propósitos.

A abordagem de sistema aberto substituiu a velha perspectiva de sistema fechado que levou a TGA às seguintes distorções:[36]

- A teoria administrativa ficou limitada às regras de funcionamento interno, à apologia da eficiência como critério de viabilidade organizacional e à ênfase em rotinas e procedimentos, e não em programas.
- A perspectiva de organização como sistema fechado levou à insensibilidade da teoria administrativa tradicional com relação à interdependência entre a

organização e seu ambiente. Isso explica a transferibilidade inadequada, a importação acrítica de soluções e técnicas que, embora eficazes em alguns ambientes, não funcionam em outros. A premissa aparentemente lógica da perspectiva da organização como sistema fechado trouxe soluções e técnicas intertransferíveis, já que o ambiente não fazia diferença.

- Já que o ambiente não faz diferença, a perspectiva da organização como sistema fechado leva à insensibilidade para a necessidade de mudanças e adaptação contínua e urgente das respostas da organização ao ambiente. Em um ambiente em que a velocidade das mudanças é grande, certas organizações tenderão a desaparecer por se tornarem desnecessárias ao ambiente: seus produtos não mais atendem às necessidades, aos anseios e às solicitações do contexto.

8.6.2 Características básicas da análise sistêmica

As características fundamentais da perspectiva sistêmica são:[37]

- **Ponto de vista sistêmico**: a moderna teoria visualiza a organização como um sistema constituído de cinco parâmetros básicos: entrada, processo, saída, retroação e ambiente. A TGS inclui todos os tipos de sistemas – biológicos, físicos e comportamentais. Conceitos de controle, estrutura, objetivos e processos operacionais provindos da TGS e da Cibernética são importantes na moderna TO.
- **Abordagem dinâmica**: a ênfase da TO moderna é sobre o dinâmico processo de interação que ocorre dentro da estrutura de uma organização. Essa abordagem contrasta com a visão clássica, que enfatiza a estrutura estática. A moderna TO não desloca a ênfase na estrutura, mas adiciona a ênfase sobre o processo de interação entre as partes que ocorre na estrutura.
- **Multidimensional e multinivelada**: a moderna TO considera a organização dos pontos de vista micro e macroscópico. A organização é micro quando considerada dentro do seu ambiente (nível da sociedade ou país) e é macro quando analisa suas unidades internas. A teoria sistêmica considera todos os níveis e reconhece a importância das partes, bem como a *"gestalt"* ou totalidade e interação existente entre as partes em todos os níveis. Daí o efeito sinergístico que ocorre nas organizações.
- **Multimotivacional**: a TS reconhece que as organizações existem porque seus participantes esperam satisfazer vários objetivos individuais por meio delas. Esses objetivos não podem ser reduzidos a um objetivo único, como o lucro.
- **Probabilística**: a TO moderna tende a ser probabilística. Suas frases estão saturadas de expressões como "em geral" e "pode ser", demonstrando que muitas variáveis podem ser explicadas em termos preditivos e não com absoluta certeza.

- **Multidisciplinar**: a perspectiva sistêmica é multidisciplinar com conceitos vindos de vários campos de estudo – sociologia, psicologia, economia, ecologia, pesquisa operacional. A TO moderna representa uma síntese integrativa de partes relevantes de todos os campos no desenvolvimento de uma teoria geral das organizações.
- **Descritiva**: a perspectiva moderna é descritiva. Enquanto as mais antigas eram normativas e prescritivas – preocupadas em sugerir o que fazer e como fazer –, a moderna insiste em compreender os fenômenos organizacionais e deixar a escolha de objetivos e métodos ao pesquisador.
- **Multivariável**: a TO moderna assume que um evento pode ser causado por vários fatores inter-relacionados e interdependentes. Essa abordagem contrasta com as teorias antigas que pressupõem causação simples e linear (causa e efeito) e de fator único. A TO moderna reconhece que fatores causais são afetados por influências que eles próprios causaram por meio da retroação.
- **Adaptativa**: a TO assume que a organização é um sistema adaptativo. Para se manter viável (e continuar a existir) em seu ambiente, a organização deve adaptar-se aos requisitos cambiantes do ambiente. Organização e ambiente são vistos como interdependentes e em contínuo equilíbrio dinâmico, rearranjando suas partes quando necessário em face da mudança. A moderna TO visualiza a organização em um sentido ecológico, como um sistema aberto que se adapta por meio de um processo de retroação negativa para permanecer viável. Essa abordagem adaptativa e ecológica das organizações traz como consequência a focalização nos resultados (saída ou *output*) da organização em vez da ênfase sobre o processo ou atividades da organização, como nas antigas teorias. Ênfase sobre a eficácia e não somente ênfase sobre a eficiência.

8.6.3 Caráter integrativo e abstrato da Teoria de Sistemas

A TS é abstrata e conceptual e de difícil aplicação a situações gerenciais práticas.[38] Apesar de predominar na TO e ter "uma aplicabilidade geral ao comportamento de vários tipos de organizações e indivíduos em diferentes meios culturais",[39] a abordagem sistêmica é uma teoria geral que cobre todos os fenômenos organizacionais. Ela é uma teoria geral das organizações e da administração,[40] uma síntese integrativa de conceitos clássicos, neoclássicos, estruturalistas e comportamentais. Algumas variáveis novas foram incluídas nesse contexto. Embora o esquema geral dessa abordagem pareça completo na sua totalidade, muitos detalhes da teoria ainda permanecem por estudar e pesquisar.[41]

8.6.4 O efeito sinérgico das organizações

Vimos que a sinergia é o esforço simultâneo de vários órgãos que provoca um resultado ampliado e potenciado. Uma das razões da existência das organizações é o seu efeito sinérgico ou sinergístico. A sinergia faz com que o resultado da organização seja diferente em quantidade ou qualidade da soma de suas partes. A "aritmética organizacional" pode dar um resultado como 2 + 2 = 3, 4, 7, 13, A, X, Z unidades de saída. As unidades de saída podem ser iguais, maiores ou menores do que as unidades de entrada. No caso anterior, a saída 3 significa uma organização malsucedida por não haver sinergia. A saída 4 é uma organização em ponto de equilíbrio, também sem sinergia. As saídas 7 e 13 indicam uma organização bem-sucedida, pois a saída é maior do que seu custo. As saídas A, X ou Z representam dimensões de saída que podem ser qualitativamente diferentes das unidades de entrada.[42] O sistema aberto provoca um resultado maior do que a soma de suas partes quando apresenta sinergia: a reunião das partes proporciona o surgimento de novas potencialidades para o conjunto, qualidades emergentes que retroalimentam as partes, estimulando-as a utilizar suas potencialidades individuais. As organizações produzem valor agregado por meio do efeito sinergístico. Contudo, a aritmética organizacional pode proporcionar perdas, como 2 + 2 = 0 ou menos, quando ocorre entropia. Assim, o presidente da organização deve ser perito em totalidade e não um coordenador geral de diversas áreas separadas.

8.6.5 Uma nova abordagem organizacional

A perspectiva sistêmica trouxe uma nova maneira de ver as coisas, não somente em termos de abrangência, mas, principalmente, em termos de enfoque. O enfoque do todo e das partes, do dentro e do fora, do total e da especialização, da integração interna e da adaptação externa, da eficiência e da eficácia. A visão gestáltica e global privilegia a totalidade e suas partes, sem desprezar o emergente sistêmico: as propriedades do todo que não aparecem em nenhuma de suas partes. A visão do bosque e não de cada árvore apenas; a visão da cidade e não de cada rua ou prédio; a visão da organização e não apenas de cada uma de suas partes. Nessa nova abordagem organizacional, o importante é ver o todo e não cada parte isoladamente, para enxergar o emergente sistêmico. É esse emergente sistêmico que faz com que a água seja totalmente diferente dos elementos que a constituem, o hidrogênio e o oxigênio.

8.6.6 Ordem e desordem

Nem tudo é perfeito. A principal deficiência na noção de sistemas abertos é o conceito de equilíbrio. O mesmo conceito perseguido pelos autores estruturalistas e comportamentais. O ciclo contínuo e ininterrupto de funcionamento de um sistema cibernético (em que a entrada leva ao processamento, que leva à saída, que leva à retroação e que leva à homeostasia) tem como produto final a busca e a manutenção do estado de equilíbrio. Ao contrário do que se costumava acreditar, percebe-se que, na natureza, as situações de equilíbrio constituem exceção e não a regra geral. Atributos como estabilidade, permanência e equilíbrio são aqueles que menos existem nos aspectos sociais, econômicos, culturais, políticos etc. Essa parece ser a falha maior de um modelo de descrição da realidade que procura compreendê-la como estando em equilíbrio ou retornando sempre ao equilíbrio após ter sido afetada por alguma perturbação, ruído ou mudança.[43]

Hoje, predomina o conceito de que toda organização é caracterizada simultaneamente por ordem e desordem. Ordem, na medida em que congrega repetição, regularidade e redundância e é capaz de autorregulação para a preservação da estabilidade. E desordem, pois é também produtora de eventos, perturbações, desvios e ruídos, que conduzem à instabilidade e à mudança. Essa desordem pode ser de natureza objetiva (relacionada com os próprios eventos, desvios e ruídos efetivamente produzidos) ou subjetiva (relacionada com a incerteza quanto ao futuro).

Todavia, não há como negar a avassaladora influência da TS no campo da TO. Ela simplesmente mudou radicalmente os rumos e a maneira de estudar as organizações.

QUESTÕES PARA REVISÃO

1. Qual é a origem da Teoria dos Sistemas?
2. Defina o conceito de sistema.
3. Defina os conceitos de sistema aberto e sistema fechado.
4. As organizações são consideradas sistemas abertos. Por quê?
5. Cite um sistema que possui outros sistemas inseridos nele.
6. Qual é a relação entre entropia e processos organizacionais?
7. Qual é o motivo de um sistema organizacional procurar a homeostasia?
8. Uma organização é composta de qual(is) tipo(s) de sistema, em relação à sua constituição e natureza? Justifique sua resposta.

9. Explique as etapas do processo de um sistema aberto.
10. Relacione as principais diferenças entre um sistema aberto vivo (seres vivos) e os sistemas organizacionais.
11. "Na visão da Escola Clássica, o comportamento das organizações era mais determinístico do que probabilístico". Essa afirmação é verdadeira ou falsa? Justifique sua resposta.
12. Qual é a relação entre a morfogênese e as organizações?
13. Explique o conceito de resiliência.
14. Faça um quadro comparativo do modelo de Katz e Kahn com o modelo sociotécnico.
15. Faça um quadro comparativo do sistema aberto com o sistema fechado.

REFERÊNCIAS

1. BERTALANFFY, L. The Theory of Open Systems in Physics and Biology. *Science*, cit., v. III, p. 23-29, 1950.
2. BERTALANFFY, L. General Systems Theory: a new approach to unity of science. *Human Biology*, dez. 1951. *Vide* também: BERTALANNFY, L. *General Systems Theory*. Nova York: George Brasilier, 1968.
3. BERRIEN, F. K. *General and Social Systems*. New Brunswick: Rutgers University Press, 1968.
4. EMERY, F. E. *Systems Thinking*. Middlesex: Penguin Books, 1972. p. 8.
5. CHIAVENATO, I. *Introdução à Teoria Geral da Administração*. 10. ed. São Paulo: Atlas, 2020. p. 411.
6. JOHNSON, R. A.; KAST, F. E.; ROSENZWEIG, J. E. Designing Management Systems. *In*: SCHODERBECK, P. P. *Management Systems*. Nova York: John Wiley & Sons, 1968. p. 113.
7. BERTALANFFY, L. *Teoria Geral dos Sistemas*. Rio de Janeiro: Vozes, 1978.
8. MILLER, J. G. Living Systems: basic concepts. *Behavioral Science*, p. 196, 10 jul. 1965.
9. CHIAVENATO, I. *Introdução à Teoria Geral da Administração*, op. cit., p. 476-477.
10. CHIAVENATO, I. *Introdução à Teoria Geral da Administração*, op. cit., p. 476-477.
11. CHIAVENATO, I. *Introdução à Teoria Geral da Administração*, op. cit., p. 418-420.
12. CHIAVENATO, I. *Introdução à Teoria Geral da Administração*, op. cit., p. 479.
13. NASCIMENTO, K. T. A Revolução Conceptual da Administração: implicações para a formulação dos papéis e funções essenciais de um executivo. *Revista de Administração Pública*, v. 6, n. 2, p. 33-34, abr./jun. 1972.

14. CHIAVENATO, I. *Introdução à Teoria Geral da Administração, op. cit.*, p. 480-482.
15. WIELAND, G. F.; ULLRICH, R. A. *Organizations, Behavior, Design and Change*. Homewood: Richard D. Irwin, 1976. p. 7.
16. BERTALANFFY, L. *General Systems Theory, op. cit.*, p. 33.
17. LAWRENCE, P. R.; LORSCH, J. W. *Desenvolvimento Organizacional*: diagnóstico e ação, *op. cit.*, p. 9-10.
18. MILLER, J. G. Living Systems: basic concepts. *Behavioral Science*, v. 10, p. 193-237 e 229, jul. 1965; EMERY, F. E. *Systems Thinking, op. cit.*, p. 9.
19. LEVY, A. R. *Competitividade Organizacional*. São Paulo: Makron Books, 1992.
20. BUCKLEY, W. *A Sociologia e a Moderna Teoria dos Sistemas*. São Paulo: Cultrix, 1974. p. 92-102.
21. KATZ, D.; KAHN, R. L. *Psicologia Social das Organizações*. São Paulo: Atlas, 1972. p. 34-45.
22. KATZ, D.; KAHN, R. L. *Psicologia Social das Organizações, op. cit.*, p. 34-45.
23. KATZ, D.; KAHN, R. L. *Psicologia Social das Organizações, op. cit.*, 1972. p. 508.
24. LEWIN, K. *Principles of topological psychology*. Nova York: McGraw-Hill, 1936.
25. KATZ, D.; KAHN, R. L. *Psicologia Social das Organizações, op. cit.*, p. 85.
26. KATZ, D.; KAHN, R. L. *Psicologia Social das Organizações, op. cit.*, p. 175-198.
27. KATZ, D.; KAHN, R. L. *Psicologia Social das Organizações, op. cit.*, p. 176-177.
28. É o chamado Modelo de Tavistock.
29. RICE, A. K. *The Enterprise and its Enviromment*. Londres: Tavistock Publications, 1963. *Vide* também: EMERY, F. E.; TRIST, E. L. Sociotechnical Systems. *In*: CHURCHMAN, C. W.; VERHULST, M. (eds.). *Management Sciences*: models and techniques. Nova York: Pergamon Press, 1960.
30. MILLER, E. J. Technology, Territory and Time: the internal differentiation of complex production systems. *In*: FRANK, H. E. (ed.). *Organization Structuring*. Londres: McGraw-Hill, 1971. p. 81-115.
31. RICE, A. K. *Productivity and Social Organization*: the ahmedabad experiment. Londres: Tavistock, 1958.
32. TRIST, E. L.; BAMFORTH, K. W. Some Social and Psychological Consequences of the Lonwall Method of Coal-Getting. *Human Relations*, v. 4, p. 3-38, 1951.
33. MOTTA, F. C. P. *Teoria Geral da Administração*: uma introdução. São Paulo: Pioneira, 1990. p. 78.
34. CHIAVENATO, I. *Introdução à Teoria Geral da Administração, op. cit.*, p. 488-491.
35. NASCIMENTO, K. T. *A Revolução Conceptual, op. cit.*
36. NASCIMENTO, K. T. *A Revolução Conceptual, op. cit.*
37. HICKS, H. G.; GULLETT, C. R. *Organizations*: theory and behavior. Tóquio: McGraw-Hill, 1975. p. 213-219.

38. SCOTT, W. G.; MITCHELL, T. R. *Organization Theory*: a structural and behavioral analysis. Homewood: Richard D. Irwin, 1976. p. 67.
39. ISARD, W. *General Theory*. Cambridge: Massachusetts Institute of Technology Press, 1969. p. 494.
40. BECKETT, J. A. *Management Dynamics*: the new synthesis. Nova York: McGraw-Hill, 1971. p. 72, 159 e 208.
41. HICKS, H. G.; GULLETT, C. R. *Organizations*: theory and behavior, *op. cit.*, p. 219-220.
42. HICKS, H. G.; GULLETT, C. R. *The Management of Organizations*. Nova York: McGraw-Hill, 1976. p. 12.
43. BAUER, R. *Gestão da Mudança*: caos e complexidade nas organizações. São Paulo: Atlas, 1999. p. 48.

9 A ORGANIZAÇÃO NA PERSPECTIVA CONTINGENCIAL

O QUE VEREMOS ADIANTE
- Organizações mecanísticas e organizações orgânicas.
- Ambiente.
- Tecnologia.
- As organizações e seus níveis.
- Desenho organizacional.
- Implicações da perspectiva contingencial.
- Questões para revisão.

A perspectiva contingencial apresenta forte ênfase no ambiente e na sua poderosa influência sobre as organizações. Não há nada de absoluto nas organizações ou na Teoria das Organizações (TO). Tudo é relativo e tudo depende. As variáveis ambientais são variáveis independentes, enquanto as variáveis organizacionais são dependentes dentro de uma relação funcional do tipo "se-então". Mas a organização é ativa e não passivamente dependente. Ela reage às mudanças externas ao mesmo tempo em que cria outras mudanças no ambiente. Assim, há um aspecto proativo e não apenas reativo na perspectiva contingencial.

A perspectiva contingencial foi fruto de pesquisas que mostraram como as organizações funcionam em diferentes condições ambientais que são ditadas de fora da organização e que envolvem ameaças ou oportunidades. Percebeu-se que diferentes estruturas organizacionais são necessárias para executar diferentes estratégias e enfrentar diferentes ambientes. À medida que o ambiente muda, as organizações também são levadas a mudar.

9.1 ORGANIZAÇÕES MECANÍSTICAS E ORGANIZAÇÕES ORGÂNICAS

Uma pesquisa[1] para verificar a relação entre suas práticas administrativas e seu ambiente externo encontrou diferentes procedimentos administrativos nas indústrias. Elas foram classificadas em dois tipos: organizações mecanísticas e organizações orgânicas.[2]

As organizações mecanísticas apresentam as seguintes características:

- Estrutura burocrática baseada em uma minuciosa divisão do trabalho.
- Cargos ocupados por especialistas com atribuições claramente definidas.
- Decisões centralizadas e concentradas na cúpula da empresa.
- Hierarquia rígida de autoridade baseada no comando único.
- Sistema rígido de controle: a informação sobe por meio de filtros e as decisões descem por meio de uma sucessão de amplificadores.
- Predomínio da interação vertical entre superior e subordinado.
- Amplitude de controle administrativo estreita.
- Ênfase nas regras e procedimentos formais.
- Ênfase nos princípios universais da perspectiva clássica.

As organizações orgânicas apresentam as seguintes características:

- Estruturas organizacionais flexíveis com pouca divisão de trabalho.
- Cargos continuamente modificados e redefinidos por meio da interação com outras pessoas que participam da tarefa.
- Decisões descentralizadas e delegadas aos níveis inferiores.
- Tarefas executadas por meio do conhecimento que as pessoas têm da empresa como um todo.
- Hierarquia flexível, com predomínio da interação lateral sobre a vertical.
- Amplitude ampla de controle administrativo.
- Maior confiabilidade nas comunicações informais.
- Ênfase nos princípios de relacionamento humano da perspectiva humanística.

Quadro 9.1 Características dos sistemas mecânicos e orgânicos[3]

Características	Sistemas mecânicos	Sistemas orgânicos
Estrutura organizacional	Burocrática, permanente, rígida e definitiva	Flexível, mutável, adaptativa e transitória

(continua)

(continuação)

Características	Sistemas mecânicos	Sistemas orgânicos
Autoridade	Baseada na hierarquia e no comando	Baseada no conhecimento e na consulta
Desenho de cargos e tarefas	Definitivo Cargos estáveis e definidos Ocupantes especialistas e univalentes	Provisório Cargos mutáveis redefinidos constantemente Ocupantes polivalentes
Processo decisório	Decisões centralizadas na cúpula da organização	Decisões descentralizadas *ad hoc* (aqui e agora)
Comunicações	Quase sempre verticais	Quase sempre horizontais
Confiabilidade em:	Regras e regulamentos formalizados por escrito e impostos pela organização	Pessoas e comunicações informais entre as pessoas
Princípios predominantes	Princípios gerais da perspectiva clássica	Aspectos democráticos da perspectiva humanística
Ambiente	Estável e permanente	Instável e dinâmico

A pesquisa mostrou dois sistemas divergentes: um sistema mecanicista apropriado para organizações que operam em condições ambientais estáveis e um sistema orgânico apropriado para organizações que operam em condições ambientais mutáveis, como mostra a Figura 9.1.

Desenho mecanístico

- Coordenação centralizada
- Padrões rígidos de interação
- Cargos bem definidos e limitados
- Limitada capacidade de processar informação
- Ideal para tarefas simples e repetitivas
- Adequado para eficiência da produção

Desenho orgânico

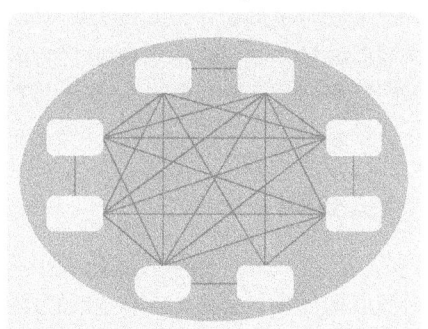

- Elevada interdependência
- Intensa interação
- Cargos mutáveis e autodefinidos
- Capacidade expandida de processar informação
- Ideal para tarefas únicas e complexas
- Adequado para criatividade e inovação

Figura 9.1 As propriedades da estrutura mecanística e da estrutura orgânica.[4]

A conclusão alcançada é que a forma mecanística de organização é apropriada para condições ambientais estáveis, enquanto a forma orgânica é apropriada para condições de mudança e inovação. Embora exagerado, parece haver um imperativo ambiental: o ambiente determina a estrutura e o funcionamento das organizações. Entretanto, o importante é que entre ambos os tipos de organização existe um *continuum* de variações intermediárias.

> **TENDÊNCIAS EM ITO**
>
> **O modelo mecanístico na Era Digital**
> Você deve ter percebido que as características presentes no modelo mecanístico, ou seja, um modelo de gestão mais centralizado e com uma gestão autocrática, está muito ligado ao modelo da Administração Científica, proposta por Taylor e demais autores da Escola Clássica, por exemplo, Henri Fayol. A divisão de cargos e a alta especialização voltada para o aumento da eficiência e, portanto, da produtividade, são pontos de destaque desse modelo. Esse é um dos motivos que esse tipo de gestão pode ser utilizado em tarefas simples e repetitivas. Todavia, na sociedade da Era Digital, as pessoas são cada vez mais valorizadas, até mesmo porque vivemos em um mundo no qual os serviços e o comércio são protagonistas na economia dos países, e esse segmento econômico somente tem sentido com pessoas que pensam, tomam decisões, são criativas e buscam inovação. As tarefas repetitivas estão cada vez mais com a robótica e outros artifícios tecnológicos. No mundo moderno, as organizações voltam-se, cada vez mais, para um modelo mais orgânico.

9.1.1 Adhocracia

As conclusões anteriores foram retomadas por Toffler[5] ao salientar que a sociedade do futuro será dinâmica e mutável. Para se alinhar ao ambiente mutável e turbulento, as organizações precisarão ser orgânicas, isto é, inovadoras, temporárias e antiburocráticas. Elas precisarão mudar suas feições internas com tal frequência que os cargos mudarão e as responsabilidades se deslocarão continuamente. As estruturas organizacionais serão flexíveis e mutáveis fazendo com que departamentos e divisões irrompam subitamente para se integrarem em outras organizações. A flexibilidade aparece mais dramaticamente nos projetos ou nas forças-tarefas, nos quais os grupos se reúnem a fim de resolver problemas específicos, temporários e evanescentes. Uma nova forma de organização surgirá: a adhocracia, o inverso da burocracia. A adhocracia (do latim *ad hoc* = para isso ou para este fim) significa uma estrutura flexível capaz de moldar-se contínua e rapidamente às condições ambientais em mutação.[6] Essa organização temporária – que se agrupa e se dissolve, que se modifica e se altera a cada momento – faz com que as pessoas, em vez de ocuparem cargos na organização, mudem de um lugar para outro. A hierarquia organizacional sofrerá colapso: haverá a exigência de maior volume de informações dentro de um ritmo mais rápido, o que derrubará a hierarquia vertical típica da burocracia. Os sistemas deverão ser temporários, adaptáveis e capazes de mutações rápidas e substanciais.

A adhocracia se caracteriza por:[7]

- Equipes temporárias e multidisciplinares de trabalho, isto é, autônomas e autossuficientes.
- Autoridade descentralizada, ou seja, equipes autogerenciáveis ou autoadministradas.
- Atribuições e responsabilidades fluidas e mutáveis.
- Poucas regras e procedimentos, isto é, muita liberdade de trabalho.

> Aumente seus conhecimentos sobre **Squad** e a **adhocracia** na seção *Saiba mais ITO 9.1*.

Quadro 9.2 Burocracia *versus* adhocracia[8]

Praticas organizacionais	Burocracia	Adhocracia
Planejamento	Detalhado e abrangente Estendido a longo prazo Envolve políticas, procedimentos, regras e regulamentos	Genérico e amplo Estendido a curto prazo Envolve apenas situações rotineiras e previsíveis
Organização	Apenas a organização formal Especialização Responsabilidades específicas Departamentalização funcional Centralização da autoridade	Também a organização informal Multifuncionalidade Responsabilidade vaga e difusa Departamentalização produto/cliente Descentralização da autoridade
Direção	Diretiva e autoritária Supervisão fechada e rígida Autoridade estrita e impessoal Centrada na tarefa	Participativa e democrática Supervisão genérica e ampla Autoridade baseada na liderança Centrada nas pessoas e nas tarefas

(continua)

(continuação)

Praticas organizacionais	Burocracia	Adhocracia
Controle	Amplo e detalhado Cumprimento de procedimentos Acentuação e reforço de regras	Genérico Orientado para resultados Acentua e reforça o autocontrole
Características	Formal, especializada e centrada em regras	Informal, multifuncional e baseada em equipes

No fundo, enquanto a burocracia representa o tipo ideal de organização mecanística, a adhocracia representa o tipo ideal de organização orgânica.

9.1.2 Mecanismos de diferenciação e de integração

As organizações apresentam características de diferenciação e integração.[9]

- **Diferenciação**: a organização divide seu trabalho em unidades ou departamentos, cada qual desempenhando uma tarefa especializada para um contexto ambiental também especializado. Cada departamento reage apenas à parte do ambiente que é relevante para sua própria tarefa. A diferenciação no ambiente de tarefa que circunda a organização provoca diferenciação na estrutura dos departamentos.

- **Integração**: refere-se ao processo oposto à diferenciação e é gerado por pressões vindas do ambiente da organização no sentido de obter unidade de esforços e coordenação entre os vários departamentos.

Diferenciação e integração são antagônicas: quanto maior a diferenciação da organização, mais meios de integração ela precisa utilizar. "Na medida em que os sistemas crescem de tamanho, eles se diferenciam em partes e o funcionamento dessas partes separadas tem de ser integrado para que o sistema como um todo seja viável".[10]

Em função desses aspectos contraditórios, verifica-se que não existe uma única maneira melhor de organizar as organizações. Ao contrário, elas precisam ser sistematicamente ajustadas e reajustadas às condições ambientais. Daí a fundamentação da perspectiva contingencial:[11]

- A organização é de natureza sistêmica, isto é, ela é um sistema aberto.
- As características organizacionais apresentam uma interação entre si e com o ambiente. Isso explica a íntima relação entre as variáveis externas (como a certeza e a estabilidade do ambiente) e as características da organização (diferenciação e integração organizacionais).
- As características ambientais funcionam como variáveis independentes, enquanto as características organizacionais são variáveis dependentes.

9.2 AMBIENTE

Ambiente é o contexto que envolve externamente a organização (ou o sistema). É a situação dentro da qual uma organização está inserida. Como a organização é um sistema aberto, ela mantém transações e intercâmbio com seu ambiente. Isso faz com que tudo o que ocorre externamente, no ambiente, passe a influenciar internamente o que ocorre na organização. O desafio é que as organizações pouco sabem a respeito de seus ambientes. Para fins meramente didáticos, o ambiente pode ser desdobrado em ambiente geral e ambiente de tarefa.

9.2.1 Ambiente geral

É o macroambiente, ou seja, o ambiente genérico e comum a todas as organizações. Tudo o que acontece no ambiente geral afeta direta ou indiretamente todas as organizações de maneira genérica. O ambiente geral é constituído de um conjunto de condições comuns para todas as organizações:[12]

- **Condições tecnológicas**: o desenvolvimento tecnológico que ocorre no ambiente provoca influências nas organizações, principalmente quando se trata de tecnologia inovadora, dinâmica e de futuro imprevisível. As organizações precisam adaptar-se e incorporar tecnologia do ambiente geral para não perder sua competitividade.
- **Condições legais**: constituem a legislação vigente e que afeta direta ou indiretamente as organizações, auxiliando-as ou impondo-lhes restrições às suas operações. São leis de caráter comercial, trabalhista, fiscal, civil etc. que constituem elementos normativos para a vida das organizações.
- **Condições políticas**: são as decisões e definições políticas tomadas em nível federal, estadual e municipal que influenciam as organizações e que orientam as condições econômicas.
- **Condições econômicas**: constituem a conjuntura que determina o desenvolvimento econômico ou a retração econômica e que condicionam fortemente as organizações. A inflação, a balança de pagamentos do país, a distribuição da renda interna constituem aspectos econômicos que influenciam profundamente as organizações.
- **Condições demográficas**: taxa de crescimento, população, raça, religião, distribuição geográfica, distribuição por sexo e idade são aspectos demográficos que determinam as características dos mercados atual e futuro.
- **Condições ecológicas**: são as condições relacionadas com o ambiente natural – a natureza – que envolve a organização. O ecossistema refere-se ao sistema de

intercâmbio entre os seres vivos e seu meio ambiente. Existe também a chamada ecologia social: as organizações influenciam e são influenciadas por aspectos como poluição, clima, aquecimento global, transportes, comunicações etc.
- **Condições culturais:** a cultura de um povo penetra nas organizações por meio das expectativas de seus participantes e de seus consumidores.

Todas essas condições do ambiente geral formam um campo dinâmico de forças que interagem entre si e têm um efeito sistêmico. Enquanto o ambiente geral é genérico e comum a todas as organizações, cada uma delas tem o seu próprio ambiente particular: o ambiente de tarefa.

9.2.2 Ambiente de tarefa

É o microambiente mais próximo, imediato e específico de cada organização. Constitui o segmento do ambiente geral do qual a organização extrai suas entradas e deposita suas saídas. É o ambiente de operações de cada organização e é constituído de:[13]
- **Fornecedores de entradas:** são os fornecedores de insumos e dos recursos de que uma organização necessita para trabalhar: recursos materiais (fornecedores de matérias-primas, que formam o mercado de fornecedores), recursos financeiros (fornecedores de capital que formam o mercado de capitais), recursos humanos (fornecedores de talentos que formam o mercado de candidatos) etc.
- **Clientes, consumidores ou usuários**: isto é, consumidores das saídas da organização.
- **Concorrentes**: cada organização não está sozinha e nem existe no vácuo, mas disputa com outras organizações os mesmos recursos (entradas) e os tomadores de saídas. Daí os concorrentes quanto a recursos e a clientes.
- **Entidades reguladoras**: cada organização está sujeita às ações de várias outras organizações que procuram regular ou fiscalizar suas atividades. É o caso de sindicatos, associações de classe, órgãos reguladores do governo, órgãos protetores do consumidor, organizações não governamentais (ONGs) etc.

As mudanças no ambiente – tanto no macroambiente quanto no microambiente – trazem incerteza e consequente imprevisibilidade às organizações. A incerteza é o principal desafio atual das organizações. Porém, ela não reside no ambiente, mas na percepção e na interpretação das organizações a respeito da realidade ambiental. O mesmo ambiente pode ser percebido de maneiras diferentes por organizações diferentes. É melhor dizer que a incerteza está na cabeça dos dirigentes das organizações.

Figura 9.2 Ambiente geral e ambiente de tarefa.[14]

9.2.3 Tipologia de ambientes

Embora o ambiente seja um só, cada organização está exposta a apenas uma pequena parte dele, e essa parte apresenta características diferentes das demais. Para facilitar a análise ambiental, existem tipologias de ambientes, relacionadas com o ambiente de tarefa:[15]

- **Quanto à estrutura**: os ambientes são classificados em homogêneos e heterogêneos.
  - **Ambiente homogêneo**: quando é composto de fornecedores, clientes, concorrentes e agências reguladoras semelhantes. O ambiente é homogêneo quando há pouca segmentação ou diferenciação dos mercados.
  - **Ambiente heterogêneo**: quando ocorre muita diferenciação entre os fornecedores, clientes, concorrentes e agências reguladoras, provocando uma diversidade de problemas diferentes à organização. O ambiente é heterogêneo quando há muita diferenciação dos mercados.

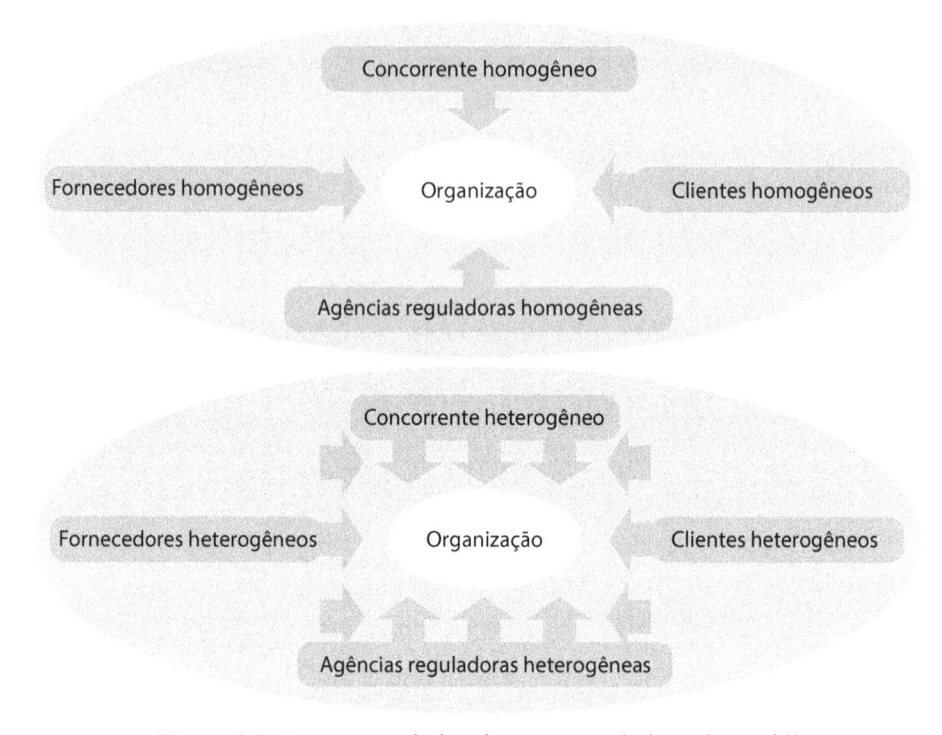

Figura 9.3 Homogeneidade e heterogeneidade ambiental.[16]

Na realidade, os ambientes homogêneos e heterogêneos constituem dois extremos de um *continuum* e não simplesmente dois tipos de ambientes.

Ambiente homogêneo	*Continuum*	Ambiente heterogêneo
• Pouca segmentação de mercado • Características homogêneas de fornecedores, clientes e concorrentes • Simplicidade ambiental • Problemas ambentais homogênos • Reações uniformes da organização • Estrutura organizacional simples	⟷	• Muita segmentação de mercado • Características heterogêneas de fornecedores, clientes e concorrentes • Complexidade ambiental • Problemas ambientais heterogêneos • Reações diferenciadas da organização • Estrutura organizacional diferenciada

Figura 9.4 O *continuum* homogeneidade-heterogeneidade ambiental.[17]

- **Quanto à dinâmica**: os ambientes são classificados em estáveis e instáveis.
  - **Ambiente estável**: é o ambiente caracterizado por pouca ou nenhuma mudança. As mudanças são lentas e previsíveis ou onde quase não ocorrem mudanças. É um ambiente tranquilo e previsível.

Capítulo 9 – A Organização na Perspectiva Contingencial

- **Ambiente instável**: é o ambiente dinâmico e mutável. Os agentes estão constantemente provocando mudanças e influências recíprocas, formando um campo dinâmico de forças. A instabilidade provocada pelas mudanças gera a incerteza para a organização.

Ambiente estável	Continuum	Ambiente instável
• Estabilidade e permanência • Pouca mudança • Problemas ambientais e rotineiros • Previsibilidade e certeza • Rotina e conservação • Manutenção do *status quo* • Reações padronizadas e rotineiras • Tendência à burocracia • Lógica do sistema fechado • Preocupação com a organização • Intra-orientação para a produção • Ênfase na eficiência	⟷	• Instabilidade e variação • Muita mudança e turbulência • Problemas ambientais novos • Imprevisibilidade e incerteza • Ruptura e transformação • Inovação e criatividade • Reações variadas e inovadoras • Tendência à adhocracia • Lógica dos sistema aberto • Preocupação com o ambiente • Extra-orientação para o mercado • Ênfase na eficácia

Figura 9.5 O *continuum* estabilidade-instabilidade ambiental.[18]

As duas tipologias podem ser reduzidas a dois *continuum*: homogeneidade-heterogeneidade e estabilidade-instabilidade, conforme Figura 9.6.

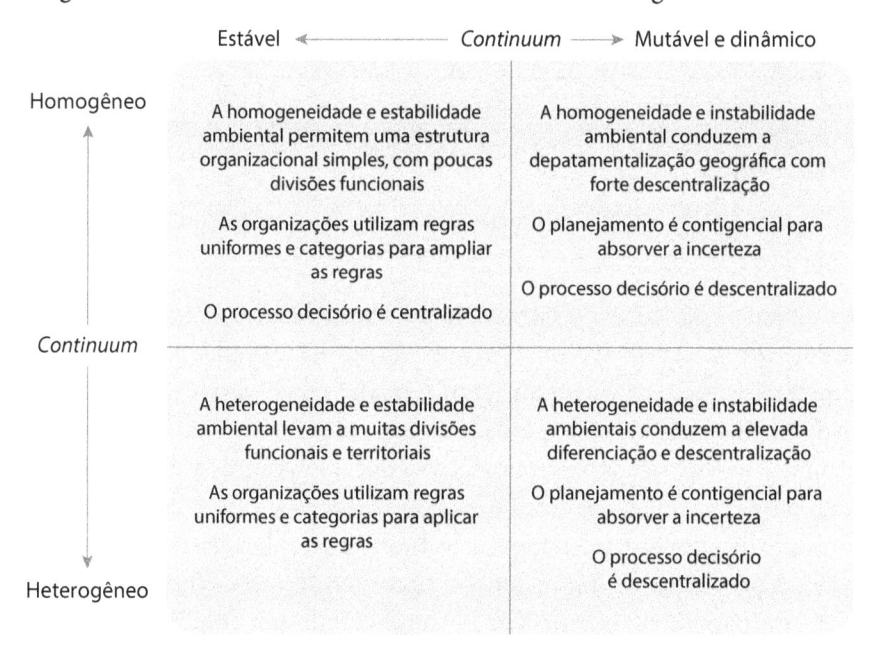

	Estável ⟵ Continuum ⟶ Mutável e dinâmico	
Homogêneo ↑	A homogeneidade e estabilidade ambiental permitem uma estrutura organizacional simples, com poucas divisões funcionais As organizações utilizam regras uniformes e categorias para ampliar as regras O processo decisório é centralizado	A homogeneidade e instabilidade ambiental conduzem a depatamentalização geográfica com forte descentralização O planejamento é contigencial para absorver a incerteza O processo decisório é descentralizado
Continuum		
↓ Heterogêneo	A heterogeneidade e estabilidade ambiental levam a muitas divisões funcionais e territoriais As organizações utilizam regras uniformes e categorias para aplicar as regras	A heterogeneidade e instabilidade ambientais conduzem a elevada diferenciação e descentralização O planejamento é contigencial para absorver a incerteza O processo decisório é descentralizado

Figura 9.6 Correlação entre estrutura e dinâmica ambiental.[19]

Quanto mais o ambiente de tarefa for homogêneo, menor a diferenciação exigida à organização, pois as coações impostas pelo ambiente são tratadas por uma estrutura organizacional simples e com pouca departamentalização. Contudo, quanto mais o ambiente de tarefa for heterogêneo, maior a diferenciação exigida à organização, pois as coações serão diferentes exigindo diferenciação por meio de maior departamentalização.

Por outro lado, quanto mais o ambiente de tarefa for estável, menor o volume de contingências impostas à organização, permitindo-lhe adotar uma estrutura burocrática e conservadora dotada de elevada previsibilidade, pois o ambiente apresenta poucas mudanças. Contudo, quanto mais o ambiente de tarefa for instável, maior o volume de contingências impostas à organização, exigindo que esta absorva a incerteza por meio de uma estrutura organizacional mutável e inovadora.

Quadro 9.3 Influência do ambiente no comportamento das organizações[20]

		Estável	Mutável
		Reações empresariais padronizadas e uniformes no tempo	Reações empresariais diferenciadas e variadas no tempo
Homogêneo	Estrutura organizacional simples e centralizada no espaço	Coações uniformes do ambiente. 1	Contingências uniformes do ambiente 2
Heterogêneo	Estrutura organizacional complexa, diferenciada e descentralizada no espaço	3 Coações diferenciadas do ambiente	4 Contingências diferenciadas do ambiente

O ambiente influencia a organização pelo lado de fora. Contudo, do lado de fora e de dentro a tecnologia constitui outra variável independente que influencia as características organizacionais (aqui tomadas como variáveis dependentes). Além do impacto ambiental – que para alguns autores representa um imperativo ambiental –, existe o impacto tecnológico – que, para outros autores, representa um imperativo tecnológico – sobre as organizações.

Do ponto de vista organizacional, a tecnologia é a aplicação do conhecimento científico à produção – o *know-how* – e suas manifestações físicas – como máquinas, equipamentos, instalações –, constituindo um complexo de técnicas usadas na conversão dos insumos em produtos ou serviços, isto é, em resultados.

> **TENDÊNCIAS EM ITO**
>
> **A Era Digital e o ambiente**
>
> As organizações se encontram em um ambiente, além de suas fronteiras, atualmente caracterizado por grandes mudanças, alta competitividade, diversas fontes de incertezas (políticas, problemas decorrentes de alterações ambientais, epidemias, pandemias etc.), além das mudanças tecnológicas, que alteram os modelos de negócio, a forma de produção e de relação com o cliente etc. A estabilidade, antes presente e constante na Era Industrial, hoje não faz parte da agenda estratégica das organizações. Mesmo as empresas que atuam em um ambiente, cujo negócio propicia operar em um ambiente com estrutura mais homogênea, são afetadas pelas alterações do ambiente.

Todas as organizações utilizam alguma forma de tecnologia para executar suas operações e realizar suas tarefas. A tecnologia adotada pode ser rudimentar (como a vassoura ou escovão para faxina e limpeza) ou sofisticada (como os modernos *softwares* de gestão de dados com ajuda do computador). O que é evidente é que as organizações dependem cada vez mais da tecnologia para poder funcionar melhor e alcançar seus objetivos com mais facilidade e rapidez.

A tecnologia pode estar ou não incorporada a bens físicos.

- **Tecnologia incorporada**: quando contida em bens de capital, matérias-primas ou componentes. Assim, um automóvel é um conjunto de materiais mais a tecnologia que tornou possível sua fabricação e que está incorporada nele. Nesse sentido, a tecnologia corresponde ao conceito de *hardware*.
- **Tecnologia não incorporada**: encontra-se nas pessoas – como técnicos, peritos, especialistas, engenheiros, pesquisadores – sob formas de conhecimentos intelectuais ou operacionais, habilidade mental ou manual para executar operações ou em documentos que a registram e asseguram sua conservação e transmissão – como mapas, plantas, desenhos, projetos, patentes, relatórios. Corresponde aqui ao conceito de *software*. As duas formas de tecnologia – incorporada e não incorporada – interagem entre si.[21]

No fundo, a tecnologia é o tipo de conhecimento utilizado no sentido de transformar elementos materiais – matérias-primas, componentes – ou simbólicos – dados, informações – em bens ou serviços, modificando sua natureza e suas características.

A tecnologia pode ser considerada sob dois ângulos diferentes: como uma variável ambiental e externa e como uma variável organizacional e interna.[22]

- **Tecnologia como variável ambiental**: como um componente do meio ambiente, na medida em que as organizações adquirem, absorvem e incorporam tecnologias criadas e desenvolvidas pelas outras organizações do seu ambiente de tarefa.
- **Tecnologia como variável organizacional**: como um componente da própria organização, na medida em que ela está incorporada no nível técnico ou operacional da organização, passando assim a influenciá-lo internamente e influenciando também o seu ambiente de tarefa.

Devido à sua complexidade, os autores tentaram propor classificações ou tipologias de tecnologias para facilitar o estudo de sua administração.

9.2.4 Tipologia de Thompson

A tecnologia é uma importante variável para a compreensão das ações das organizações.[23] As ações das organizações se baseiam nos objetivos desejados e nas convicções sobre como alcançar tais objetivos – que constituem a tecnologia ou racionalidade técnica de cada organização. Conforme o arranjo na organização, pode-se distinguir três tipos de tecnologia.[24]

1. **Tecnologia de elos em sequência**: baseada na interdependência serial das tarefas que é necessária para completar um produto: o ato Z pode ser executado depois de completar com êxito o ato Y que, por sua vez, depende do ato X, e assim por diante, em uma sequência de elos encadeados e interdependentes. É o caso da linha de montagem típica da produção em massa.[25]
2. **Tecnologia mediadora**: baseada na intermediação em organizações que têm por função básica a ligação de clientes que são ou desejam ser interdependentes. O banco comercial liga os depositantes com os clientes que tomam dinheiro emprestado. A companhia de seguros liga os que desejam associar-se em riscos comuns. A empresa de propaganda vende tempo ou espaço ligando os veículos às organizações. A companhia telefônica liga os que querem chamar com os que querem ser chamados. A agência de colocações media a procura com a oferta de empregos. A tecnologia requer modalidades padronizadas para envolver clientes ou compradores distribuídos no tempo e no espaço. Cada transação deve obedecer a termos padronizados e procedimentos uniformes de escrituração e contabilização envolvendo técnicas burocráticas de categorização e aplicação impessoal dos regulamentos.[26]
3. **Tecnologia intensiva**: está baseada na convergência de várias habilidades, especializações e competências sobre um único cliente. A organização utiliza várias técnicas para modificar um objeto específico. A seleção, a combinação

e a ordem de aplicação dependem da realimentação proporcionada pelo próprio objeto. Hospitais, indústrias de construção civil e industrial e estaleiros navais utilizam esse tipo de organização.

Quadro 9.4 Tipologia de tecnologias[27]

Tecnologia	Principais características
Elos em sequência	▪ Interdependência serial entre as diferentes tarefas ▪ Ênfase no produto ▪ Tecnologia fixa e estável ▪ Processo produtivo repetitivo e cíclico ▪ Abordagem típica da Administração Científica
Mediadora	▪ Diferentes tarefas padronizadas são distribuídas em diferentes locais ▪ Ênfase em clientes separados, mas interdependentes, mediados pela empresa ▪ Tecnologia fixa e estável, produto abstrato ▪ Repetitividade do processo produtivo, padronizado e sujeito a normas e procedimentos ▪ Abordagem típica da Teoria da Burocracia
Intensiva	▪ Diferentes tarefas são convergidas e focalizadas sobre cada cliente individual ▪ Ênfase no cliente ▪ Tecnologia flexível ▪ Processo produtivo variado e heterogêneo com técnicas determinadas pela retroação do objeto ▪ Abordagem típica da perspectiva contingencial

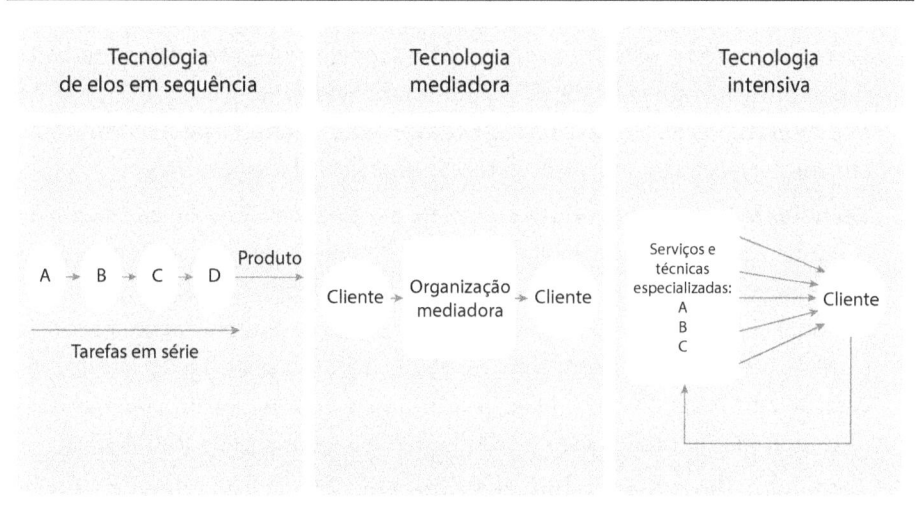

Figura 9.7 Tipologia de tecnologias.

Dependendo de sua aplicação, a tecnologia pode assumir dois tipos básicos:[28]

1. **Tecnologia flexível**: permite que as máquinas, o conhecimento técnico e as matérias-primas possam ser usados para outros produtos ou serviços diferentes. A maleabilidade da tecnologia permite que ela tenha outras aplicações diferentes.
2. **Tecnologia fixa**: não permite utilização em outros produtos ou serviços. É a tecnologia inflexível e utilizada para um único e exclusivo fim.

Seja flexível, seja fixa, a influência da tecnologia é mais perceptível quando associada com o tipo de produto da organização. Existem dois tipos de produtos:

1. **Produto concreto**: pode ser descrito com precisão, identificado com especificidade, medido e avaliado. É o produto físico e palpável.
2. **Produto abstrato**: não permite descrição precisa nem identificação e especificação notáveis. É o produto não palpável.

Ambas as classificações binárias podem ser reunidas em uma tipologia de tecnologia e de produtos que leva em conta suas consequências para a elaboração da estratégia organizacional. Daí as quatro combinações:[29]

1. **Tecnologia fixa e produto concreto**: é típica de organizações em que a mudança tecnológica é pequena ou difícil. A preocupação reside na possibilidade de que o mercado venha a rejeitar ou dispensar o produto oferecido pela organização. A formulação da estratégia organizacional enfatiza a colocação do produto com especial reforço na área mercadológica, como nas empresas do ramo automobilístico.
2. **Tecnologia fixa e produto abstrato**: a mudança tecnológica é difícil e a estratégia organizacional enfatiza a obtenção do suporte ambiental para a mudança. A organização influencia seu ambiente de tarefa para que aceite novos produtos que deseja oferecer. É o caso das instituições educacionais baseadas em conhecimentos especializados e que oferecem uma variedade de cursos.
3. **Tecnologia flexível e produto concreto**: a mudança tecnológica é fácil para produzir um produto novo ou diferente por meio da adaptação de máquinas, técnicas, equipamentos, conhecimentos e competências. A estratégia organizacional enfatiza a inovação pela pesquisa e pelo desenvolvimento para criar produtos diferentes ou com características novas para antigos produtos. É o caso de empresas do ramo plástico ou equipamentos eletrônicos, nas quais as tecnologias adotadas são constantemente reavaliadas e modificadas.
4. **Tecnologia flexível e produto abstrato**: a tecnologia é adaptável e mutável. A estratégia organizacional enfatiza a obtenção do consenso externo em

relação ao produto ou serviço a ser oferecido ao mercado (consenso de clientes) e aos processos de produção (consenso dos funcionários). O desafio está na escolha de qual é a alternativa mais adequada. É o caso de empresas de propaganda e relações públicas, consultoria administrativa, consultoria legal, auditoria, ONGs.

Quadro 9.5 Matriz de tecnologia/produto[30]

		Produto	
		Concreto	**Abstrato**
Tecnologia	**Fixa**	▪ Poucas possibilidades de mudanças e falta de flexibilidade da tecnologia ▪ Estratégia voltada para a colocação do produto no mercado ▪ Ênfase na área mercadológica da empresa ▪ Receio de rejeição do produto pelo mercado	▪ Flexibilidade da tecnologia para mudanças nos limites da tecnologia ▪ Estratégia para a busca de aceitação de novos produtos pelo mercado ▪ Ênfase na área mercadológica (promoção e propaganda) ▪ Receio de não ter suporte ambiental
	Flexível	▪ Mudanças nos produtos pela adaptação ou mudança tecnológica ▪ Estratégia voltada para a inovação e a criação de novos produtos ou serviços ▪ Ênfase na área de pesquisa e desenvolvimento (P&D)	▪ Adaptabilidade ao meio ambiente e flexibilidade tecnológica ▪ Estratégia para obter consenso externo (quanto a novos produtos) e consenso interno (quanto a novos processos) ▪ Ênfase nas áreas de P&D (novos produtos e processos), mercadológica (consenso dos clientes) e recursos humanos (consenso dos funcionários)

9.2.5 Impacto da tecnologia nas organizações

A influência da tecnologia sobre a organização é enorme devido às seguintes razões:[31]

▪ A tecnologia influencia a estrutura e o comportamento organizacional. Alguns autores falam de imperativo tecnológico: a tecnologia determina a estrutura da organização e seu comportamento. Apesar do exagero da afirmação, não há dúvida de que existe um forte impacto da tecnologia sobre a vida e o funcionamento das organizações.

- A tecnologia define a racionalidade técnica da organização e é sinônimo de eficiência. E a eficiência tornou-se o critério normativo pelo qual as organizações são avaliadas pelo mercado.
- A tecnologia permite melhorar cada vez mais a eficácia dentro dos limites do critério normativo de produzir eficiência.

	Fatores tecnológicos	Fatores tecnológicos	Fatores tecnológicos
	Fatores humanos	Fatores humanos	Fatores humanos

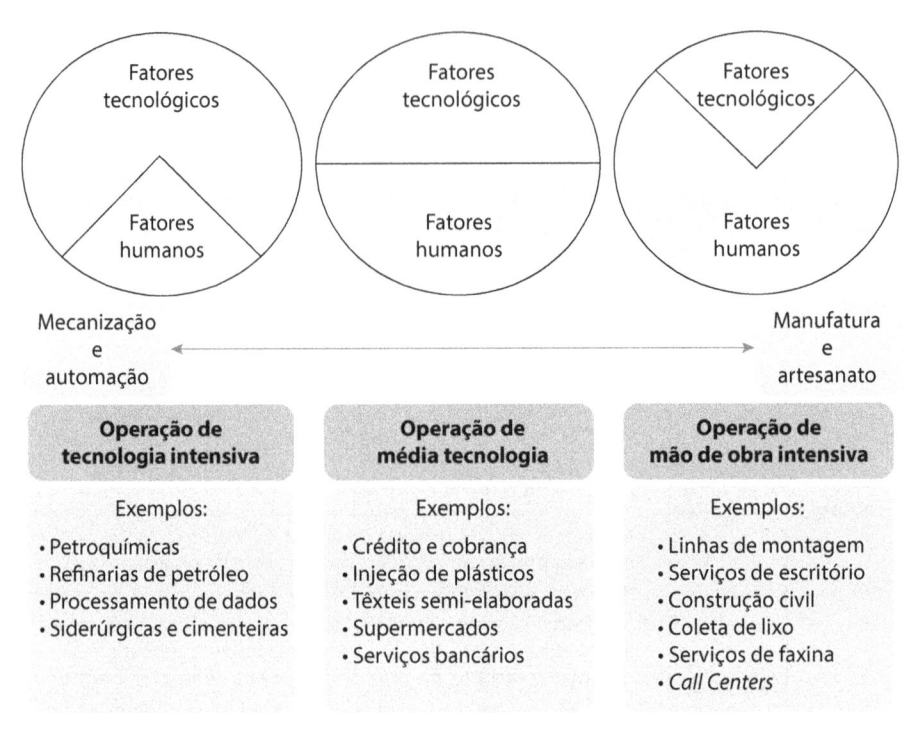

Mecanização e automação ←——————————————→ Manufatura e artesanato

Operação de tecnologia intensiva	Operação de média tecnologia	Operação de mão de obra intensiva
Exemplos: • Petroquímicas • Refinarias de petróleo • Processamento de dados • Siderúrgicas e cimenteiras	Exemplos: • Crédito e cobrança • Injeção de plásticos • Têxteis semi-elaboradas • Supermercados • Serviços bancários	Exemplos: • Linhas de montagem • Serviços de escritório • Construção civil • Coleta de lixo • Serviços de faxina • *Call Centers*

Figura 9.8 Influência dos fatores tecnológicos e humanos na organização.[32]

Aumente seus conhecimentos sobre **Tecnologia e resistência à mudança** na seção *Tendências em ITO 9.2*

9.3 AS ORGANIZAÇÕES E SEUS NÍVEIS

O ambiente impõe desafios externos à organização, enquanto a tecnologia impõe desafios internos. Para se defrontar com os desafios externos e internos, as organizações diferenciam-se em três níveis organizacionais:[33]

1. **Nível institucional ou estratégico**: corresponde ao nível mais elevado e é composto de diretores, proprietários ou acionistas e dos altos executivos. É o nível em que as decisões são tomadas e que são definidos os objetivos da organização e as estratégias para alcançá-los. É basicamente extrovertido, pois mantém a interface com o ambiente. Lida com a incerteza pelo fato de não ter poder ou controle sobre os eventos ambientais atuais e muito menos capacidade de prever os eventos ambientais futuros.

2. **Nível intermediário**: chamado nível mediador ou nível gerencial, é o nível situado entre o nível institucional e o nível operacional e que cuida da articulação interna entre ambos. Trata-se da linha do meio de campo. Atua na escolha e na captação dos recursos necessários, bem como na distribuição e na colocação dos produtos e serviços da organização nos diversos segmentos do mercado. É o nível que lida com os problemas de adequação das decisões tomadas no nível institucional (no topo) com as operações realizadas no nível operacional (na base da organização). Compõe-se da média administração em uma cadeia escalar envolvendo pessoas ou órgãos que transformam as estratégias em programas de ação para atingir os objetivos organizacionais.

3. **Nível operacional**: é o nível técnico ou núcleo técnico localizado nas áreas inferiores da organização. É responsável pelos problemas de execução cotidiana e eficiente das operações da organização e é orientado para as exigências da tarefa técnica a ser executada, com os materiais a serem processados e a cooperação das pessoas no andamento dos trabalhos. Envolve o trabalho básico de produção dos produtos ou serviços e pelas áreas que programam e executam as tarefas e operações básicas da organização. É nele que estão instalações físicas, máquinas e equipamentos, linhas de montagem, escritórios e balcões de atendimento cujo funcionamento deve atender a rotinas e procedimentos programados dentro de uma regularidade e continuidade para assegurar a utilização plena dos recursos disponíveis e a máxima eficiência das operações.

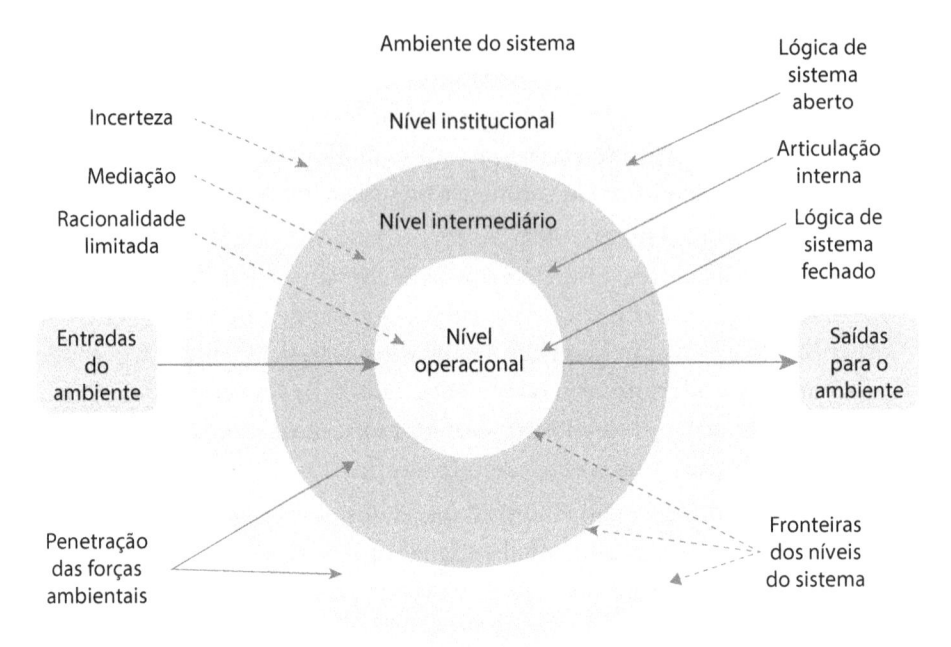

Figura 9.9 Os níveis organizacionais e seu relacionamento com a incerteza.

> **SAIBA MAIS**
>
> **Os níveis e suas definições de estratégia**
>
> Cada nível organizacional tem uma responsabilidade a partir do desenho da estratégia definida pela organização. A definição da estratégia no nível institucional segue uma linha mais geral, de mais longo prazo, que toda a organização deve conhecer e buscar atingir. São objetivos delineados a partir de uma análise do ambiente. Um exemplo simples poderia ser o de crescimento do *Market Share* (posicionamento no mercado em que a empresa atua), em X%. A partir do planejamento estratégico, o nível intermediário, formado por gerentes de nível médio e supervisores, define o plano tático, de médio prazo e direcionado para sua equipe.
> Por exemplo, uma equipe que atua diretamente com o cliente, poderia ter como meta aumentar a retenção em Y%. Por fim, o planejamento operacional, executado pelos funcionários que estão mais diretamente envolvidos na produção, é realizado a curto prazo. Por exemplo, melhorar o índice de satisfação com o atendimento em Z%.

9.4 DESENHO ORGANIZACIONAL

As organizações são, de um lado, sistemas abertos que se defrontam com a incerteza que provém das coações e contingências externas impostas pelo ambiente e que nelas penetram por meio do nível institucional. Sua eficácia reside na tomada de decisões que permitam que a organização se antecipe às oportunidades, se defenda das coações e se ajuste às contingências ambientais. Porém, por outro lado, ao mesmo tempo, as organizações são sistemas fechados, tendo em vista que o nível operacional funciona em termos de certeza e previsibilidade, operando a tecnologia conforme critérios de racionalidade limitada. A eficiência reside nas operações executadas dentro de programas, rotinas e procedimentos cíclicos, repetitivos, padronizados nos moldes da "melhor maneira" (*the best way*) e da otimização na utilização dos recursos disponíveis.

Assim, a estrutura e o comportamento organizacional dependem do ambiente externo e da tecnologia internamente adotada pela organização.[34]

9.4.1 Novas abordagens ao desenho organizacional

A perspectiva contingencial preocupou-se com o desenho das organizações devido à influência da abordagem sistêmica. O desenho organizacional retrata a configuração da estrutura da organização e implica no arranjo dos órgãos no sentido de aumentar a eficiência e eficácia organizacional. Como as organizações vivem em um mundo de mudança, sua estrutura deve se caracterizar pela flexibilidade e pela adaptabilidade ao ambiente e à tecnologia. Quanto maior a incerteza a respeito do ambiente, maior a flexibilidade da estrutura organizacional.[35]

9.4.2 Estrutura matricial

A matriz – ou organização em grade – combina o arranjo de duas formas de departamentalização – funcional e por produto ou projeto – na mesma estrutura organizacional. É uma estrutura mista e híbrida que apresenta duas dimensões: gerentes funcionais e gerentes de produtos ou projeto em uma delicada balança de duplo poder. Com isso, o princípio da unidade de comando vai para o espaço. Cada unidade organizacional passa a ter dupla subordinação: segue orientação dos gerentes funcionais e dos gerentes de produto/projeto simultaneamente. A estrutura matricial funciona como uma tabela de dupla entrada.

A estrutura matricial é uma adaptação da estrutura funcional para torná-la mais ágil e flexível às mudanças ambientais.[36]

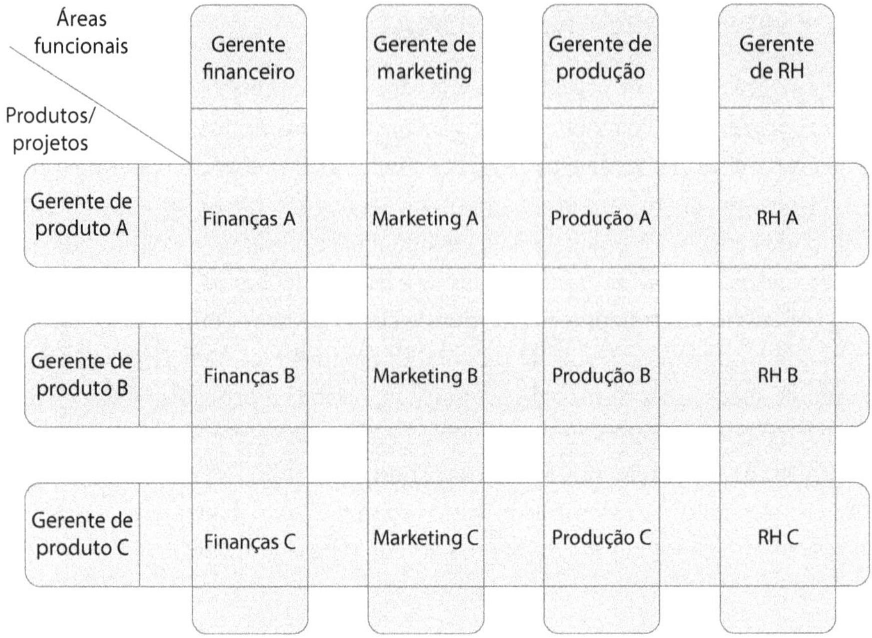

	Gerente financeiro	Gerente de marketing	Gerente de produção	Gerente de RH
Gerente de produto A	Finanças A	Marketing A	Produção A	RH A
Gerente de produto B	Finanças B	Marketing B	Produção B	RH B
Gerente de produto C	Finanças C	Marketing C	Produção C	RH C

Áreas funcionais / Produtos/projetos

Figura 9.10 Estrutura matricial.

- **Vantagens da estrutura matricial**: aproveita as vantagens da estrutura funcional e de produto/projeto enquanto neutraliza as fragilidades e as desvantagens de ambas. Enquanto a estrutura funcional enfatiza a especialização das funções, mas não enfatiza o negócio, a de produto/projeto enfatiza o negócio, mas não enfatiza a especialização. Ela sobrepõe o gerente de produto com responsabilidade pelo lucro com os gerentes funcionais que administram os recursos da empresa. Assim, permite satisfazer duas necessidades da organização: especialização e coordenação.
- **Limitações da estrutura matricial**: apesar de utilizada como meio de incentivar inovação e flexibilidade, a estrutura matricial viola a unidade de comando e introduz conflitos de duplicidade de supervisão. Derruba a cadeia de comando e a coordenação vertical, enquanto melhora a coordenação lateral. Impõe uma nova cultura organizacional e um novo tipo de comportamento dentro da organização.
- **Aplicações da estrutura matricial**: a matriz proporciona um esquema participativo e flexível que depende da colaboração das pessoas e enfatiza a interdependência entre departamentos. Utiliza equipes cruzadas (funcionais e por produto/projeto) como resposta à mudança e à inovação.

9.4.3 Organização por equipes

É uma resposta à tendência de integrar o trabalho conjunto nas organizações. A cadeia vertical de comando é um meio de controle, mas sua desvantagem é jogar a responsabilidade para a cúpula. As organizações estão delegando autoridade e responsabilidade em todos os níveis por meio de equipes participativas para obter comprometimento das pessoas. O *empowerment* faz parte disso. A abordagem de equipes torna as organizações mais flexíveis e ágeis ao ambiente global e competitivo.[37]

A organização por equipes traz as seguintes vantagens:[38]

- Aproveita as vantagens da estrutura funcional – como economias de escala e treinamento especializado – com as vantagens do relacionamento grupal.
- Reduz barreiras entre departamentos aumentando o compromisso pela maior proximidade entre as pessoas.
- Menor tempo de reação aos requisitos do cliente e mudanças ambientais. As decisões da equipe são rápidas e dispensam a aprovação hierárquica.
- Participação das pessoas com envolvimento em projetos e não em tarefas monótonas do departamento. As tarefas são ampliadas e enriquecidas.

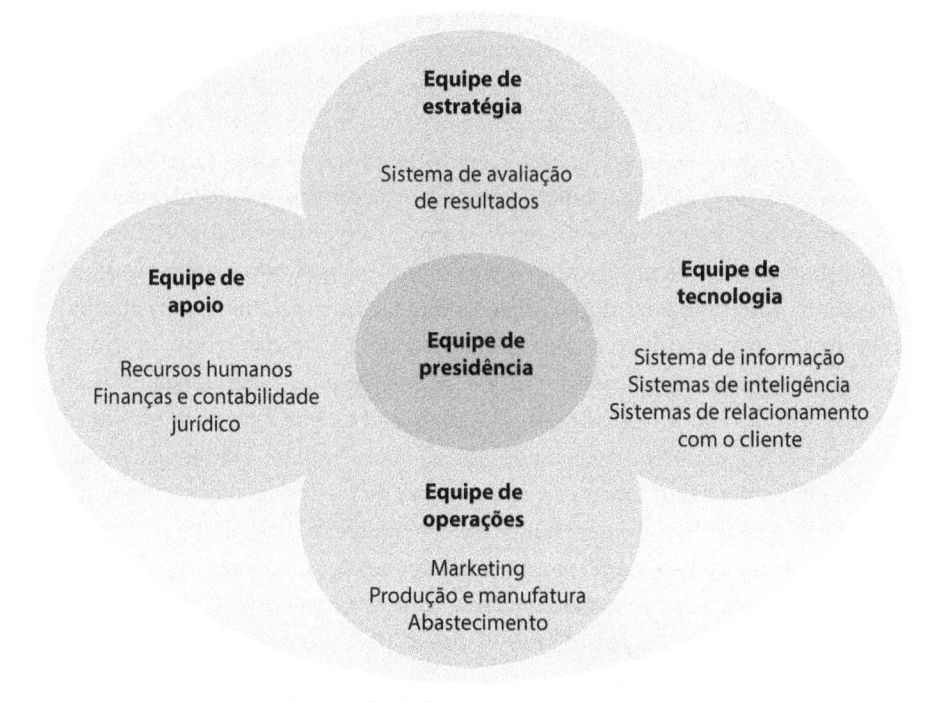

Equipe de estratégia
Sistema de avaliação de resultados

Equipe de apoio
Recursos humanos
Finanças e contabilidade
jurídico

Equipe de presidência

Equipe de tecnologia
Sistema de informação
Sistemas de inteligência
Sistemas de relacionamento com o cliente

Equipe de operações
Marketing
Produção e manufatura
Abastecimento

Figura 9.11 Estrutura por equipes.

- Menores custos administrativos, pois a equipe derruba a hierarquia, não requerendo gerentes para sua supervisão.

A estrutura por equipes também tem suas desvantagens:

- Apesar do entusiasmo pela participação, os membros da equipe enfrentam conflitos, pois a equipe funcional cruzada impõe diferentes solicitações aos seus membros.
- Aumento de tempo e recursos despendidos em reuniões, o que aumenta a necessidade de coordenação.
- Pode levar a uma descentralização exagerada e não planejada. Enquanto os gerentes departamentais tomam decisões em função dos objetivos organizacionais, os membros da equipe nem sempre têm uma noção corporativa e podem tomar decisões que são boas para a equipe, mas que podem ser más para a organização.

> **SAIBA MAIS**
>
> **Benchmarking e the best way**
>
> As empresas procuram a melhor maneira de realizar suas atividades produtivas (*the best way*), a fim de, constantemente, ampliar sua produtividade e suas vantagens competitivas. Uma forma muito usual de verificar quais são as melhores práticas para a realização de uma atividade ou processos, é o uso da técnica do *benchmarking*. Consiste em comparar as melhores práticas (processos, produtos e serviços) com empresas consideradas excelentes no mercado – as *benchmarks*. Tem por objetivo identificar as práticas que essas empresas realizam e **adaptar** o que for de melhor para a organização que realiza a pesquisa. Os resultados podem ajudar a reduzir os custos, o desperdício, o retrabalho, melhorar a qualidade etc. No *benchmarking*, pode ser avaliado qualquer função (RH, vendas, controladoria, logística etc.). A pergunta que se faz ao utilizar essa técnica é "qual a melhor prática adotada para se realizar uma determinada atividade?". Note que, conforme já estudado na perspectiva contingencial, essa técnica não deve ser entendida como uma cópia, pois o que serve para uma organização, nem sempre pode ser adotado na íntegra por outra. Por esse motivo, a palavra **adaptar** deve estar em destaque. O que for identificado deve ser **adaptado** e melhorado para a empresa que realiza a pesquisa.

9.4.4 Abordagens em redes

A estrutura em rede (*network organization*) permite que a organização transfira algumas funções tradicionais para empresas ou unidades separadas que são interligadas por meio de um órgão coordenador, que constitui o núcleo central. Produção, vendas, engenharia, contabilidade passam a constituir serviços prestados por unidades separadas que trabalham sob contrato e que são conectadas eletronicamente a um escritório central para efeito de coordenação e integração. A companhia central retém o aspecto essencial do negócio (*core business*), enquanto transfere para terceiros as atividades que outras companhias podem fazer melhor e mais barato. As redes podem ser físicas ou virtuais.

A estrutura em redes apresenta duas características básicas:[39]

1. **Modularidade**: as áreas ou processos constituem módulos completos e separados. Cada módulo funciona como um bloco em um caleidoscópio, permitindo conectividade, arranjos e agilidade nas mudanças.

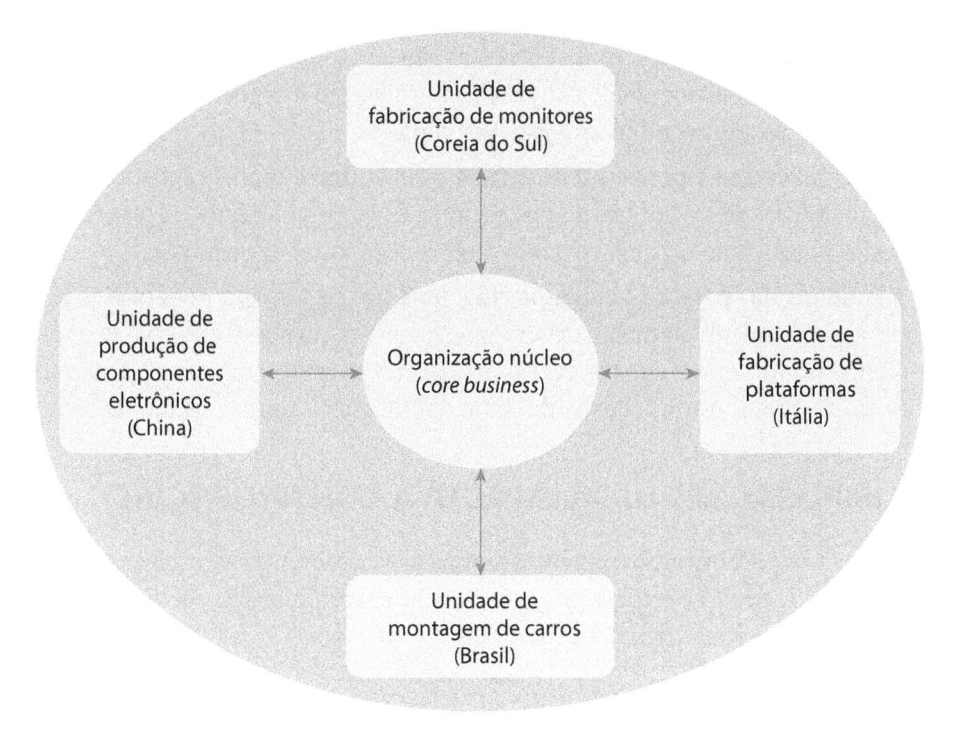

Figura 9.12 Organização em redes.

2. **Sistema celular**: combina processos e arranjos de produtos, nos quais se alocam pessoas e recursos em células autônomas e autossuficientes para as operações necessárias para produzir um produto ou projeto. Cada célula de produção tem total autonomia para planejar e trabalhar.

A estrutura em rede torna difícil reconhecer onde começa e onde termina a organização em termos tradicionais.[40]

As vantagens da organização em redes são as seguintes:[41]

- **Permite competitividade em escala global**: aproveita as vantagens no mundo todo e alcança qualidade e preço em seus produtos e serviços.
- **Flexibilidade da força de trabalho e liberdade para executar as tarefas onde elas são necessárias**: o que permite mudar rapidamente sem ter as limitações de fábricas próprias ou de equipamentos fixos. A organização tem total liberdade para redefinir-se em direção a novos produtos e oportunidades de mercado.
- **Custos administrativos reduzidos**: pois sua hierarquia é menor que as organizações tradicionais.

As desvantagens da organização em redes são:

- **Falta de controle global**: pois os gerentes não têm todas as operações dentro de sua empresa e dependem de contratos, coordenação e negociação com outras empresas para tocar todas as coisas em conjunto.
- **Maior incerteza e potencial de falhas**: pois se uma empresa subcontratada deixa de cumprir o contrato, o negócio pode ser prejudicado. A incerteza é maior porque não existe o controle direto sobre todas as operações.
- **A lealdade das pessoas é enfraquecida**: pois elas sentem que podem ser substituídas por outros contratos de serviços. A cultura corporativa torna-se frágil. Com produtos e mercados mutáveis, a organização pode mudar as pessoas para adquirir o composto adequado de novas habilidades e competências humanas.

9.5 IMPLICAÇÕES DA PERSPECTIVA CONTINGENCIAL

A perspectiva contingencial representa uma das mais recentes abordagens da TO. Ela envolve todas as perspectivas anteriores dentro do prisma da abordagem sistêmica de maneira coerente e integrada.

Quadro 9.6 As perspectivas sobre as organizações e seus fundamentos[42]

Ênfase	Perspectivas organizacionais
Tarefas	Administração Científica
Estrutura	Perspectiva Clássica
	Perspectiva Neoclássica
	Perspectiva Estruturalista
Pessoas	Perspectiva Humanística
	Perspectiva Comportamental
Tecnologia	Perspectiva Contingencial
Ambiente	Perspectiva Sistêmica
	Perspectiva Contingencial
	Perspectiva Atual

As principais implicações da perspectiva contingencial são:[43]

9.5.1 Relatividade na Teoria das Organizações

A perspectiva contingencial rechaça os princípios universais e definitivos de administração. A prática administrativa é situacional e circunstancial. Ela é contingente, pois depende de situações e circunstâncias diferentes e variadas. Tudo é relativo e tudo depende. Nada é absoluto ou universalmente aplicável. A abordagem contingencial representa a primeira tentativa séria de responder à questão de como os sistemas intercambiam com seu ambiente. Ela requer habilidades de diagnóstico situacional e não somente habilidades de utilizar ferramentas de trabalho. Administrar não é somente indicar o que fazer, mas analisar por que fazer as coisas. A teoria contingencial proporciona conceitos, métodos, diagnósticos e técnicas para análise e solução de problemas.

9.5.2 Bipolaridade e relatividade nos conceitos

Os conceitos da perspectiva contingencial são utilizados em termos relativos, como em um *continuum*. Não existem conceitos únicos e estáticos e em termos absolutos e definitivos, mas conceitos dinâmicos que são abordados em diferentes situações e circunstâncias e em diferentes graus de variação.

Teoria X	Teoria Y
Sistema mecanicista	Sistema orgânico
Ambiente homogênio	Ambiente heterogênio
Ambiente estável	Ambiente instável
Tecnologia fixa	Tecnologia flexível
Produto concreto	Produto abstrato

Figura 9.13 As dimensões bipolares e contínuas.

9.5.3 Ênfase no ambiente

A perspectiva contingencial aborda a organização de fora para dentro para mostrar a profunda influência ambiental na estrutura e no comportamento das organizações e a necessidade de consonância entre a organização e seu ambiente. Para ser bem-sucedida, a organização precisa ajustar-se continuamente às demandas e às características mutáveis do ambiente em que opera.

Capítulo 9 – A Organização na Perspectiva Contingencial

+

- Receptividade ambiental
- Incentivos
- Facilidades
- Aberturas
- Condições favoráveis
- Contigências positivas

Oportunidade

- Condições neutras

Neutralidade

- Contigências imprevisíveis
- Condições desfavoráveis
- Restrições e limitações
- Problemas e desafios
- Coações e pressões ambientais
- Hostilidade ambiental

Ameaças

−

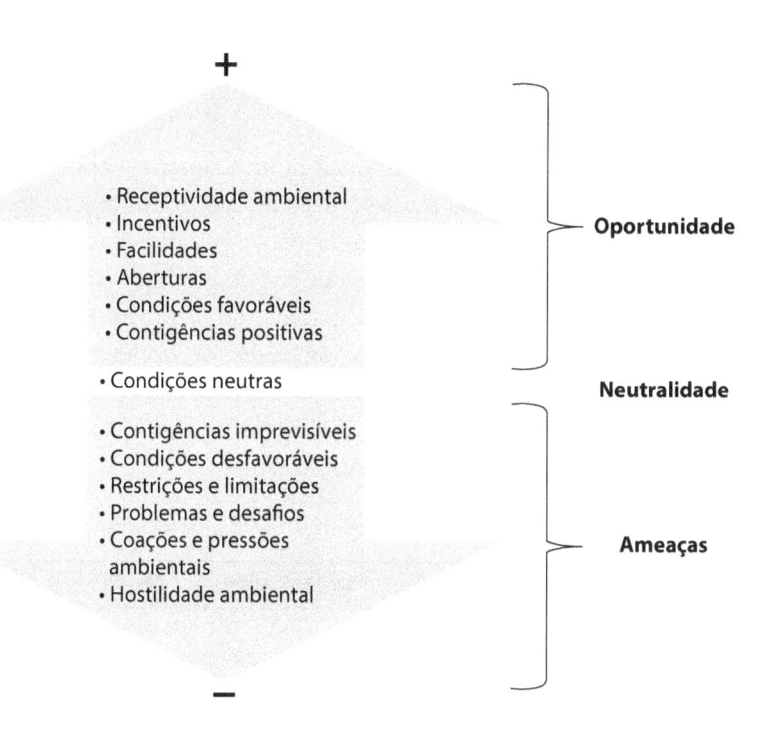

Figura 9.14 O ambiente como fonte de oportunidades e de ameaças.

9.5.4 Ênfase na tecnologia

A organização é vista como um meio de utilização racional da tecnologia. A tecnologia impacta fortemente as características organizacionais. Ela constitui a variável independente que condiciona a estrutura e o comportamento organizacional – as variáveis dependentes. A tecnologia influencia as características pessoais, os conhecimentos e as competências que as pessoas devem oferecer do ponto de vista profissional. A tecnologia representa simultaneamente uma variável ambiental e uma variável organizacional, ou seja, uma variável exógena e uma variável endógena para as organizações.

9.5.5 Compatibilidade entre abordagens de sistema fechado e sistema aberto

A perspectiva contingencial demonstra que as abordagens mecanísticas – de sistemas fechados – focam apenas os aspectos internos das organizações, enquanto as abordagens orgânicas – de sistemas abertos – focam os aspectos da periferia organizacional e nos níveis organizacionais mais elevados. Entre as organizações burocráticas ou mecanísticas e as organizações adhocráticas ou orgânicas existe um *continuum* de variações intermediárias.

Além disso, cada organização possui simultaneamente características tanto mecanísticas quanto orgânicas. As organizações são, ao mesmo tempo, sistemas abertos e sistemas fechados: os níveis inferiores e situados no âmago interno da organização trabalham dentro da lógica de sistema fechado, enquanto os níveis mais elevados, situados na periferia organizacional e que servem de interface para o meio ambiente trabalham com a lógica de sistema aberto.

Também a ação administrativa, isto é, o processo de planejar, organizar, dirigir e controlar, além de ser contingencial, é totalmente diferente conforme o nível organizacional considerado, como mostra o Quadro 9.7.

Quadro 9.7 O processo administrativo nos três níveis organizacionais[44]

Níveis	Planejamento	Organização	Direção	Controle
Institucional	Estratégico e sistêmico Foco nos objetivos organizacionais de longo prazo	Desenho organizacional	Direção	Estratégico e sistêmico
Intermediário	Tático e departamental Foco nos objetivos intermediários de médio prazo	Desenho departamental	Gerência	Tático e departamental
Operacional	Operacional e cotidiano Foco em programas e metas de curto prazo	Desenho de cargos e tarefas	Supervisão	Operacional e detalhado

9.5.6 Caráter eclético e integrativo

A perspectiva contingencial é a mais eclética e integrativa de todas as perspectivas da TO. Além de considerar todas as contribuições das anteriores, é com ela que se nota que as fronteiras entre as diversas perspectivas da TO estão se tornando cada vez mais permeáveis e incertas devido a um crescente e pujante intercâmbio de ideias e conceitos. Isso mostra que, no futuro, a TO tende a ser cada vez mais uma teoria integrada e única, em vez de um emaranhado de perspectivas.

Em resumo, a teoria da contingência aproximou a teoria administrativa da Era da Informação e aos tempos de fortes mudanças e transformações. Sem dúvida, foi um passo adiante em direção à chegada da Era Digital.

QUESTÕES PARA REVISÃO

1. Explique, com base nas características, as semelhanças entre uma organização mecanística e a gestão taylorista da Administração Científica.
2. Explique, com base nas características, as semelhanças entre uma organização orgânica e a perspectiva humanística (Teoria das Relações Humanas).
3. Explique o conceito de adhocracia e relacione-a ao modelo atualmente utilizado em algumas empresas (principalmente nas *startups*) conhecido como *squad*.
4. Quais são e como os fatores do macroambiente afetam as organizações?
5. Como é constituído o microambiente organizacional?
6. Qual é o tipo de ambiente predominante na Era Digital, quanto à estrutura e à dinâmica? Justifique sua resposta.
7. Como a tecnologia influencia as organizações?
8. Explique a diferença entre tecnologia incorporada e não incorporada.
9. Faça a relação (associação) entre tecnologia flexível e fixa com o tipo de produto (concreto e abstrato).
10. Quais são os impactos que a tecnologia gera nas organizações?
11. Explique os conceitos de estratégia e níveis organizacionais.
12. O que é e onde podemos utilizar o conceito de estrutura matricial e por equipes?
13. Quais são as vantagens e as desvantagens da estrutura matricial e por equipes?
14. O que significa dizer que uma organização se organiza na estrutura de redes?

REFERÊNCIAS

1. BURNS, T.; STALKER, G. M. *The Management of Innovation*. Londres: Tavistock Public, 1961.
2. BURNS, T.; STALKER, G. M. *The Management of Innovation*, op. cit., p. 5-6.
3. CHIAVENATO, I. *Introdução à Teoria Geral da Administração*. 10. ed. São Paulo: Atlas, 2020. p. 507.
4. CHIAVENATO, I. *Introdução à Teoria Geral da Administração*, op. cit., p. 507.
5. TOFFLER, A. *O Choque do Futuro*. Rio de Janeiro: Artenova, 1972. p. 101-124.

6. Do latim *ad hoc* = pessoa ou coisa preparada para determinada missão ou circunstância.
7. CHIAVENATO, I. *Introdução à Teoria Geral da Administração, op. cit.*, p. 529.
8. CHIAVENATO, I. *Introdução à Teoria Geral da Administração, op. cit.*, p. 530.
9. LAWRENCE, P. R.; LORSCH, J. W. *As Empresas e o Ambiente*: diferenciação e integração administrativas. São Paulo: Blucher, 1972. p. 24.t.
10. LAWRENCE, P. R.; LORSCH, J. W. *As Empresas e o Ambiente*: diferenciação e integração administrativas, *op. cit.*, p. 24.
11. LAWRENCE, P. R.; LORSCH, J. W. *As Empresas e o Ambiente, op. cit.*, p. 24.
12. CHIAVENATO, I. *Introdução à Teoria Geral da Administração, op. cit.*, p. 513-514.
13. CHIAVENATO, I. *Introdução à Teoria Geral da Administração, op. cit.*, p. 514-516.
14. CHIAVENATO, I. *Introdução à Teoria Geral da Administração, op. cit.*, p. 515.
15. THOMPSON, J. D. *Dinâmica Organizacional*: fundamentos sociológicos da teoria administrativa. São Paulo: Makron Books, 1972. p. 30-33.
16. CHIAVENATO, I. *Introdução à Teoria Geral da Administração, op. cit.*, p. 516.
17. CHIAVENATO, I. *Introdução à Teoria Geral da Administração, op. cit.*, p. 516.
18. CHIAVENATO, I. *Introdução à Teoria Geral da Administração, op. cit.*, p. 517.
19. CHIAVENATO, I. *Introdução à Teoria Geral da Administração, op. cit.*, p. 517.
20. CHIAVENATO, I. *Introdução à Teoria Geral da Administração, op. cit.*, p. 518.
21. THOMPSON, J. D. *Dinâmica Organizacional, op. cit.*, p. 31.
22. CHIAVENATO, I. *Introdução à Teoria Geral da Administração, op. cit.*, p. 519.
23. THOMPSON, J. D. *Dinâmica Organizacional, op. cit.*, p. 32.
24. THOMPSON, J. D.; BATES, F. L. *Technology, Organization and Administration*. Ithaca, *Business and Public Administration School*, Cornell University, 1969.
25. SCOTT, W. G.; MITCHELL, T. R. *Organization Theory*: a structural and behavioral analysis. Homewood: Richard D. Irwin, 1976. p. 307-308.
26. Adaptado de: KAST, F. E.; ROSENZWEIG, J. E. *Contingency Views of Organizations and Management*. Chicago: Science Research Associates: 1973, p. 314-315.
27. CHIAVENATO, I. *Introdução à Teoria Geral da Administração, op. cit.*, p. 521.
28. THOMPSON, J. D.; BATES, F. L. *Technology, Organization and Administration, op. cit.*
29. THOMPSON, J. D.; BATES, F. L. *Technology, Organization and Administration, op. cit.*
30. CHIAVENATO, I. *Introdução à Teoria Geral da Administração, op. cit.*, p. 523.
31. THOMPSON, J. D. *Dinâmica Organizacional, op. cit.*, p. 30.

32. CHIAVENATO, I. *Introdução à Teoria Geral da Administração*, op. cit., p. 523.
33. CHIAVENATO, I. *Introdução à Teoria Geral da Administração*, op. cit., p. 523.
34. KAST, F. E.; ROSENZWEIG, J. E. *Contingency Views of Organizations and Management*, op. cit.
35. CHIAVENATO, I. *Introdução à Teoria Geral da Administração*, op. cit., p. 527.
36. CHIAVENATO, I. *Introdução à Teoria Geral da Administração*, op. cit., p. 529-533.
37. SCHEIN, E. H. *Organizational Psychology*. Prentice-Hall: Englewood Cliffs, 1970. p. 60-61.
38. CHIAVENATO, I. *Introdução à Teoria Geral da Administração*, op. cit., p. 533-534.
39. CHIAVENATO, I. *Introdução à Teoria Geral da Administração*, op. cit., p. 535-536.
40. LAWRENCE, P. R.; LORSCH, J. W. *O Desenvolvimento de Organizações*: diagnóstico e ação. São Paulo: Edgard Blücher, 1972. p. 74.
41. CHIAVENATO, I. *Introdução à Teoria Geral da Administração*, op. cit., p. 534-536.
42. CHIAVENATO, I. *Introdução à Teoria Geral da Administração*, op. cit., p. 549.
43. CHIAVENATO, I. *Introdução à Teoria Geral da Administração*, op. cit., p. 548-555.
44. CHIAVENATO, I. *Introdução à Teoria Geral da Administração*, op. cit., p. 554.

10 A ORGANIZAÇÃO NA PERSPECTIVA ATUAL

> **O QUE VEREMOS ADIANTE**
> - A influência das ciências modernas na Teoria das Organizações (TO).
> - A Quinta Onda.
> - A influência da globalização.
> - A influência da Era da Informação: mudança e incerteza.
> - A nova lógica das organizações.
> - O novo mundo da TO.
> - Ética e responsabilidade social da organização.
> - Implicações da perspectiva atual.
> - Questões para revisão.

As ciências sempre estão em contínuo desenvolvimento e se influenciando reciprocamente, criando um campo dinâmico de mudanças e transformações. Há um íntimo relacionamento entre elas. O que acontece em uma ciência provoca influências nas demais, o que aumenta sobremaneira o seu desenvolvimento. E a Teoria das Organizações (TO) não está incólume ou distante desse movimento de intercâmbio e de renovação incessante e exponencial.

10.1 A INFLUÊNCIA DAS CIÊNCIAS MODERNAS NA TEORIA DAS ORGANIZAÇÕES

Em função dessa forte influência recíproca entre as ciências modernas, a TO passou por três períodos distintos em sua trajetória:[1]

1. **Método cartesiano e a física tradicional newtoniana**: influenciaram a Administração Científica, a perspectiva clássica e neoclássica até a década de 1960. A física tradicional de Newton trouxe o pensamento linear e lógico

e a metodologia científica de Descartes, a ênfase na divisão do trabalho e na especialização. A lógica e a racionalidade da ciência de então constituíram uma constante luta contra o caos: tornar o mundo conhecido e reduzir a incerteza. Foi um período de calmaria e de relativo conservantismo no mundo organizacional.

2. **Abordagem sistêmica**: a influência da teoria de sistemas a partir da perspectiva estruturalista, comportamental e, sobretudo, contingencial trouxe uma verdadeira revolução na TO a partir da década de 1960. A abordagem sistêmica privilegia a busca do equilíbrio na dinâmica organizacional em sua interação com o ambiente tendo em vista as mudanças externas e a incessante busca da adaptabilidade organizacional.

3. **Física quântica, teoria da relatividade, do caos e da complexidade**: indicando que a mudança é inexorável no mundo organizacional. É a energia – e não a matéria – a substância fundamental do universo, onde tudo é relativo e nada é absoluto. A desordem, a instabilidade e o acaso constituem a norma e a regra no mundo científico. A noção de equilíbrio – tão importante para a abordagem sistêmica – constitui um caso particular e pouco frequente. No fundo, não existem mudanças no universo, onde tudo é fluxo e transformação. O que existe é mudança. A realidade está sujeita a perturbações e ruídos e os sistemas vivos apresentam processos de auto-organização por meio dos quais se tornam crescentemente mais adaptativos e complexos. A moderna TO descreve as mudanças organizacionais em termos de *quantum*.[2] A mudança quântica significa uma mudança de vários elementos ao mesmo tempo, em contraposição à tradicional mudança gradativa – um elemento por vez, como na estratégia e depois na estrutura e nos processos. A mudança quântica é complexa, imprevisível, intangível, dinâmica e auto-organizante. Além disso, a complexidade significa a impossibilidade de se chegar ao conhecimento completo a respeito da natureza. A complexidade não pode trazer certeza sobre o que é incerto. Ela pode apenas reconhecer a incerteza e tentar dialogar com ela.[3]

Quadro 10.1 A influência das ciências modernas na TO[4]

Ciências	Significado	Influência na TO
Darwinismo organizacional	Somente os organismos vivos capazes de se adaptar ao ambiente conseguem se manter e sobreviver	As organizações que não conseguem mudar e se adaptar ao meio ambiente têm vida breve e não sobrevivem

(continua)

(continuação)

Ciências	Significado	Influência na TO
Teoria dos Quanta	É a energia – e não a matéria – a substância fundamental do universo	As organizações são compostas de competências e não apenas de recursos
Teoria da relatividade	Espaço e tempo estão em contínua interação. São relativos e não absolutos	Tudo é relativo no mundo organizacional em termos de espaço e de tempo
Princípio da incerteza	A objetividade newtoniana é substituída pela subjetividade quântica. Tudo está em contínuo movimento e tudo muda a cada instante	As organizações podem ser analisadas sob vários e diferentes pontos de vista. Elas não são estáticas, mas dinâmicas e mutáveis
Teoria do caos	Mudanças diminutas podem acarretar desvios radicais no comportamento de um sistema. O mundo não é determinístico, mas probabilístico	Pequenas variações no ambiente podem provocar colossais consequências. As organizações vivem em um contexto ambiental mutável e imprevisível
Teoria da complexidade	Sistemas complexos, quando submetidos a situações caóticas, são capazes de auto-organização em direção à complexidade	As organizações têm elevado potencial de auto-organização frente a situações caóticas dependendo da maneira como são administradas

10.2 A QUINTA ONDA

A Era Industrial predominou no decorrer do século 20 e no final cedeu espaço à Era da Informação. Nessa nova era, as mudanças se tornaram crescentemente mais rápidas, intensas e descontínuas. A descontinuidade significa que as mudanças não são mais lineares ou sequenciai, nem seguem uma relação causal (causa e efeito), mas conduzem a novos patamares, diferentes dos do passado. A projeção do passado ou do presente não funciona mais, pois as mudanças não guardam nenhuma similaridade com aquilo que se foi[5]. Schumpeter dizia que a economia saudável é aquela que rompe o equilíbrio por meio da inovação tecnológica e que em vez de otimizar o que já existe, ela inova por meio da destruição criativa. Destruir o velho para criar o novo.[6] Por essa razão, todos os ciclos em que o mundo viveu no passado foram dominados por atividades econômicas diferentes. Cada ciclo – como qualquer ciclo de vida de produto – tem as suas fases. Só que essas ondas estão ficando cada vez mais rápidas e curtas, fazendo com que a economia renove a si mesma mais rapidamente para que um novo ciclo possa começar. E tudo fica diferente.

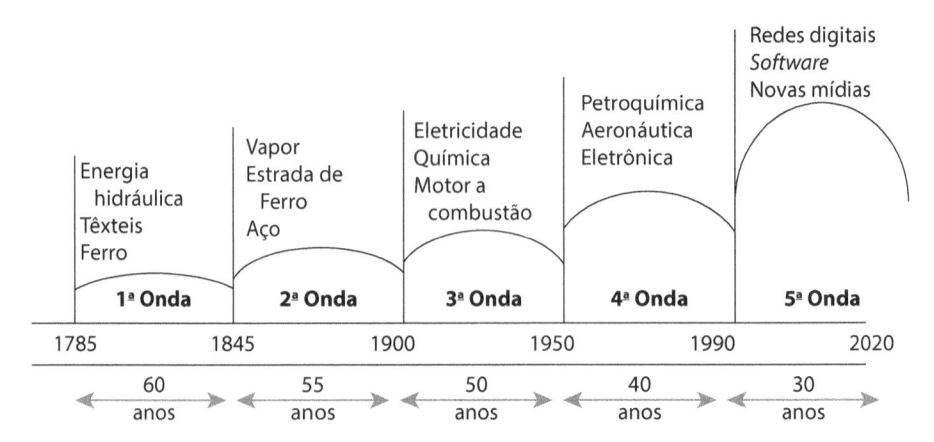

```
                                                    Redes digitais
                                                    Software
                                    Petroquímica    Novas mídias
                      Eletricidade  Aeronáutica
              Vapor   Química       Eletrônica
    Energia   Estrada de  Motor a
    hidráulica Ferro  combustão
    Têxteis   Aço
    Ferro
    1ª Onda   2ª Onda   3ª Onda   4ª Onda   5ª Onda
    1785      1845      1900      1950      1990      2020
       60        55        50        40        30
       anos      anos      anos      anos      anos
```

Figura 10.1 O crescente ritmo das sucessivas ondas de inovação.[7]

A quinta onda apresenta dois elementos centrais:[8]

1. A *world wide web* (www): a rede mundial que interliga milhões de computadores de pessoas, equipes e organizações. A lógica dessa nova onda é de que não há mais condição para se fazer as mesmas coisas do passado. É preciso conhecer o que foi feito no passado como base para nosso conhecimento e para poder criar e inovar. Mas o que aprendemos no passado passa a ter pouco valor prático para o futuro que se aproxima cada vez mais rapidamente. Há uma nova dimensão de tempo e de espaço à qual ainda não estamos acostumados.

2. **A globalização dos negócios**: como um processo de mudança que combina um número crescentemente maior de atividades por meio das fronteiras e da TI, permitindo a comunicação instantânea com o mundo. E que promete dar a todas as pessoas em todos os cantos o acesso ao melhor do mundo. A globalização é uma das mais poderosas e difusas influências sobre nações, organizações e pessoas.

10.3 A INFLUÊNCIA DA GLOBALIZAÇÃO

A globalização trouxe novos desafios às organizações. Existem quatro processos abrangentes que estão intimamente associados à globalização:[9]

1. **Mobilidade de capital, pessoas e ideias**: os ingredientes de um negócio – capital, pessoas e ideias – estão adquirindo cada vez mais mobilidade e estão migrando de um lugar para o outro com incrível rapidez e facilidade. A transferência de informações em alta velocidade torna o lugar físico ou geográfico irrelevante.

2. **Simultaneidade em todos os lugares ao mesmo tempo**: a globalização significa uma disponibilidade maior de bens e serviços em muitos lugares ao mesmo tempo. O intervalo de tempo entre o lançamento de um produto ou serviço em um lugar e sua adoção em outros lugares está caindo vertiginosamente, em especial no que se refere às novas tecnologias.
3. **Desvio – múltiplas escolhas**: a globalização é ajudada pela competição além das fronteiras e apoiada por um trânsito internacional mais fácil, desregulamentação e privatização de monopólios governamentais. Isso aumenta as alternativas.
4. **Pluralismo – o centro não pode dominar**: os centros monopolistas estão se dispersando no mundo inteiro e sofrendo um processo de descentralização. O pluralismo se reflete na dissolução e dispersão de tarefas e funções para todo o mundo, independentemente do lugar.

Os quatro processos juntos – mobilidade, simultaneidade, desvio e pluralismo – põem nas mãos do cliente um número maior de opções, o que reforça e acelera cada vez mais as forças globalizantes. Pensar como o cliente está se tornando a lógica global de negócios. Para vencer em mercados globais e competitivos, as organizações bem-sucedidas compartilham uma forte ênfase na inovação, aprendizado e colaboração por meio das seguintes ações:[10]

- **As organizações organizam-se em torno da lógica do cliente**: atendem rapidamente às necessidades e aos desejos dos clientes em novos conceitos de produtos e serviços e transformam o conceito geral do negócio quando as tecnologias e os mercados mudam.
- **Estabelecem metas elevadas**: tentam definir padrões mundiais nos nichos almejados e buscam redefinir a categoria a cada nova oferta.
- **Selecionam pensadores criativos com uma visão abrangente**: definem seus cargos de forma abrangente e não limitada, estimulam as pessoas a aprender múltiplas habilidades, trabalhando em vários territórios, e dão a elas as melhores ferramentas para executar suas tarefas.
- **Encorajam o empreendedorismo**: investem as equipes de *empowerment* para que elas busquem novos conceitos de produtos e serviços, deixam que elas coloquem em prática suas ideias e reconhecem fortemente a iniciativa.
- **Sustentam o aprendizado constante**: promovem ampla circulação de informações, observam os concorrentes e inovadores no mundo inteiro, medem seu próprio desempenho com base em padrões mundiais de qualidade e dão treinamento contínuo para manter atualizado o conhecimento e as competências das pessoas.

- **Colaboram com os parceiros do negócio**: combinam o melhor de sua especialização e de seus parceiros para desenvolver aplicações customizadas para os clientes.

Tudo isso produz outros paradoxos, pois as organizações bem-sucedidas apresentam uma cultura que combina características aparentemente opostas como: padrões rígidos, de um lado, e interesse pelas pessoas, de outro; ênfase em inovações próprias e habilidade em compartilhar com parceiros. E seus principais ativos são os três Cs: Conceitos, Competências e Conexões – que elas estimulam e repõem continuamente. As organizações bem-sucedidas estão criando o *shopping center* global do futuro. No processo de globalização, elas se tornam classe mundial: focalizadas externamente e não internamente, baseando-se no conhecimento mais recente e operando por meio das fronteiras de funções, setores, empresas, comunidades ou países em complexas redes de parcerias estratégicas.[11]

Dentro desse enfoque, fica cada vez mais claro que o centro da sociedade moderna não é a tecnologia, nem a informação. Estes são produtos e não causas. Estamos vivendo em uma sociedade de organizações que se torna cada vez mais complexa e interativa. O núcleo básico da sociedade moderna é a organização administrada. A instituição social constitui a maneira pela qual a sociedade consegue que as coisas sejam inventadas, criadas, desenvolvidas, projetadas, produzidas e oferecidas ao mercado. E a Administração é a ferramenta específica para tornar as organizações capazes de gerar resultados e satisfazer necessidades. Como dizia Drucker,[12] a organização não existe apenas dentro da sociedade. Ela existe para produzir resultados dentro da sociedade e principalmente para modificá-la continuamente. E o sucesso das organizações depende de administradores competentes. Daí o papel do administrador. Ele não só faz as organizações funcionarem bem, como faz com que produzam resultados e agreguem valor. Mais ainda: ele muda continuamente as organizações para ajustá-las proativamente ao ambiente cada vez mais mutável e imprevisível. O administrador figura duplamente como agente catalizador de resultados e como agente de mudança. Agente de ação e agente de inovação. As novas abordagens da Administração trilham por este caminho.

10.4 INFLUÊNCIA DA ERA DA INFORMAÇÃO: MUDANÇA E INCERTEZA

A década de 1990 marca o surgimento da Era da Informação, graças ao tremendo impacto provocado pelo desenvolvimento tecnológico e pela Tecnologia da Informação (TI). A Era da Informação trouxe mudança e incerteza e fez com que o capital financeiro cedesse o trono para o capital intelectual. A nova riqueza passa a ser o conhecimento, o recurso organizacional mais valioso e importante.

10.4.1 A influência da Tecnologia da Informação

A TI – o casamento do computador com a televisão e as telecomunicações – invade cada vez mais a vida das organizações e das pessoas, provocando profundas transformações.

O trabalho dentro e fora das organizações muda completamente com a TI. A ligação com a internet e a adoção da intranet e a criação de redes internas de comunicação intensificam a globalização da economia por meio da globalização da informação. A internet – e suas avenidas digitais ou infovias – e a democratização do acesso à informação são sinais disso. Quanto mais poderosa a TI, mais informado e poderoso se torna seu usuário – pessoa, grupo, organização ou país. A informação é a fonte de energia da organização: seu combustível e o mais importante recurso ou insumo. A informação direciona todos os esforços e aponta os rumos a seguir.

10.4.2 Os desafios da Era da Informação

A Era da Informação trouxe vários novos conceitos para a TO:[13]

- **Conhecimento**: a nova economia é uma economia do conhecimento graças à TI. E o conhecimento é criado por pessoas, apesar da inteligência artificial e da TI. O conteúdo de conhecimento integrado em produtos e serviços está crescendo na forma de edifícios e casas inteligentes, carros inteligentes, rodovias inteligentes, cartões inteligentes (*smart cards*) etc.
- **Digitalização**: a nova economia é uma economia digital. A nova mídia é a internet. A informação está em formato digital em *bits*. A TI permite trabalhar um incrível volume de informações comprimidas e transmitidas na velocidade da luz. A infoestrutura está substituindo a estrutura organizacional tradicional.
- **Virtualização**: ao transformar a informação de analógica para digital, as coisas físicas tornam-se virtuais, como a empresa virtual, o escritório virtual, o emprego virtual, o congresso virtual, a realidade virtual, a loja virtual etc.
- **Molecularização**: a nova economia é uma economia molecular. A antiga corporação foi desagregada e substituída por moléculas dinâmicas e grupos de indivíduos e entidades que formam a base da atividade econômica.

- **Integração por meio de redes interligadas**: a nova economia está interligada em rede, integrando grupos próximos ou distantes que são conectados a outros para criar riqueza. As novas estruturas organizacionais em rede são horizontais e conectadas pela internet. São redes de redes, rompendo as fronteiras entre organizações, fornecedores, clientes e concorrentes.
- **Desintermediação**: as funções de intermediários entre produtor e consumidor são eliminadas devido às redes digitais e ao comércio eletrônico. As informações são *on-line* e produtores e compradores se conectam entre si dispensando os intermediários.
- **Convergência**: na nova economia, o setor econômico predominante deixou de ser a indústria automobilística para ser a mídia, para a qual convergem as indústrias de computação, comunicação e conteúdo baseado em computador e telecomunicações digitais.
- **Inovação**: a nova economia é uma economia baseada em inovações. Tornar os produtos obsoletos é o lema das organizações. É a destruição criativa. Os ciclos de vida dos produtos estão se tornando cada vez menores. É a obsolescência rápida.
- **Produconsumo**: a distinção entre consumidor e produtor está ficando pouco nítida. Na internet, o consumidor é o produtor de mensagens, contribuindo para discussões, fazendo *test-drives* em carros ou escaneando o produto no outro lado do mundo.
- **Imediatismo**: na economia baseada em *bits*, a velocidade é fundamental para o sucesso e a nova organização é uma organização em tempo real. O intercâmbio eletrônico de dados (*Electronic Data Interchange* – EDI) interliga sistemas de computadores entre fornecedores e clientes para proporcionar concomitância de decisões e ações conjuntas.
- **Globalização**: a nova economia é uma economia global e planetária. Os negócios e o conhecimento não têm fronteiras ou limitações físicas.
- **Discordância**: a Era da Informação está trazendo questões sociais sem precedentes que estão emergindo e provocando traumas e conflitos ao redor do mundo.

A Era da Informação trouxe um novo contexto e novos problemas para as organizações e pegou de surpresa a maior parte das organizações, totalmente despreparadas para a nova realidade. A velocidade e a intensidade das mudanças foram além daquilo que se esperava. Entre aquilo que as organizações estão fazendo e o que elas deveriam fazer tornou-se um abismo enorme e inultrapassável.[14] A solução? Recorrer a medidas rápidas e extremas para a busca da sobrevivência. E da excelência.

10.5 A NOVA LÓGICA DAS ORGANIZAÇÕES

A velocidade da mudança e os desafios do mundo globalizado estão conduzindo a um sentido de emergência quanto à adaptabilidade das organizações, como condição para que sobrevivam no novo ambiente de negócios.

As tendências organizacionais no mundo moderno se caracterizam por:[15]

- **Cadeias de comando mais curtas**: a velha cadeia escalar de comando está na berlinda. A tendência é de enxugar níveis hierárquicos para tornar as organizações enxutas e flexíveis. Compressão ou eliminação da hierarquia para chegar a estruturas horizontais ou achatadas, que representam vantagem competitiva em termos de fluidez e flexibilidade.
- **Menos unidade de comando**: o tradicional princípio de toda pessoa só pode reportar-se a um único superior está sendo questionado. A ascendência vertical (subordinação ao chefe) está sendo substituída pelo relacionamento horizontal (em direção ao cliente, seja ele interno ou externo). Ênfase horizontal no processo em vez da hierarquia vertical. A tendência é utilizar equipes funcionais cruzadas, forças-tarefas e estruturas horizontais para aproximar o funcionário do cliente.
- **Amplitudes de controle mais amplas**: as organizações estão utilizando amplitudes administrativas amplas para reduzir a supervisão direta e facilitar delegação de responsabilidade e maior autonomia às pessoas.
- **Mais participação e *empowerment***: a participação é o processo de transferir responsabilidades e decisões às pessoas. Os gerentes delegam meios para fortalecer as pessoas em todos os níveis para que elas tomem todas as decisões que afetam seu trabalho. O *empowerment* proporciona maior responsabilidade e autonomia às pessoas para que trabalhem livremente e com mínima supervisão direta.
- ***Staff* como consultor e não como executor**: o *staff* executor de serviços especializados ou assessoria na solução de problemas está sendo transformado em consultor interno. Sua função é orientar a linha para que ela faça seu trabalho e não substitui-la em certas atividades. Quem deve executar é a linha, que é a responsável pelas decisões na execução das operações.
- **Ênfase nas equipes de trabalho**: os antigos departamentos e divisões estão cedendo lugar a equipes de trabalho definitivas ou transitórias. Essa aparente "desorganização" do trabalho significa uma orientação rumo à flexibilidade, agilidade, mudança e inovação.
- **A organização como um sistema de unidades de negócios interdependentes**: as organizações estão se estruturando em unidades autônomas e

autossuficientes de negócios, cada qual atuando como um centro de lucro específico com metas e resultados a alcançar dentro de um sistema de informação que integra o todo organizacional.

- **Infoestrutura**: a nova arquitetura organizacional é interligada por meio da TI. A infoestrutura permite uma organização integrada sem estar concentrada em um único local. Ela dispensa a hierarquia porque a informação está disponível no formato eletrônico e é oferecida em toda a organização como suporte para tomada de decisões e ações competitivas. As pessoas trabalham em qualquer tempo ou lugar. Cada equipe ou unidade de negócio funciona como cliente ou fornecedor (ou servidor) ligado em rede e em uma estrutura molecular, ágil e flexível.
- **Abrandamento dos controles externos às pessoas**: as organizações estão mais preocupadas com finalidades (alcance de objetivos, resultados ou metas) e não com meios (comportamento das pessoas). Controles externos (regras, regulamentos, horário de trabalho) são substituídos por conceitos impulsionadores como valores organizacionais, missão, foco no cliente e que orientam (mas não fiscalizam ou bitolam) o comportamento das pessoas.
- **Foco no negócio essencial (*core business*)**: e eliminação do acessório, supérfluo ou acidental. Programas de enxugamento e terceirização são realizados para eliminar as aparas e reorientar a organização para aquilo para o qual foi realmente criada: seu negócio e seu cliente.
- **Consolidação da economia do conhecimento**: é a presença do trabalho mental e intelectual no qual predominam a criatividade e a inovação na busca de novas soluções, produtos e processos para agregar valor à organização e ao cliente. As pessoas deixam de ser fornecedoras de mão de obra para serem fornecedoras de conhecimento capaz de agregar valor ao negócio, à organização e ao cliente.

> Aumente seus conhecimentos sobre **A eterna busca da excelência** na seção *Saiba mais ITO* 10.1

10.6 O NOVO MUNDO DA TEORIA DAS ORGANIZAÇÕES

A TO está passando por profunda e intensa carpintaria e revisão. O mundo mudou e ela também. Mas para onde? Em que direção? Alguns aspectos a seguir permitem mostrar alguns caminhos futuros da TO.

10.6.1 Gestão do conhecimento e do capital intelectual

O recurso organizacional mais importante na Era da Informação deixou de ser o capital financeiro para ser o capital intelectual, baseado no conhecimento. O principal ativo vital na atualidade não é mais o dinheiro, e sim o conhecimento. O capital financeiro guarda sua importância relativa, mas depende totalmente do conhecimento sobre como aplicá-lo e rentabilizá-lo. O conhecimento ficou na dianteira de todos os recursos organizacionais – financeiros, tecnológicos, materiais –, pois eles passaram a depender do conhecimento. Conhecimento é a informação estruturada que tem valor estratégico e que permite uma vantagem competitiva para a organização. Ele conduz a novas formas de trabalho e comunicação, a novas estruturas e tecnologias e a novas formas de interação humana. E onde está o conhecimento? Na cabeça das pessoas. São as pessoas que aprendem, desenvolvem e aplicam o conhecimento na utilização adequada dos demais recursos organizacionais. Os recursos são estáticos, inertes e dependentes da inteligência humana que utiliza o conhecimento. O conhecimento é criado e modificado pelas pessoas e é obtido por meio da interação social, do estudo, do trabalho e do lazer.[16] As organizações bem-sucedidas são as que sabem conquistar e motivar as pessoas para que elas aprendam e apliquem seus conhecimentos na solução dos problemas e na busca da inovação rumo à excelência e à competitividade.[17] A organização baseada no conhecimento fundamentalmente depende da gestão do conhecimento. E o que é gestão do conhecimento? Um processo integrado destinado a gerar, criar, organizar, disseminar, intensificar e aplicar o conhecimento para melhorar o desempenho global da organização. Para isso, não é qualquer conhecimento que interessa, e sim aquele que é crítico e que importa realmente à organização. A organização bem-sucedida é aquela que sabe e consegue aplicar e rentabilizar seu conhecimento.[18]

Contudo, o conhecimento é um recurso bem diferente dos demais. É um ativo intangível, invisível e não ocupa espaço físico.[19] Na organização do conhecimento, os assuntos financeiros são importantes, mas não representam o verdadeiro valor do negócio.[20] Existem ativos intangíveis – ainda não mensuráveis pelos tradicionais métodos da contabilidade – e que são identificados como "nossas pessoas", "nossos clientes" e "nossa organização". O capital intelectual é constituído de três aspectos intangíveis:[21]

1. **Nossa organização**: é o capital interno baseado no valor derivado dos sistemas, dos processos, da criação de novos produtos e do estilo administrativo. Refere-se à estrutura interna que inclui sistemas e processos, ferramentas de negócios, marcas registradas e cultura organizacional.

2. **Nossos clientes**: é o capital externo baseado no valor proporcionado pelo crescimento, pela força e pela lealdade dos clientes. Refere-se à estrutura externa: ao relacionamento com os clientes e seu impacto nos retornos e imagem e como essa estrutura pode ser expandida para incluir novas relações externas.
3. **Nossas pessoas**: é o capital humano baseado no valor proporcionado pelas competências das pessoas e como elas são aplicadas às necessidades dos clientes. Refere-se às competências e às habilidades dos funcionários para agirem eficazmente em uma ampla variedade de diferentes situações.

Quadro 10.2 O capital intelectual, segundo Sveiby[22]

CAPITAL INTELECTUAL Ativos intangíveis e invisíveis		
Estrutura interna	Estrutura externa	Competências organizacionais
Modelos, conceitos, sistemas administrativos e informacionais. São criados pelas pessoas e utilizados pela organização	Relações com clientes, fornecedores, comunidade e sociedade Dependem de como a organização resolve e oferece soluções para os problemas dos clientes	Habilidades das pessoas e da organização em agir frente a determinadas situações e mudanças Envolvem educação, experiência, valores, habilidades, atitudes e vantagens competitivas
Capital interno	Capital externo	Capital humano

10.6.2 A educação corporativa

As organizações bem-sucedidas utilizam indicadores – como eficiência, inovação e crescimento – para monitorar e gerir seus ativos intangíveis, pois o valor competitivo deles supera várias vezes o valor dos seus ativos tangíveis. Percebeu-se que gerir pessoas vem antes, durante e depois da administração de qualquer recurso organizacional, seja capital, máquinas, tecnologias, instalações etc. Por isso, o investimento maior não está sendo feito em máquinas e ferramentas, e sim no conhecimento das pessoas e nas tecnologias avançadas para alinhar a inteligência humana com a inteligência artificial. Muitas organizações desenvolvem esquemas sistêmicos de educação corporativa e universidades corporativas para melhorar a gestão do seu capital humano no sentido de incrementar o seu capital intelectual.

Os principais objetivos da educação corporativa são:[23]

- A universidade corporativa é um processo permanente de aprendizagem e não necessariamente um local físico.

- Oferecer oportunidades de aprendizagem que deem sustentação aos assuntos organizacionais mais críticos e importantes.
- Oferecer um currículo fundamentado em três Cs: Cidadania corporativa, Contexto situacional e Competências básicas.
- Treinar toda a cadeia de valor envolvendo todos os parceiros: clientes, distribuidores, fornecedores, terceiros, instituições de ensino superior. A educação corporativa vai além das tradicionais fronteiras organizacionais.
- Passar do tradicional treinamento conduzido pelo instrutor para vários e diferentes formatos de apresentação da aprendizagem. O importante não é apenas ensinar, mas, acima de tudo, aprender.
- Encorajar e facilitar o envolvimento dos líderes com o aprendizado.
- Assumir foco global e sistêmico no desenvolvimento de soluções de aprendizagem.
- Obter e desenvolver vantagens competitivas para que a organização entre em novos mercados.

Quadro 10.3 Os princípios da organização baseada na informação[24]

Item	Paradigma da Era Industrial	Paradigma da Era da Informação
Pessoas	Geradores de custos ou recursos	Geradores de receitas
Fonte do poder gerencial	Nível hierárquico na organização	Nível de conhecimentos
Luta de poder	Operários versus capitalistas	Trabalhadores do conhecimento versus gerentes
Responsabilidade da gerência	Supervisionar os subordinados	Apoiar os colegas
Informação	Instrumento de controle	Recurso e ferramenta para comunicação
Produção	Operários que processam recursos físicos para criar produtos tangíveis	Trabalhadores do conhecimento que convertem conhecimento em ativos intangíveis
Fluxo de informações	Por meio da hierarquia organizacional	Por meio de redes colegiadas
Gargalos da produção	Capital financeiro e habilidades humanas	Tempo e conhecimento
Fluxo de produção	Sequencial e direcionado por máquinas	Caótico e direcionado pelas ideias

(continua)

(continuação)

Item	Paradigma da Era Industrial	Paradigma da Era da Informação
Efeito do tamanho	Economia de escala no processo produtivo	Economia de escopo das redes
Relações com clientes	Unidirecionais por meio do mercado	Interativas por meio de redes pessoais
Conhecimento	Uma ferramenta ou recurso	O foco do negócio
Propósito do aprendizado	Aplicação de novas ferramentas	Criação de novos ativos
Valor de mercado (ações)	Decorrente dos ativos tangíveis	Decorrente dos ativos intangíveis

10.6.3 As organizações de aprendizagem

O conhecimento é uma riqueza que não pode ficar ao sabor do acaso. Nem somente das oportunidades. O aprendizado e o desenvolvimento devem estar presentes em todas as atividades do cotidiano para associar o que se aprende ao que se faz na prática. Também não ficam restritos a algumas semanas por ano durante cursos específicos de treinamento. O aprendizado deve ser organizado, contínuo, constante e permanente envolvendo todos os membros da organização e não apenas alguns deles. As organizações bem-sucedidas estão se transformando em verdadeiros centros de aprendizagem. Recebem o nome de organizações de aprendizagem. São organizações que aprendem por meio de seus membros.[25] O desafio central das organizações atuais é inspirar e aparelhar trabalhadores para a solução rotineira de problemas inesperados. A ênfase na eficiência está se deslocando rapidamente para a ênfase na aprendizagem.

Quadro 10.4 A execução com foco na eficiência e com foco no aprendizado[26]

Execução como eficiência	Execução como aprendizado
Líderes dão as respostas	Líderes definem rumos e articulam a missão
Funcionários seguem ordens	Funcionários (geralmente em equipes) descobrem respostas e soluções
Processos ótimos de trabalho são previamente projetados e estruturados	Processos provisórios de trabalho são adotados como ponto de partida
É rara a concepção de novos processos de trabalho. Implementar mudanças exige enorme esforço	Processos de trabalho seguem evoluindo continuamente. Pequenas mudanças – experimentos e melhoramentos – são a norma

(continua)

(continuação)

Execução como eficiência	Execução como aprendizado
Retroação costuma ser unidirecional (do chefe para o funcionário) e corretiva ("não é assim que se faz")	Retroação é sempre bidirecional Cada superior dá retroação na forma de coaching e conselhos Membros da equipe dão retroação sobre aquilo que aprendem ao fazer o trabalho, que sempre muda
Raramente se exige solução de problemas Não se espera discernimento Caso tenham dúvidas, os funcionários devem perguntar aos gerentes	Necessidade de solucionar problemas é constante e permanente As pessoas recebem informações valiosas para nortear seu julgamento
Medo (do chefe ou das consequências) costuma ser parte do ambiente de trabalho e não prejudica a qualidade da execução Pode até motivar o esforço e a atenção daqueles que executam uma tarefa chata e enfadonha	Medo prejudica o processo de aprendizado Inibe a experimentação Deixa todos menos atentos a alternativas e desestimula as pessoas a partilhar e analisar insights, dúvidas e problemas

10.6.4 As cinco disciplinas da aprendizagem

O conhecimento depende basicamente da aprendizagem. Peter Senge propõe cinco disciplinas de aprendizagem como um conjunto de práticas para construir a capacidade de aprendizagem nas organizações:[27]

1. **Domínio pessoal**: trata-se de uma disciplina de aspiração. É a formulação de um conjunto coerente de resultados que as pessoas desejam alcançar como indivíduos (sua visão pessoal) em um alinhamento com o estado atual de suas vidas (sua realidade externa). Cultivar a tensão entre a visão pessoal e a realidade externa aumenta a capacidade de fazer melhores escolhas e opções e alcançar melhor os resultados escolhidos.

2. **Modelos mentais**: trata-se de uma disciplina de reflexão e questionamento para definir novos paradigmas. Focalizam o desenvolvimento de atitudes e percepções que influenciam o pensamento e a interação entre as pessoas. Ao refletir aspectos do mundo, as pessoas ganham mais capacidade de governar suas ações e decisões.

3. **Visão compartilhada**: trata-se de uma disciplina coletiva sobre propósitos mútuos. As pessoas aprendem a nutrir um senso de compromisso em um grupo ou organização desenvolvendo imagens do futuro que pretendem criar e os princípios e práticas orientadoras pelas quais elas esperam alcançar.

4. **Aprendizagem de equipes**: trata-se de uma disciplina de interação grupal. A aprendizagem é feita por meio de equipes e utiliza técnicas como diálogo e discussão para desenvolver o pensamento coletivo, aprender a mobilizar energias e ações para alcançar objetivos comuns e desenvolver uma inteligência coletiva e capacidade maior do que a soma dos talentos individuais.
5. **Pensamento sistêmico**: trata-se de uma disciplina de aprendizagem. As pessoas aprendem melhor compreendendo a interdependência e a mudança para lidar com as forças que produzem efeitos em suas ações. O pensamento sistêmico baseia-se na retroação e na complexidade. Trata-se de mudar sistemas na sua totalidade e não mudar apenas os detalhes ou partes deles.

É a aprendizagem organizacional que permite que pessoas e grupos possam conduzir as organizações rumo à mudança e renovação contínuas.[28] No mundo de hoje, a aprendizagem constitui a principal vantagem competitiva da organização. Ela conduz à criatividade e à inovação. Embora pareça um produto, na verdade a aprendizagem organizacional é um processo. E os processos não se revelam facilmente para que todos os vejam. É necessário desenvolver nas organizações uma mentalidade de aprendizagem contínua e constante como sua principal vantagem competitiva: a vantagem competitiva capaz de produzir outras e muitas outras vantagens competitivas.[29]

Em um mundo onde tudo muda incessantemente, a organização precisa inovar e aprender para enfrentar os desafios que bloqueiam o seu progresso. A vantagem competitiva da organização somente é sustentável por meio do que ela sabe, de como ela consegue utilizar e aplicar o que sabe e da rapidez com que aprende algo novo. A aprendizagem organizacional requer uma cadeia integrada de líderes para que se construa uma organização maior do que a soma de suas partes e capaz de ultrapassar os resultados esperados.[30] O conceito de aprender é diferente do conceito tradicional de ensinar: ensina-se transmitindo informações e aprende-se com as vivências. O primeiro usa o pensamento e o segundo, sentimentos e pensamentos. A aprendizagem humana é o resultado dinâmico de interações entre informações e relacionamentos interpessoais. A organização bem-sucedida é aquela que aprende eficazmente. A habilidade de aprender mais rápido do que os concorrentes constitui hoje a única vantagem competitiva sustentável.[31]

Aumente seus conhecimentos sobre **Vantagens competitivas** na seção *Saiba mais ITO 10.2*

10.6.5 Equipes de alto desempenho

A palavra de ordem nas organizações é trabalho em equipe. Nunca se falou tanto em equipes como agora. As organizações estão migrando rapidamente para o trabalho em equipe. O objetivo é conquistar e incentivar a participação das pessoas no sentido de proporcionar respostas rápidas às mudanças no ambiente de negócios e encantar os clientes.

> Aumente seus conhecimentos sobre **Organizações por equipes** na seção *Saiba mais ITO* 10.3

Contudo, não basta apenas criar e desenvolver equipes. É necessário conduzi-las continuamente a um desempenho cada vez melhor e excelente.

Contudo, para funcionar com plena abrangência, liberdade e autonomia, cada equipe deve possuir membros capazes de desempenhar os vários papéis diferentes e necessários para o alcance de sua missão ou objetivo. Em outras palavras, a equipe precisa possuir e reunir todas as competências necessárias para conseguir elevado desempenho e alcançar resultados promissores. Observe a Figura 10.2.

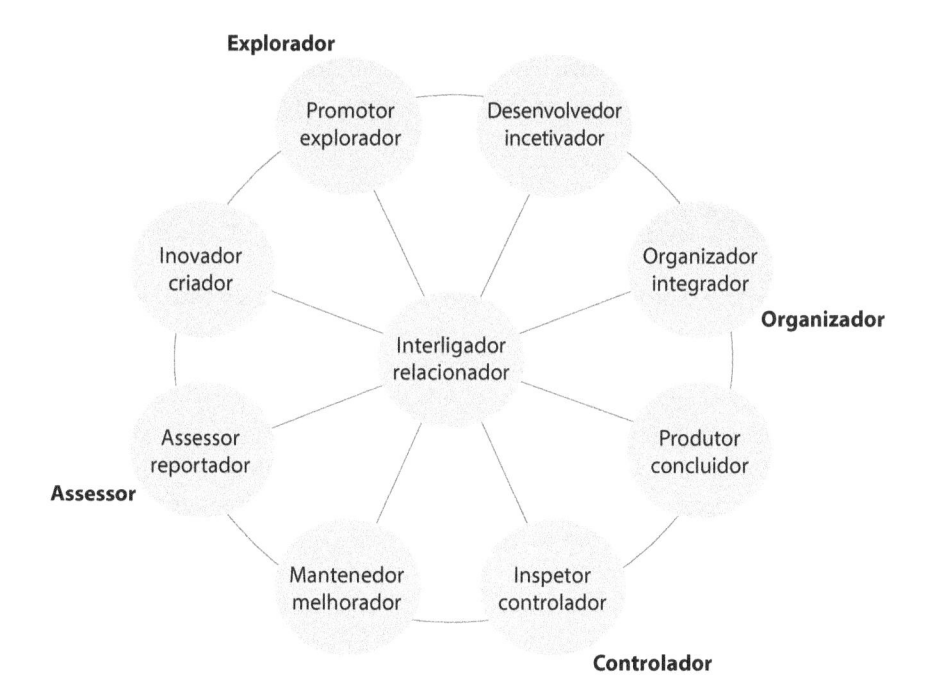

Figura 10.2 Os papéis e as competências dos membros de uma equipe de elevado desempenho.[32]

> **Acesse conteúdo Atributos das equipes de elevado desempenho** na seção *Tendências em ITO* 10.1

Na verdade, as equipes – tanto funcionais quanto multifuncionais – estão substituindo o antigo e rígido conceito de departamentalização, estático e definitivo, como verdadeiros silos burocráticos que constituem barreiras horizontais dentro de cada organização.

10.7 ÉTICA E RESPONSABILIDADE SOCIAL DA ORGANIZAÇÃO

Para ganhar imagem, reputação e aceitação pela sociedade, cada organização moderna precisa seguir princípios éticos. A ética constitui o conjunto de valores ou princípios morais que definem o que é certo ou errado para uma pessoa, grupo ou organização. Em síntese, a ética está relacionada com o comportamento: ela envolve a obrigação de considerar não apenas o bem-estar pessoal, mas também o das outras pessoas, da comunidade e da sociedade em geral. O comportamento ético de uma organização acontece quando ela encoraja todos os seus membros – internos ou externos, diretos e indiretos – a comportar-se de maneira transparente e séria de tal maneira que todos eles aceitem e sigam tais valores e princípios em todas as suas atividades e relacionamentos internos e externos.

> **SAIBA MAIS** — **Ética e competitividade**
>
> A ética influencia o processo corporativo de tomada de decisões para determinar quais são os valores que afetam seus parceiros e definir como os administradores podem usar tais valores no cotidiano da organização. Assim, a ética constitui um elemento catalisador de ações socialmente responsáveis da organização por meio de seus administradores e parceiros. Administradores éticos alcançam sucesso a partir de práticas administrativas caracterizadas por equidade e justiça. Sem ética, as organizações não podem ser competitivas. Ética e competitividade são inseparáveis. Nenhuma organização pode competir com sucesso quando as pessoas procuram enganar as outras, tentam aproveitar-se das outras, as ações requerem confirmação de cartório por que não se acredita nas pessoas, cada disputa acaba em litígio nos tribunais e os negócios não são honestos. Todo sistema de competição presume valores de confiança e justiça.[33]

10.7.1 O modelo ESG

Antigamente, as organizações estavam orientadas exclusivamente para os seus próprios negócios e nenhuma outra preocupação adicional. O foco estava na maximização dos lucros, ou seja, em satisfazer os proprietários, acionistas e investidores – os *shareholders* – da organização. Ao maximizar lucros, a organização maximiza a riqueza e a satisfação e fidelização dos *shareholders*. Dessa maneira, a organização lucrativa beneficiava a sociedade apenas ao criar novos empregos, pagar salários justos que melhoram a vida das pessoas e contribuir para o bem-estar público pagando impostos e oferecendo produtos e serviços ao mercado.[34]

Essa orientação introvertida deixou gradativamente de ser internalizada para se projetar externamente em direção ao ambiente de negócios e à sociedade ao redor. O passo seguinte foi a responsabilidade social da organização, que significava o grau de obrigações que a organização assume por meio de ações capazes de proteger e melhorar o bem-estar da sociedade à medida que ela procura atingir seus próprios interesses. Em geral, a responsabilidade social representa a obrigação da organização de adotar políticas e assumir decisões e ações que beneficiem a sociedade. Ela envolve a obrigação gerencial de tomar ações que protejam e melhorem o bem-estar da sociedade como um todo, além dos interesses organizacionais especificamente. Dentro desse prisma, a organização deve buscar alcançar objetivos societários simultaneamente ao lado dos seus próprios objetivos organizacionais. Logo se percebeu que a maior responsabilidade está situada na sobrevivência da organização no longo prazo e não apenas maximizando lucros no curto prazo e na satisfação dos interesses dos seus *shareholders*. A organização é a maior potência no mundo contemporâneo e tem a obrigação de assumir uma responsabilidade social mais ampla e correspondente à sua enorme área de influência social. A sociedade deu esse poder às organizações e deve convocar a organização para prestar contas pelo uso desse poder.[35] Ser socialmente responsável acontece quando a organização consegue satisfazer com legitimidade todos os seus *stakeholders* internos e externos: administradores e colaboradores, clientes e consumidores, atacadistas e varejistas, fornecedores, comunidades, sociedade, nação etc. Essa obrigação visa ao bem comum, porque quando toda a sociedade melhora, a organização também se beneficia.[36] Davies agrega: "para serem cidadãs as organizações devem estar envolvidas na responsabilidade em certos problemas sociais que estão fora de suas áreas normais de operação. Quando a organização possui expertise suficiente para resolver um problema social com o qual não está diretamente associada ela deve ser responsável para ajudar a sociedade a resolver tal problema".[37]

Em 2019, com a declaração da Business Roundtable, surgiu o movimento ambiental, social e de governança ESG (*Environment, Social and Governance*), que se concentrou na importância das prioridades de longo prazo e dos relatórios não financeiros. E surgiu a força na consciência de que todos nós estamos interconectados de quão rapidamente os choques externos podem afetar a economia global e de como a confiança e a transparência são fundamentais para as operações da economia. A transformação ESG tem o potencial de renovar o modo como as organizações planejam, implementam e operam com sucesso.[38]

10.8 IMPLICAÇÕES DA PERSPECTIVA ATUAL

No decorrer dos vários capítulos, vimos que as perspectivas da TO oferecem várias e diferentes abordagens. Não há dúvida de que cada uma delas reflete os fenômenos históricos, sociais, culturais, tecnológicos e econômicos de cada época e contexto, bem como os desafios mais importantes que afligem as organizações. Cada perspectiva representa as soluções oferecidas para determinadas circunstâncias tendo em vista as variáveis focalizadas e os temas considerados mais relevantes e prioritários.

Não se pode dizer que uma ou outra perspectiva já está ultrapassada ou antiquada. Até mesmo a Administração Científica – a centenária pioneira da TO – ainda hoje é indispensável na busca de eficiência e produtividade no chão das fábricas para adequar as organizações aos padrões mundiais de excelência e competitividade. O futuro da TO não está no cancelamento das perspectivas anteriores – que se mostram cada vez mais distantes ou limitadas a cada dia que passa –, e sim na sua evolução ou revolução para novas perspectivas, mais adequadas às mudanças que ocorrem no mundo organizacional.

Não se pode dizer que uma perspectiva está mais certa do que outra. O melhor seria dizer que cada perspectiva representa a focalização ou solução dentro da abordagem escolhida tendo em vista as variáveis selecionadas dentro ou fora das organizações. A TO sempre constituiu uma constante tentativa de reduzir a incerteza a respeito do funcionamento e da otimização das organizações. Ela aponta diferentes ângulos para se visualizar e tratar um mesmo fenômeno organizacional. Pode-se tentar resolver problemas organizacionais dentro da perspectiva neoclássica quando a solução neoclássica parecer a mais apropriada de acordo com as circunstâncias ou contingências. Ou se pode tentar resolvê-los dentro da perspectiva comportamental ou sistêmica, se as circunstâncias assim o aconselharem.

Nisso reside o encanto da TO: apontar para uma variedade de opções para a dinâmica organizacional para facilitar a leitura da realidade, diagnosticar a situação e entrever a perspectiva mais indicada a ser utilizada, seja para manter a resiliência organizacional, seja para atualizá-la para a Era Digital, seja para mantê-la sempre renovada e bem-sucedida no seu negócio.

As principais implicações dessa perspectiva atual das organizações são:[39]

- **O centro de nossa sociedade e de nossa economia não é mais a tecnologia, nem a informação e nem a produtividade**: tudo isso é criado dentro das organizações. O núcleo central do mundo atual está na organização. É a organização administrada que cria e maneja a tecnologia, a informação, a produtividade e cria valor, inovação e conduz o mundo para um futuro cada vez melhor. Ela junta e agrega tudo isso e oferece resultados incríveis. A organização é a maneira pela qual a sociedade consegue que as coisas sejam feitas. E a administração é a ferramenta, a função ou o instrumento que torna as organizações capazes de gerar resultado, produzir o desenvolvimento social e econômico e abrir as portas do futuro.

- **Todas as organizações precisam ser administradas**: até certo ponto, a administração era encarada como uma consequência e não como a causa do sucesso organizacional. Hoje, a administração é considerada a criadora de novas oportunidades para o sucesso das organizações. Mais do que isso, percebe-se hoje que a administração produz e impulsiona o desenvolvimento econômico e social por meio das organizações. Esses são o resultado direto e concreto da organização administrada. Os recursos econômicos tradicionais – natureza, capital e trabalho – já não fazem mais a diferença. A vantagem competitiva está além deles.

- **As organizações estão assumindo novas feições e formatos**: elas estão se tornando cada vez mais enxutas e flexíveis e apresentando novas características, como: ambiguidade; poucas fronteiras; comunicação rápida e intensiva com seus participantes, fornecedores e clientes; trabalho conjunto em equipe em detrimento do individualismo; busca de mercados globais em detrimento da atuação doméstica; e foco nas necessidades do cliente em detrimento do lucro no curto prazo. Uma das vantagens competitivas é a redução do ciclo de produção e não os custos baixos. A essência da nova organização será baseada em mudanças de paradigmas: do sucesso na eficiência e na economia de escala para o sucesso baseado em pessoas com conhecimentos e competências. Trabalho e aprendizado estão integrados e são a mesma coisa. As organizações tornam-se educadoras e não mais controladoras.

- **Consolidação da sociedade do conhecimento e da economia do conhecimento**: os trabalhadores do conhecimento tornam-se uma parcela cada vez maior da força de trabalho. Somente se agrega mais valor à organização se ele for criado pelo capital intelectual.[40] Para Nonaka:

> Em uma economia na qual a única certeza é a incerteza, a única fonte de vantagem competitiva duradoura é o conhecimento. Quando os mercados mudam, as tecnologias se proliferam, os concorrentes se multiplicam e os produtos se tornam obsoletos da noite para o dia, organizações bem-sucedidas são as que criam o novo conhecimento de modo consistente, disseminam-no pela organização e o incorporam às novas tecnologias e produtos.[41]

As organizações bem-sucedidas são aquelas que aprendem eficazmente.[42]

- **Redução do prazo de validade do conhecimento**: contudo, o conhecimento é dinâmico e mutável e se torna obsoleto rapidamente. A economia do conhecimento exige aprendizado contínuo e ininterrupto para desenvolver qualificações e competências humanas cada vez mais amplas e complexas. As organizações aumentam seu compromisso com educação e a aprendizagem para poderem gerir o conhecimento e qualificar e requalificar as pessoas.
- **Empregabilidade ou ocupabilidade para a vida toda em vez do lugar do emprego para a vida toda**: o novo foco da capacidade das pessoas será diferente. O antigo contrato social – emprego duradouro, em tempo integral e com carteira assinada – está sendo trocado por novo contrato psicológico: manter um portfólio diversificado de qualificações e competências profissionais. A empregabilidade (capacidade de conquistar e manter um emprego) deixa de ser vitalícia e fixa para ser temporária e flexível. A segurança no emprego está sendo trocada pela aprendizagem. A organização deixa de ser empregadora para ser cliente e as pessoas deixam de ser empregados para se tornarem fornecedores de conhecimento para uma ou várias organizações. O velho conceito de emprego passa a ser substituído pelo novo conceito de parceiro ou fornecedor de conhecimento.
- **As pessoas serão as administradoras da sua própria atividade**: a administração deixa de ser uma responsabilidade gerencial para se tornar uma necessidade individual, ou melhor, uma ferramenta profissional. A administração passa a ser uma atividade de todas as pessoas e em todos os níveis da organização em vez de ser uma área privativa de gerentes e executivos.
- **No futuro, o administrador deixará de ser avaliado pela capacidade de assegurar lucros à organização**: mais importante será a habilidade de contribuir para os negócios atuais e criar novos negócios que garantam a permanência da organização no mercado e a sua sustentabilidade no longo prazo.

Quadro 10.5 Os paradigmas das novas organizações[43]

Modelo do século 20	Aspectos	Protótipo do século 21
Divisão de trabalho e cadeia escalar de hierarquia	Organização	Rede de parcerias com valor agregado
Desenvolver a maneira atual de fazer negócios	Missão	Criar mudanças com valor agregado
Domésticos ou regionais	Mercados	Globais
Custo	Vantagem competitiva	Tempo
Ferramenta para desenvolver a mente	Tecnologia	Ferramenta para desenvolver a colaboração
Cargo funcionais e separados	Processo de trabalho	Equipes interfuncionais de trabalho
Homogênea e padronizada	Força de trabalho	Heterogênea e diversificada
Autocrática	Liderança	Inspiradora e renovadora

- **Profundo realinhamento e atualização de conceitos**: a pergunta que paira no ar é: "estamos seguindo rumo a uma nova TO?". Claro que sim. Os conceitos da TO estão sendo continuamente redefinidos e realinhados com a nova realidade que está se redesenhando a todo momento. O conceito sistêmico de equilíbrio está sendo substituído por uma circularidade entre ordem e desordem. A ideia de que simples e complexo são dois polos opostos em uma escala hierárquica que vai do simples (como uma máquina) até o complexo (como sociedades humanas) está sendo trocada por uma nova visão, em que simplicidade e complexidade são conceitos complementares e conjugados. A simplicidade pode chegar a uma complexidade extrema a partir de pequenas perturbações ínfimas.[44] Além disso, os sistemas vivos – e também as organizações – são sistemas dotados de retroação (metabolismo que assegura a homeostase e a manutenção de sua constância interna a despeito das flutuações nas trocas com o ambiente) e capazes de lidar com a aleatoriedade (mudanças, novidades, acidentes, imprevistos), que pode se redefinir (auto-organizar-se) diante da incerteza, da volatilidade e da ambiguidade, isto é, de aprender sempre e sempre. Os organismos vivos são comandados por estruturas de conservação (invariância) e de auto-organização (transformação) simultaneamente.[45]

- **Simplificar e descomplicar as organizações**: para enfrentar a complexidade, fazer a mudança, viver a mudança e encarar a complexidade e a incerteza de frente. Proporcionar liberdade para as pessoas e desamarrá-las do entulho autocrático para que elas utilizem recursos mais importantes: inteligência, talento e conhecimento. E ajudá-las a organizar o tempo livre para melhor viver a própria vida.[46] Isso significa melhorar a qualidade de vida das pessoas. Não só beneficiar o cliente, mas todos os que participam direta ou indiretamente das organizações: fornecedores, trabalhadores e gerentes, clientes e usuários, investidores e capitalistas, intermediários etc., além da comunidade carente ao redor. Enfim, utilizar toda a imensa sinergia organizacional para melhorar a vida das pessoas, da sociedade e das comunidades. É para isso que servem as organizações.

10.8.1 A Era Digital

Agora, estamos na era de novos modelos de negócios do futuro, envolvidos em plataformas digitais e ecossistemas estratégicos, navegando em ações e operações sofisticadas e abrangentes. A característica mais importante desta era é a grande aceleração das mudanças e transformações. O mundo deixou de ser estável e previsível para se transformar em um mundo volátil, complexo, ambíguo, caótico e incerto.

> Acesse conteúdo **A grande aceleração da mudança e transformação** na seção *Tendências em ITO 10.2*

Estamos nos preparando para a 4ª Revolução Industrial, com a integração e a interação entre o mundo físico e o virtual, entre a inteligência humana e a inteligência artificial, a computação quântica, a telefonia 5G e o conteúdo do Quadro 10.6.

Quadro 10.6 Algumas das tecnologias emergentes que estão provocando as formidáveis mudanças e transformações das organizações na Era Digital[47]

>
> Automação
> Robotização
> Plataformas
> Ecossistemas
> Inteligência artificial e avançada
> Aprendizagem de máquinas
> Realidade virtual
> Algoritmos
> Sensores
> Drones
> Internet das Coisas
> Impressão em 3 Dimensões
> *Blockchain*
> *Big Data & Analytics*

Esse é o novo cenário da TO: diante de tanta imprevisibilidade, mudanças e transformações, sugerir contínua e gradativamente novos rumos e proporcionar novas soluções para melhorar a qualidade de vida das pessoas e das organizações e, afinal de contas, tornar o mundo cada vez melhor, justo e feliz. Um mundo melhor para ser vivido e curtido por nós e pelas nossas futuras gerações.

Tudo isso nos faz refletir profundamente sobre as consequências e os desdobramentos que virão pela frente. Conclusão? Tanta mudança e tanta transformação, tanta ambiguidade e tanta volatilidade, tanta complexidade e tanta incerteza nos fazem chegar à seguinte conclusão: com tantas variáveis envolvidas e com tantas imponderabilidades, será preciso criar um enorme elenco de cenários futuros possíveis. Uma bela sugestão para você, caro leitor. E muito sucesso nesse mister.

QUESTÕES PARA REVISÃO

1. Quais foram as principais influências das ciências modernas para a TO?
2. "Por serem dinâmicas e mutáveis, as organizações podem ser avaliadas por diversos pontos de vista". Essa afirmação está vinculada a qual ciência? Justifique sua resposta tendo como base o significado da ciência que escolheu.
3. O que caracterizou cada uma das cinco ondas?
4. Conceitue globalização.
5. Quais impactos a globalização trouxe para as organizações? Cite alguns, exemplificando-os.
6. Descreva as principais contribuições da Era da Informação para a TO.
7. Desde a 1ª Revolução Industrial até os dias atuais, as organizações passaram por muitas transformações e muitas são as tendências pelas quais ainda passam. Elabore uma tabela considerando, na primeira coluna, a tendência para as organizações modernas e, na segunda coluna, uma síntese que explique a respectiva tendência.
8. Defina gestão do conhecimento e sua importância para as organizações.
9. Defina capital intelectual e cite exemplos.
10. Qual é o papel que a educação corporativa deve ter para a organização?
11. Quais são e qual é o conceito de cada uma das cinco disciplinas propostas por Peter Senge?
12. Defina vantagem competitiva.
13. Quais são os fatores que podem levar uma equipe considerada de pessoas a se tornar uma equipe de alto desempenho?

14. Defina ética.

15. O que significa a sigla ESG e qual o motivo de esse modelo ser importante para as organizações no mundo moderno?

REFERÊNCIAS

1. CHIAVENATO, I. *Introdução à Teoria Geral da Administração*. 10. ed. São Paulo: Atlas, 2020. p. 560-567.
2. SHELTON, C. *Gerenciamento Quântico*: como reestruturar a empresa e a nós mesmos usando sete novas habilidades quânticas. São Paulo: Cultrix, 1997. p. 25.
3. CHIAVENATO, I. *Os Novos Paradigmas*: como as mudanças estão mexendo com as empresas. São Paulo: Manole, 2009. p. 142-152.
4. CHIAVENATO, I. *Introdução à Teoria Geral da Administração*, *op. cit.*, p. 318-322.
5. CHIAVENATO, I. *Os Novos Paradigmas*: como as mudanças estão mexendo com as empresas, *op. cit.*
6. SCHUMPETER, J. A. The Creative Response in Economic History. *Journal of Economic History*, p. 149-159, nov. 1947.
7. CHIAVENATO, I. *Introdução à Teoria Geral da Administração*, *op. cit.*, p. 568.
8. CHIAVENATO, I. *Introdução à Teoria Geral da Administração*, *op. cit.*, p. 568-569.
9. KANTER, R. M. *Classe Mundial*: uma agenda para gerenciar os desafios globais em benefício das empresas e das comunidades. Rio de Janeiro: Campus, 1996. p. 32-46.
10. KANTER, R. M. *Classe Mundial*, *op. cit.*, p. 55-56.
11. KANTER, R. M. *Classe Mundial*, *op. cit.*, p. 55-56.
12. DRUCKER, P. F. *Management*. Nova York: Harper & Row, 1974.
13. Baseado em: TAPSCOTT, D. *Economia Digital*: promessa e perigo na era da inteligência em rede. São Paulo: Makron Books, 1997. p. 50-81.
14. TOFFLER, A. *Powershift*: as mudanças do poder. Rio de Janeiro: Record, 1998.
15. CHIAVENATO, I. *Introdução à Teoria Geral da Administração*, *op. cit.*, p. 591-593.
16. STEWART, T. A. *Capital Intelectual*: a vantagem competitiva das empresas. Rio de Janeiro: Campus, 1998.
17. KOULOPOULOS, T. M.; SPINELLO, R. A.; WAYNE, T. *Corporate Instinct*: building a knowing enterprise for the 21st Century. New Jersey: Wiley, 1997.

18. DAVENPORT, T. H.; PRUSAK, L. *Working Knowledge*: how organizations manage what they know. Harvard Business School Press, 1998.
19. LEONARD-BARTON, D. *Wellspring of Knowledge*: building and sustaining the sources of innovation. Harvard Business School Press, 1995.
20. NONAKA, I.; TAKEUCHI, H. *Criação de Conhecimento na Empresa*. Rio de Janeiro: Campus, 1996.
21. SVEIBY, K. E. *A Nova Riqueza das Organizações*: gerenciando e avaliando patrimônios de conhecimento. Rio de Janeiro: Campus, 1997. p. 9-12.
22. SVEIBY, K. E. *A Nova Riqueza das Organizações, op. cit.*, p. 12.
23. MEISTER, J. C. *Educação Corporativa*: a gestão do capital intelectual através das universidades corporativas. São Paulo: Makron Books, 1999.
24. Adaptado de: SVEIBY, K. E. *The New Organizational Wealth*: managing and measuring knowledge-based assets. San Francisco: Berrett-Koehler, 1997.
25. SENGE, P. *The Fifth Discipline*: the art and practice of the learning organization. Nova York: Doubleday, 1990.
26. Extraído de: EDMONDSON, A. C. O Imperativo Competitivo do Aprendizado. São Paulo, *Harvard Business Review*, p. 51, jul. 2008.
27. SENGE, P. *et al. The Fifth Discipline Fieldbook*. Londres: Nicholas Brealey, 1994.
28. SENGE, P. *et al. The Fifth Discipline Fieldbook, op. cit.*
29. SENGE, P. *et al. The Dance of Change*: the challenges of sustaining momentum in learning organizations. Nova York: Doubleday, 1999.
30. GEUS, A. *The Living Company*. Nova York: Doubleday, 1997.
31. GEUS, A. *The Living Company, op. cit.*
32. CHIAVENATO, I. *Administração nos Novos Tempos*. 4. ed. São Paulo: Atlas, 2020.
33. CHIAVENATO, I. *Administração nos Novos Tempos, op. cit.*
34. CHIAVENATO, I. *Administração nos Novos Tempos, op. cit.*
35. DAVIES, K.; BLOMSTROM, R. L. *Business and Society*: environment and responsibility. Nova York: McGraw-Hill, 1975.
36. CERTO, S. C. *Modern Management*: diversity, quality, ethicas, and the global environment. Nedham Heights: Allyn & Bacons, 1994. p. 58.
37. DAVIES, K. Five Propositions for Social Responsibility. *Business Horizons*, p. 19-24, june 1975.
38. GASSMANN, P.; KELLY, C. How ESG will drive the next wave of transformation. PwC Global. Disponível em: https://www.pwc.com/gx/en/issues/reinventing-the-future/take-on-tomorrow/esg-transformation.html. Acesso em: 29 jul. 2022.
39. CHIAVENATO, I. *Introdução à Teoria Geral da Administração, op. cit.*, p. 611-620.
40. GEUS, A. *The Living Company*. Nova York: Doubleday, 1997.

41. NONAKA, I. The Knowledge-Creating Company. *Harvard Business Review*, p. 96, july-august 1991.
42. BAUER, R. *Gestão da Mudança*: caos e complexidade nas organizações. São Paulo: Atlas, 1999. p. 233.
43. CHIAVENATO, I. *Introdução à Teoria Geral da Administração, op. cit.*, p. 614.
44. KELLY, K. *Out of Control*: the new biology of machines, social systems, and the economic world. Reading: Addison-Wesley, 1994.
45. STACEY, R. D. The Science of Complexity: an alternative perspective for strategic change processes. *Strategic Management Journal*, v. 16, n. 6, p. 477-495, sept. 1995.
46. CHIAVENATO, I. *Os Novos Paradigmas, op. cit.*
47. CHIAVENATO, I. *Introdução à Teoria Geral da Administração, op. cit.*, p. 560-567.

ÍNDICE ALFABÉTICO

A

Abordagem
  dinâmica, 143
  sistêmica, 127, 186
  tradicional, 127
Adaptabilidade, 134
Adaptativa, 144
Adhocracia, 154
Administração
  científica, 19, 22, 47, 81, 154, 185
  Sistemas de, 104
Alicientes, 116
Alimentação de retorno, 131
Ambiente,
  de tarefa, 158, 159, 162, 164, 166
  estável, 160, 161
  geral, 157, 158, 159
  heterogêneo, 159, 160
  homogêneo, 159, 160
  instável, 161
  Organizacional, 94
Amplitude
  administrativa, 31, 55
  de comando, 55
  de controle, 55
Análise
  Interorganizacional, 91
  organizacional mais ampla, 95
Aprendizagem
  Cinco disciplinas de, 199
  de equipes, 200
Área administrativa, 49
Aspectos típicos das organizações, 49
Assessoria, 31
Associações de benefícios mútuos, 92
Autoridade
  de linha, 28
  de *staff*, 27, 28
  e responsabilidade, 29, 54, 173
  linear, 55
Autoritário
  benevolente, 118
  explorador, 118

B

Barnard, 108
Benchmarking, 174
Budgeting, 32
Burocracia, 76, 78, 80, 84, 155, 156

Características da, 78, 83
Dimensões da, 85
Disfunções da, 81, 83
Vantagens da, 80
Burocrático(a),
  Implicação do modelo, 86
  Modelo, 78, 82, 96
  Racionalidade, 81
Burocratização,
  Graus de, 85

C

Cadeia escalar, 27, 54
Capital intelectual, 195, 196
Carga
  horizontal, 113
  vertical, 113
Centralização, 29, 55, 56
Comandar, 26
Combate ao desperdício, 19
Competências
  organizacionais, 196
  vitais, 119
Competitividade, 202
Comportamento
  humano, 96, 102
  organizacional, 108, 115, 136
    do indivíduo, 70
    probabilístico e não determinístico, 133
    social dos empregados, 36
Composição da organização social, 41
Concorrentes, 158

Conflito(s)
  organizacionais, 95
  social, 41
Conhecimento, 191, 195
Conjunto organizacional, 94, 95
Constância de direção, 134
Consultivo, 118
Conteúdo do cargo, 37, 112
Controlar, 26, 68
Controle, 67, 68, 69
  Abrangência do, 69, 70
  Fases do, 69
Convergência, 192
Conversão, 141
Cooperação, 107
Coordenação, 31
Coordenar, 26
Coordinating, 31
Core business, 194
Cultura, 138, 139
  organizacional, 11

D

Definição de objetivos, 60, 94
Descentralização, 55, 56, 57, 58
Desdobramento dos objetivos, 61
Desempenho
  Autoavaliação do, 104
  Observação do, 69
  organizacional, 49
Desenho
  mecanístico, 153

organizacional, 171
   Novas abordagens ao, 171
orgânico, 153
Despersonalização
   do relacionamento, 82
Diferenciação, 137, 156
Digitalização, 191
Dimensões bipolares e contínuas, 178
Direção, 31, 66
   Abrangência da, 66
   Níveis de, 67
Directing, 31
Diretrizes, 61
Divisão do trabalho, 29, 51, 78
Disciplina, 29
Domínio pessoal, 199
Drucker, 49, 119

E

Ecologia social, 158
Educação corporativa, 196
Eficácia, 50, 51
   organizacional, 139, 140
Eficiência, 50, 51
   Engenharia de, 22
Elton Mayo, 35, 40, 41
Emergente sistêmico, 127, 145
Emerson Harrington, 22
Empowerment, 58, 193
Enriquecimento
   de tarefas, 112
   do cargo, 112, 113

Entidades reguladoras, 158
Entropia, 128, 137, 138, 139
   negativa, 129, 137, 139
Equidade, 30
Equifinalidade, 137
Equilíbrio, 41
Equipes de alto desempenho, 201, 202
Era
   da Agricultura, 4, 9
   da Informação, 6, 7, 9, 10, 187, 190, 191, 192, 197, 198
   de descontinuidade, 9
   Digital, 9, 154, 163, 208
Espírito
   de equipe, 30
Especialização, 51, 52, 80
Estabilidade, 30, 161
Estado firme, 134, 137
Estrutura
   matricial, 171, 172
   organizacional, 52, 106
Estruturalismo, 86, 87, 95
   Características do, 87
Expansionismo, 127
Exportação, 131, 136, 141

F

Fator(es)
   extrínsecos, 111
   higiênicos, 111, 112
   insatisfacientes, 111, 112
   intrínsecos, 111

motivacionais, 111, 112
satisfacientes, 111, 112
Feedback, 131
Frank Gilbreth, 21, 70
Frederick Winslow Taylor, 19, 20, 21, 40
Fronteira(s), 134
Função(ões)
  administrativas, 26, 28, 29, 58, 71
  básicas
    da empresa, 25
    da organização industrial, 41
  comerciais, 25
  contábeis, 26
  de segurança, 26
  do administrador, 30, 58, 59
  financeiras, 26
  fundamentais do administrador, 49
  não administrativas, 28, 29
  técnicas, 25
Fusão, 139

G

Gerência
  da atenção, 119
  da confiança, 119
  de si próprio, 119
  do significado, 119
Globalismo, 128
Globalização, 6, 188, 192
  dos negócios, 188
Grupo(s)
  formal, 39
  informais, 36, 39, 43

H

Hall, 85
Hardware, 129
Hawthorne, 35, 36, 37, 41
Henri Fayol, 25, 27, 29, 59
Henry Ford, 22, 23
Henry Lawrence Gantt, 21
Herbert Alexander Simon, 101
Herzberg, 111, 112, 114
Hierarquia
  das necessidades, 108, 110
  de autoridade, 79, 89
  de Maslow, 108, 110, 114
Homeostase, 129, 134, 135, 137, 139
Homeostasia, 129, 134
Homo Economicus, 23, 40, 70

I

Identidade organizacional, 12
Imagem corporativa da organização, 12
Imediatismo, 192
Importação, 136, 141
Infoestrutura, 194
Input, 131
Interface, 134
Industrial,
  1ª Revolução, 4, 5
  2ª Revolução, 5
  3ª Revolução, 5
  4ª Revolução, 5, 208
  Era, 4, 5, 8, 9, 197, 198
  Organização, 41
Informação, 137

Era da, 6, 7, 9, 10, 187, 190, 191, 192, 195, 197, 198
Iniciativa, 30
Inovação, 188, 192

J

Jacques Claude Marie Vicente, 84

K

Key Performance Indicator (KPI), 71

L

Liderança, 118, 119
  transacional, 118
  transformadora, 118
Likert, 107, 118
Limites, 134, 138
Luther Gulick, 31
Lyndall Urwick, 30, 31, 59

M

Max Weber, 75, 76, 78, 80, 81, 82, 84, 86
Maximizers, 115
McGregor, 102
Mecanicismo, 23, 127
Metas, 61
Meritocracia, 79
Métodos, 62
Missão, 13
  organizacional, 12
modelo(s)
  burocrático, 78, 82, 86, 96
  de Katz e Kahn, 136
  ESG, 203, 204
  mecanístico, 154

  mentais, 199
  natural, 89
  racional, 89
  sociotécnico, 140
Modularidade, 175
Molecularização, 191
Morfogênese, 135
Motivação humana, 108
Mudança quântica, 186
Multidimensional, 143
Multidisciplinar, 144
Multimotivacional, 143
Multinivelada, 143
Multivariável, 144

N

Natureza orgânica, 128
Negentropia, 129, 137
necessidades
  de autorrealização, 109
  de estima, 109
  de segurança, 109
  fisiológicas, 108
  humanas, 108, 110
  primárias, 110
  secundárias, 110
  sociais, 109
Nível(is)
  administrativos, 53
  institucional, 53, 90, 169, 170
  intermediário, 53, 63, 90, 169
  operacional, 53, 65, 67, 90
  organizacional(is), 89, 90, 169, 180
Normas, 62

O

Objetivo(s) organizacionais, 93, 118
Orçamento, 32
Ordem, 30, 146
Organização(ões),
  Análise das, 89
  coercitivas, 91
  complexas, 88
  das organizações, 51
  de aprendizagem, 198
  de Estado, 93
  de interesses comerciais, 92
  de serviços, 93
  formal, 37, 38, 64, 81, 89
  Interdependência das, 94
  Industrial, 41
  Informal, 37, 38, 39, 42, 64, 89
  mecanísticas, 152
  normativas, 91
  orgânicas, 152
  por equipes, 201
  utilitárias, 91, 92
Organizar, 26, 64, 65
  organizações, 51
Organizing, 31, 32
Órgãos
  de linha, 27
  de *staff*, 27
Output, 131

P

Padronização de métodos e equipamentos, 20
Papel, 140
Parceiros do negócio, 117
Parsons, 89
Participante(s)
  Tipos de, 92, 117
Participativo, 119
Pensamento
  analítico, 127
  sintético, 127
  sistêmico, 200
Perspectiva
  behaviorista, 101
  clássica, 30, 32, 42, 59
  comportamental, 101, 114, 118, 120, 121
  de tarefas, 23
  estruturalista, 86, 87, 95, 96
  humanística, 37, 42
  neoclássica, 47, 48, 71, 72
Peter Senge, 199
Planejamento
  estratégico, 62
  operacional, 62
  tático, 62
  Tipos de, 63
Planning, 31, 32
Pluralismo, 189
Políticas, 61
POSDCORB, 32
Prever, 26, 29
Princípio(s)
  da amplitude administrativa, 31
  da definição, 31
  da especialização, 31

da exceção, 20
da execução, 20
de administração, 20
   de Urwick, 31
   de Gulick, 31
de autoridade, 31
de economicidade, 22
de eficiência de Ford, 22
de intensificação, 22
de produtividade, 22
do controle, 20
do preparo, 20
gerais da administração, 29, 48
Probabilística, 143
Procedimentos, 61
Processo(s)
  administrativo, 59, 180
  de reciprocidade, 116
  decisório, 83, 105, 114, 153
     Etapas do, 115
  na liderança, 119
Produconsumo, 192
Produto
  abstrato, 166
  concreto, 166, 167
Programa(s), 61
Progresso, 134
Propósito, 128

R

Racionalidade
  burocrática, 81
  funcional, 81

Racionalização do trabalho, 20
Reducionismo, 127
Relações
  humanas, 37, 43, 70, 71
  interpessoais, 105
Remuneração, 19
  do pessoal, 29
Reporting, 32
Resiliência, 135, 136
Responsabilidade social, 202, 203
Resultado, 115, 131
Retroação, 131
Retroalimentação, 131
Retroinformação, 131
Revolução
  4.0, 5
  informacional, 5
Roethlisberger, 35, 37, 41

S

Sanções sociais, 36
Satisficers, 115
Sinergia, 128, 145
Sistema(s)
  1, 105
  2, 105
  3, 106
  4, 106
  abertos, 130, 133
  Características dos, 128
  celular, 176
  Conceito de, 126, 135

de comunicações, 105
de recompensas e punições, 105
fechados, 130
organizados, 132
Parâmetros dos, 131
sociotécnico, 141
Tipos de, 129
vivos, 132
Sistêmico,
　Ponto de vista, 143
Sociedade
　de organizações, 89
　moderna, 89
Software, 129
Span of control, 31
Squad, 155
Staffing, 31
Subordinação, 29, 80
Subsistema
　gerencial, 140
　social, 140
　técnico, 140
Superespecialização do operário, 23

T

Tavistock, 140
Taylorismo, 21
Tecnologia
　de elos em sequência, 164, 165
　fixa, 166, 167
　flexível, 166
　incorporada, 163

intensiva, 164, 165
mediadora, 164, 165
não incorporada, 163
Teleologia, 127
Teoria
　Clássica, 30, 70, 71
　da Motivação, 108
　das Decisões, 114
　das Organizações, 177, 185, 194
　de Crise, 95
　de Sistemas, 144
　do Equilíbrio Organizacional, 116, 117
　dos dois fatores, 111
　Geral de Sistemas (TGS), 125, 126, 143
　X, 102, 103
　Y, 102, 103, 104
The best way, 174
Therblig, 21
Tipologia,
　das organizações, 91
　de ambientes, 159
　de Blau e Scott, 92
　de Etzioni, 91
　de tecnologias, 165
　de Thompson, 164
Throughput, 131
TI, 6, 191,
Tomador
　de decisões, 114, 115
Totalidade, 128
Transformação, 136

U

Unidade
  de comando, 29, 193
  de direção, 29

V

Vantagens competitivas, 200
Variável(is)
  causais, 106, 107
  Impactos das, 107
  intervenientes, 107
  resultantes, 107
Visão
  compartilhada, 199
  de futuro, 12
  microscópica do ser humano, 23
Virtualização, 191

W

world wide web, 188

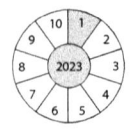